旅游管理译丛

卓越服务

(澳)约瑟芬·艾夫 著
宋亦瑞等 译
宋献春 校

旅游教育出版社
TEP
TOURISM EDUCATION PRESS

献给我最好的澳大利亚朋友

致谢

让·菲利普·博格因，泰国曼谷帝国皇后花园酒店总经理兼副总裁

芭芭拉·布朗，任职于澳大利亚维多利亚州莫尔顿高地矿工别墅

澳大利亚悉尼戒毒和戒酒教育与咨询中心（CEIDA）

里克·弗莱彻，任职于澳大利亚悉尼比奇霍普游船出租公司

让·鲁克·富里耶，澳大利亚悉尼希尔顿悉尼机场酒店总经理

帕特里克·格里芬，澳大利亚悉尼天文酒店常务董事

伊丽莎白·休利特，任职于英国索尔兹伯里酒店

英国酒店饮食业及公共机构管理协会

吉姆·欧文，澳大利亚墨尔本博克斯·希尔技术与继续教育学院酒店与旅游系主任

尼克·杰弗里，澳大利亚悉尼洲际酒店前厅部经理

安德鲁·杰索普，泰国曼谷威斯汀酒店总经理

戴伦·德·雷西，任职于塔斯马尼亚岛克莱尔蒙特市新几内亚咖啡进口公司格罗卡咖啡分部

阿斯特丽德·路易斯，任职于澳大利亚悉尼塔克·西布鲁克公司

弗朗西斯·洛格兰，任职于澳大利亚墨尔本未来食品零售策划公司

格雷格·马隆尼，澳大利亚悉尼喜来登悉尼机场酒店总经理

格伦·马丁，澳洲航空公司新南威尔士高级客户关系主管

安德鲁·马修斯、韦斯利·泰特拉、史蒂芬·伯特、詹森·艾伦，任职于澳大利亚悉尼和墨尔本麦格纳姆管家公司

艾玛纽埃尔·纳斯，意大利斯梅拉达海岸卡拉·迪·沃普酒店驻店经理

安妮·帕里，任职于澳大利亚悉尼沃特福德·韦奇伍德公司

让·范德普顿，马来西亚吉隆坡希尔顿酒店总经理

马来西亚吉隆坡里兹－卡尔顿酒店

凯瑟琳·赛度，任职于法国兰斯库克香槟酒庄

库尔特·瓦克维特尔，泰国曼谷东方酒店常务董事

卡伦·威尔斯，澳大利亚悉尼曼丽海滩雷迪生·凯诗特酒店总经理

前言

《卓越服务》是一本给人以启迪和增长知识的参考书，也是一本适合于接待业中的经理、员工和学员使用的培训教材，实际上，本书对于一心想提高服务水平的人都很实用。本书阐述了为客人服务这一重大课题，在提出一些如何达到完美服务的方法的同时，还为读者提供了一个深入细致了解制定和保持服务标准和水平的难得的机会。

即使抛开不同服务机构有着各不相同的风格这一因素，给优质服务下个定义还是很困难的，因为每个服务机构都可能使客人产生不同的期望。但话又说回来，优质的、得体的服务是客人久久不能忘却的服务，这一点在全书中可谓一目了然。

虽说本书的大部分篇幅都是以酒店的情况为基础的，但是使用范围决不仅仅限于酒店。接待业的许多单位，如汽车旅馆、家庭式客栈、餐馆、咖啡厅、度假胜地、航空公司、宴会膳食服务公司、医院病区服务中心、游船、豪华游艇等等，都会从本书中所阐明的知识和技能中受益。

笔者经过广泛研究，发现服务人员只有对身边的信息了如指掌，才能处理好客人的要求，并满足他们的期望。本书第一章对从事服务工作的员工进行了描述。为了提高服务水平，达到使客人完全满意的目的，笔者认为更好地理解客人是很重要的，而理解客人的最好办法就是换位思考，也就是站在客人的立场上考虑问题。

正因为如此，笔者对本书的章节作了合理的安排。初入这一行的人员可从中得到指导、建议和启发，有经验的服务人员读来也会觉得耳目一新。本书还不失为一本参考书，内容包括客源地介绍、不同方式的交流、处理人际关系的技巧、提供基本服务项目的技能、客房服务技能以及餐饮服务技能等等。另外，本书还可使读者从中受到启发，增添超常规服务项目，并有助于读者诸君了解什么叫奢华和富有，并处之泰然。

术语表中所列专门用语都是在各类酒店中常用的，尽管大多数为餐饮术语，但对所有的服务人员——从前厅部员工到礼宾员，从客房送餐员到贴身管家——均有裨益。

各章内容里都有趣闻轶事、现实生活情景和培训练习。这些内容的安排不仅仅为了标新立异，而是为促使读者创建为客人服务的个人风格，这种风格是以传统、文化差异、敏感性和强烈的愿望为基础的，目的是以服务为媒介，为他人的生活带来便利。

假如你这位读者对待服务是严肃认真的，就请相信我的话：服务是一种可以练成的、很有实用价值的本领，虽说服务决非易事，因为不确定的因素太多。研读此书，你不仅会更加清楚地了解服务，而且能够改善你的职业风格。从某种程度来说，这样做才是正道，对你所处的环境、你的工作单位和同事有好处，对你自已和客人则更有好处。

笔者想着重说明的是，理解客人的要求和期望只是做好服务的手段之一。如果你思路开阔，就会认识到，要想把服务工作做好，既要投入激情，又要做到有条不紊，尤其要表现出尊重别人、与人为善的脾性。

约瑟芬·艾夫

目录

第一章

服务的本质

什么是服务

给服务下定义就像给“爱”下定义一样困难。我们可以从下面的等式开始：

服务 = 技巧 + 态度

但这只是一个开始，服务的内容远比这个等式丰富——它是一个能对他人的生活产生影响的难得机会。

在这本书里，我们不仅仅探讨服务，还将探讨卓越的服务。卓越的服务需要激情。激情可以表示成下面的等式：

激情＝精力＋承诺

要想达到服务的最高标准，我们必须深入理解客人的需要。这就要求我们必须有正确的动机。

我们如何做到这些呢？第一个要素是主观意愿，我们不仅要有提供服务的主观意愿，还要真正地了解我们的服务对象——客户——需要什么，以及他们为什么有这样的需要。

第二个要素是个人形象。这里所说的形象不只是外在的，尽管这十分必要，但内在的气质也同样不可缺少，内在的气质能够表现出一个人的态度和承诺。这不仅能使我们自我感觉良好，也能给我们的客人以积极的影响。

服务是理想和现实的奇妙组合。我们如何判断什么才是最出色的服务呢？真正的服务发自内心，只有投入我们的全部热情，出色的服务才能得以体现。为他人的生活的添姿添彩是一种技巧，不是轻易就能掌握的，但我们必须有决心做到。试想，如果没有经济报酬，你是否仍然能够真诚地服务于他人呢？

服务是一种承诺——一个不成文的协议。如果服务没有到位，或者没有达到客人预期的标准，那么，我们就是违约。这个协议可以有多种形式——口头、非口头、暗示，甚至是心灵感应。在大多数情形下，违反协议会触及法律，但这样的协议并非如此，否则的话，恐怕世界上任何地方的律师都会欢呼雀跃的。

对待服务，我们不能只是敷衍了事，而应该采取严肃的态度。服务是一个被人们广泛探讨的课题，但这种探讨在涉及一些更为紧迫的内容，诸如财务底线（指利润——译者注）时总是留下许多未能解决的问题。然而，我们现在所要探讨的关键点只是服务本身。倘若在服务中加入激情，那么，对待服务的严肃态度就不成问题。

如果鼓励员工向客户提供优质的服务，并尽量满足他们的需求，那么双方都会满意，这就形成了双赢的局面。但我们如何使我们的客户真正感觉到满意呢？

服务就像弹钢琴，取得进步的唯一途径就是练习、练习、再练习！演员需要排练,他们要熟记台词,对着镜子摆造型,还要经过多次彩排、重演、重拍,直到彻底掌握每一个细节为止。

演员非常看重自己的表演才能,服务人员也应如此。其实,接待业(旅游服务业)和娱乐业没有什么太大的区别,我们不妨把酒店的前门当作幕布,把各服务部门当作后台,而你则置身于中间这个巨大而奇妙的舞台上,在这里,只有灵感与技巧兼备的艺术家才能创造出不朽的杰作。

客人走进你的服务场所,不仅是为了吃饭和睡觉,他们还需要受到热情的招待。客人感受到贵宾级的礼遇,才能在放松的心情下睡个好觉,醒来后倍感舒适,这样他们就会再次光临。只要我们掌握了真诚服务的技巧,这一切就不难做到。

当客人离开你的服务场所时面带微笑、心情爽朗,这就是你的杰作。在服务业中我们总是面临这样的挑战——制造微笑!

服务的真正目的是什么呢?服务仅仅是一种产品的交付吗?不管这个产品是有形的还是无形的,它能够超越客人的期望吗?在我们试着给客户服务下定义的过程中,上面的问题会逐步找到答案,这有助于提升服务的品质,让服务更有价值,而且更加以人为本。

实际上,客人知道自己需要什么吗?如果知道,我们就会轻松一些;要是不知道,我们则必须提前做好准备。预先了解客人的需求是很难的,然而,倘若你能做到先知先觉,有些难题就会迎刃而解,还会节省出大量的时间和精力,压力也会随之减轻。

就某种程度而言,服务的设计和提供可以有多种途径,但客户如何接受就要看他们当时的心情了。客户对服务的期望有高有低,但通常是基于他们最为熟悉的体系或者文化。我们的服务是糟糕的、好的还是出色的,这要取决于客户的期望得到满足的程度。我们必须确保服务要与客户的特定需求相适应。

注意一下"服务"这个词汇,字典只是针对其字面意义作出解释,没有提到态度。而正是态度和技巧之间微妙的平衡决定了服务的水准。

对服务人员个人来说,态度受到四个因素的影响。第一,把他人的需求放在首位的愿望;第二,工作环境,例如酒店的星级;第三,对经济报酬的需要;第四,对知识和技巧的掌握程度。我们下面对这四点逐一进行探讨。

把他人的需求放在首位的愿望

"把他人的需求放在首位的愿望"不是每个人都具有的,这往往是由个人性格决定的：有些人觉得服务他人是很简单而且很自然的事情；而有些人就恰恰相反。老板需要聘用积极主动、真心诚意、思想开明的员工，这样的员工愿意按照企业的要求向客户提供高水准的服务。无论如何，态度是第一位的。给服务下定义太难了，我们还是来谈谈正确的态度吧。在此，我们不得不提到利己主义，它和态度之间的关系是微妙的，而且很多人力资源经理在这方面也投入了大量精力去研究。不管怎么说，利己主义在我们每个人思想里都存在。如何有效引导和利用人们的利己主义对培养正确的态度来说至关重要。迁就自己的感受不应被当作自私，我们应当承认，以更加积极的态度对待利己主义是很有好处的。

工作环境

很多企业希望他们的员工能够做到甘心奉献而不计报酬。实际上，对员工的关心和福利才是成功培养员工态度的基础。低劣的内部环境不利于培养员工的自豪感。给员工足够的尊重，把他们看成是聪明、有爱心和有价值的人，这样做会加强员工的自豪感，并且能够营造出一个完全不同的工作氛围。用这种方式对待员工不仅能增强他们的自信心、自尊心和自豪感，而且可以使他们对客户表现出更多的尊重和关心。我们现在所说的客户也包括他们的同事，因为同事是非常重要的“内部客户”。

企业应该给员工创造更为舒适的工作环境，提供高标准的员工设施以及提升员工的满意度。企业真正做到这些时，客户的满意度会得到很大的提升。员工感觉到自己的重要性，接着就会在态度上表现出来，这样的积极效果最终会传递到客户身上。

经济报酬

在那些不提供服务费的服务场所，从业的员工个人对自己的工作负责，这种制度还是有一定优势的。而在那些每一个员工都能得到服务费的单位，员工实际上是被动地接受指派去从事服务工作的，他们的工作热情常常是很低的，这种现象普遍存在。

产品知识和技巧

产品知识和技巧几乎与其他所有的因素都有关联。如果抱有正确的态度,结果就能尽如人意。然而,不具备良好的产品知识背景,服务的执行者也不会取得成功。技巧可以在一定程度上弥补产品知识的不足。关注细节就是一个重要的技巧,这种技巧从何而来呢?是与生俱来的还是后天培养的?我想,这两种情况都存在。

很多服务的执行者未能达到一个可以提出建设性意见的程度,这是因为他们个人经验不足,而且没有找到一个基准点来对服务的优劣进行比较。他们缺乏技巧,产品知识不足,不注重细节,缺少质量意识,而且缺乏一种愿望——让客户放松、享受、消费并且成为回头客的愿望。这些经验、技巧和意识只能从正确的信息和适当的环境中获得。

有些员工从不按照客人期望的方式提供服务,这种现象并不少见,就像厨师从未品尝过自己烹制的食物一样,真令人难以置信!这些人如何才能知道他们在追求完美的过程中需要做到哪些事情?这很大程度上依赖于培训,不仅仅是技巧的培训,还要为他们精心构建出一个培养正确态度的基础。

对服务的理解

几年前,我曾经和珀斯一家五星级酒店的总经理讨论过服务人员培训的问题。在前厅休息区里,我们分别点了咖啡和茶水,十分钟后,女招待才把它们端上来(在这期间没有其他客人要求服务),而且她居然忘记了谁要咖啡,谁要茶水,也没有向我们询问,直接就摆放在相反的位置。茶杯下面没有杯垫,杯把的方向也反了。总经理感到非常尴尬,他为女招待的这种行为向我表示道歉,还说,真不敢想象我对这种糟糕的服务会有什么感受。我当时的回答是,他身为总经理或许应该考虑一下,这个年轻的女招待是如何理解五星级服务的,她自己有没有接受过这样的服务?如果从未经历过,那么她如何理解人们期待的服务是什么样子呢?

必须亲身经历才能对服务有深刻的理解。就像生活中的很多事情一样,我们应该尽量控制依据他人的经历作出判断的念头。毫无疑问，很多经常旅行的人会随口说出某些地方是他们不愿意再去的，有些服务是他们不愿意再去接受的，但大多数人（包括我本人）是依据自己的亲身经历作出这种判断的，而不会盲目听信别人的话。我这样做不是因为我有些刻薄，或者说我不愿意领别人的情，真正的原因是别人的期望和我的期望可能完全不同，于是经历也会完全不同。

总之，出色的服务不仅给人们的生活增添色彩，而且可以在人们的心中留下一个美好的回忆，就像甜蜜的爱情回忆一样，历久弥新。

谁为客人提供服务

在探讨服务的方式之前，我们先弄清楚谁为客人提供服务。很显然，那些与客人发生接触的员工就是提供服务的人。每一个员工都在服务机构的日常运营中扮演着某种角色，这个机构可能是酒店、俱乐部或者是游船。另外，所有的服务人员都应该训练有素，以客户为中心，把满足客户的需求放在首位。

对客服务人员包括所有与客人发生接触的员工

客人逗留的过程就是一个不断接触不同岗位的服务人员的过程。服务的全过程也就是由这些必要的片断组成的。

门童和大堂服务员

客人最先接触到的服务人员可能就是门童，所以当他们与客人“擦肩而过”时承担着非常重要的责任。门童的性格必须与他们在服务机构承担的职责相适应。在与客人的第一次接触中，他们必须给对方留下一个难忘的印象，并努力让这种印象保持下去，直到客人结账离开的最后一次接触为止。门童的职责包括开关车门、帮助客人上下车、装卸行李、为客人指引方向、为客人泊车、为客人提供信息等等，当然，还包括把酒店“推销出去”。

司机

一些大型国际酒店雇用专职司机，到机场接送客人，以及为客人的商务出访提供接送服务。负责到机场迎接客人的司机必须业务纯熟，有能力提供热情周到的服务，这是最基本的素质。一旦客人上了车，司机就有机会向客人介绍他们的城市和酒店。司机的职责还包括确认客人行李是否安排妥当，把客人安全送达目的地，开关车门，在任何时候都要保持车内的整洁，陪同客人到达酒店的大门。

前厅部员工和接待员

前厅部员工有很多职责：欢迎刚刚到达的客人、帮客人登记入住、客人账单汇总、结账、处理外汇兑换、提供信息、处理投诉、提供安全服务、提高入住率以及与客人进行一般性交流也是他们的任务。

客户关系助理

客户关系助理，有时也称作客户服务代表，是各个不同部门之间的联络人员，尤其是前厅部和客房部之间。他们把客人从前台引领到客房，讲解客房内的设施，对客人提出的各种要求进行协调，这包括处理客人的换房要求、处理投诉，以及告诉客人所有可以享受的设施和服务。

总机接线员

接线员通常是人们与饭店进行交流的第一站，她们的职责十分重要，因此接线员必须有一个积极的态度，并且要竭尽所能地给电话另一端的人留下好印象。具备清晰和悦耳的嗓音是最基本的要求，同时她们还要对酒店及其产品和服务有充分的理解。

接线员必须熟练掌握交流的技巧，无论是对内交流还是对外交流。对她们来说，客户或者潜在客户的印象是最重要的。对工作场所以及周围的环境有足够的了解也十分必要，因为很多客人打电话的首要目的是了解信息。客人咨询的信息包括世界上其他国家和地区所在的时区、某些机构或个人的地址和电话号码以及某些特殊事件和活动的具体时间。接线员的工作表现很大程度上取决于她们的职业素质。当接到一个咨询电话时，接线员必须把电话转接到相应的部门。对所有的酒店或类似的服务机构来说，接线员是销售团队的一分子。

礼宾员

礼宾员通常被看作是管理团队的一员，他们是饭店的“看门人”。礼宾员的职责是对客人提出的任何要求给以帮助，无论是举手之劳，还是看起来不可能完成的任务。他们向客人提供方方面面的指导和建议，令客人在参加每一项活动后都能够留下更加难忘的回忆。他们还负责帮客人安排游览、租用车辆、核对航班信息、联程预订、订购鲜花或其他礼品。要想担负起上述职责，礼宾员必须对供职的服务机构及其所在城市有充分的了解和渊博的知识。

行李员

行李员负责把车上的行李卸下，在客人办理手续之后，再送到房间里并放在适当的位置。在房间内，行李员应当着客人或其随行人员的面清点行李，确认所有的行李都已送达。当客人准备启程离开时，行李员须把行李从客房中取出放在出口处，通常要在客人结账之后移交行李。

小听差和电梯服务员

这两个职位如今并不是非常普遍，然而，有些国家的酒店仍然提供这样的服务。小听差一般来说非常年轻，他们的主要工作是传递消息，比如通知客人接电话或者告诉客人有人在等候。一般来说，他们仍沿用一种有趣的传统方法来通知客人，会用上一块小黑板和一串铃铛。

从前的电梯远不如现在安全，那时，电梯服务员是个必要的岗位。即使现在，有些大型酒店仍在电梯里设置一名服务员，为客人和员工提供安全的保证。在当今社会针对个人的服务逐渐减少的趋势下，他们的出现还是能够受到客人欢迎的，尤其是在有些布局复杂的酒店。

洗手间服务员

洗手间服务员是必不可少的，设施齐全的服务机构都设有这个岗位。他们的职责是帮客人拿帽子、拿外衣和暂时保管随身携带的小包。根据酒店管理体系的不同，他们可能归客房部管理，也可能隶属于宴会部。当接到客人的衣物时，他们会交给客人一个号牌作为取回时的凭证。基于这个岗位的工作性质，这些服务员都有自己的服务风格，他们通常会成为客人的“心腹知己”。

客房部员工

客房部员工包括主管、客房服务员和公共区域清洁工。他们的工作主要是打扫客房和公共区域以及提供客房服务。由于他们经常出现在客人的视线里，所以会不断地被问到一些关于酒店以及服务方面的各种情况。尽管有些客房部员工在与客人交流时显得不够自信，但他们也经常给客人以很大的帮助。

迷你酒吧服务员

迷你酒吧服务员负责补充房间内小冰箱里面的饮料和食品。出于这样的工作性质，他们经常和客人接触，因此，具备出色的人际交往技巧非常重要。统计客人对小冰箱里面的食品和饮料的消费情况也是他们的工作之一，因为这关系到酒店的收入，他们必须认真做好这项工作。

客房送餐服务员

客房送餐服务员负责把客人点的食品和饮品送到房间里面。他们应该具有一种天赋，能够在客人的房间内营造出“迷你餐厅”的气氛。预见客人的需求和洞察客人的感觉的能力对他们来说至关重要。

贵宾休闲区员工

许多五星级国际酒店在远离酒店主活动区的单独区域设置一个贵宾休闲区，如今这种情况非常普遍。在这个区域工作的员工通常可以帮助客人办理入住和结账，而且可以安排一些通常由其他部门——例如礼宾部、客房部、商务中心和前厅部负责的具体事务。他们还负责提供早餐服务，全天供应饮料，傍晚时还提供鸡尾酒、其他含酒精饮品和茶点。稳重、老练和友善的性格对出色完成这项工作是很有帮助的，因为很多客人认为在这里消费就应该享受到特殊待遇。

贴身管家

不同的客人需要不同级别的服务。很多五星级国际饭店提供贴身管家服务。贴身管家从事的是个性化服务工作，这不仅能够超越客人的期望值，而且可以使本饭店的服务更具特色。男性和女性都能从事这项工作。

贴身管家的工作可以说等同于客房部的业务范围，有时也和餐饮部的工作有一定的重叠。他们经常扮演“小经理”的角色，不仅表现出从容自信的服务风格，还能激励其他员工。贴身管家的主要职责是私人助理，他们要主动预见客人的需求而不是被动地等待传唤。除了客房服务和餐饮服务外，贴身管家还应精通酒店内其他领域（比如迎宾部）的工作，这经常和他们的本职工作交织在一起。

传统意义上讲，贴身管家提供的服务是针对个人的，他们的工作包括洗烫衣物、收拾行李和其他一些能够给客人的生活带来方便的工作，比如擦鞋、缝补衣裳等等。

商务中心员工

为了给客户提供一系列的商务服务，商务中心员工必须尽可能地熟练掌握各种办公系统。对他们而言，保持稳重优雅的气质以及高度的敬业精神同具有满足客人各种需求的能力一样重要。客人希望商务中心员工把他们的任何事情都当作急事来办，就像在他们自己的办公室那样，这样的期望有时让商务中心成为酒店中最繁忙的地方。

健身中心员工

健身中心员工通常非常健康，这是他们的工作需要。他们呈现给客人和会员的形象必须是自信和专业的。大部分员工是注册的急救员，具备运动医学和其他有关健康方面的知识。因为这项工作关乎客人的身体健康，员工对客人必须做到理解与坚持原则并重。有些客人并没有意识到健身中心有某些限制，员工的一项重要职责就是对健身中心器械的使用(如使用频率和持续时间)向客人提出合理的建议。

餐厅服务员

供职于餐厅、夜总会、酒吧、休闲厅和咖啡屋的所有餐饮部员工在大饭店里几乎都是销售团队的重要组成部分。不管是调酒员、领位员、点单员、当桌服务员、餐厅杂工、厨师，还是领班、主管或者经理，他们与客人之间互动的方式与饭店的经营是否成功有着非常直接的关系，他们的表现也直接关系到餐饮的销售额。

大堂商店职员

通常，大堂商店的员工并非直接受雇于饭店，然而，大多数客人对此并不知情。因此，对酒店来说，这些员工在日常经营中的表现也是非常重要的。

小型服务机构

在汽车旅馆、小饭店和家庭式旅馆里，上面提到的很多服务工作经常是由老板亲自动手，并在家庭成员和临时工的帮助下完成的。要想达到客人的期望值，经营者就必须身兼数职！虽然这会带来很大的压力，但全身心投入于各种工作中的经营者得到的回报也是可观的,有句谚语说得好:“自己动手,丰衣足食。”

小型服务机构的经营有相当大的灵活性,至少家庭式旅馆是这样的。如何经营完全由老板的个人意志决定,而且何时营业和打烊也是老板的自由。

小型服务机构中,服务的方式显然更为随意,但服务的宗旨与大型酒店是完全相同的。

家庭式旅馆的服务

第一印象是持久的印象

一个良好的“第一印象”至关重要。客人选择了你的饭店、汽车旅馆或者家庭式旅馆,是要在住宿期间把这里当作自己的家,这一点很容易被人们忽视。客人完全有资格享受到盛情的款待,就像他们在自己的家中或者在自己的文化环境中所期待的那样。换句话说,从客人的角度来看,如果他们花了足够多的钱,就应该得到好的服务,这是最基本的要求。我们不应该让他们失望!

很多情况下,客人在做预订时并没有到过你们的酒店。他们可能事先参考了一本旅游指导手册,也可能是通过旅行社进行的预订,要么就是随便打一圈电话直到找到一家能够满足他们所有条件的酒店为止。这样一来,重要的第一印象就不能面对面形成,只能通过通信或者电话的方式建立了。

电话礼仪方面的内容我们在后面的章节里探讨,我们现在说一说客人抵达酒店时可能产生的第一印象。当客人步入一个宽敞而陌生的大厅,他们的感觉可能是过度兴奋、紧张以及长时间飞行过后的疲倦。他们甚至会有一些疑虑,这些疑虑也许来自一段以往的糟糕经历——例如没有受到欢迎或者预订出现错误。这时,服务人员应该想办法尽快地打消客人的顾虑,让客人放松下来,并表示出真诚的欢迎,这正是表现服务人员个人素质和饭店品质的最佳时刻。“旅游者”身份的客人这时就会下意识地开始评价这家酒店是否物有所值,而商务旅行者对这方面的关心相对少些,他们会在离开酒店和接到账单时才去考虑。

小规模的服务机构也是如此——有没有宽敞的大厅并不是问题的关键。家庭式旅馆或汽车旅馆的品质以及服务人员的个人素质可能更受关注，多数客人是旅途劳顿的本地度假者，他们的需求与入住大酒店的国际旅游者几乎完全相同。也有一些客人来自海外，不熟悉当地的风俗习惯，热情的欢迎和接待会很大程度地减轻他们的不安。再次重申，客人到达时留下的第一印象，对他们能否成为回头客来说是一个关键的因素。

培训练习：站在他人的立场上

不要总从自己的角度出发，有时也要站在客人的立场上考虑问题，这样做很有意义。为了做好这个练习，必须找一家酒店。显然，找一家毫无新奇感的汽车旅馆或者家庭式旅馆是不能满足要求的。

在你所在的城市或地区选一家酒店，最好是你不太熟悉的酒店。像客人一样穿着，抱着和客人一样的想法走到酒店的大门，记下你对这个酒店的第一印象：入口、大门、员工等等。然后走进大门并且想象一下客人第一次步入这家酒店的感受。到处走走，简要记住周围的环境和事物，当然还有以客人身份进入酒店时的心情和感觉：疲劳、激动、期待和好奇。饭店的公共区域（尤其是大堂）通常十分豪华，有时甚至令人生畏，这对客人会有相当大的影响力，而且可以带来一些不同寻常的情绪转换。

这个练习可以使你找到服务接受方的感觉，还可以指导你在塑造良好的第一印象时如何摆正自己的位置。通过练习，你是否了解了客人的感受，这次可不是站在旁观者的角度。尽可能精确地记住所有的感觉，你可以从中体会到当自己的角色转变成客人之后，每一个不同阶段都需要得到什么样的对待。

每个员工从一开始就应该确立“以令客人满意为宗旨”的服务理念，只有这样才能给客人以良好的第一印象。

如果在这个阶段就怠慢了客人，那么他们将来再次光顾的可能性就不大了。另一方面，一个满意而归的客人就是移动的广告，不光自己会成为老主顾，还会把你的酒店推荐给朋友和同事。

仅仅给客人以“有能力胜任工作”的印象是不够的，热情的欢迎是创造良好第一印象的基础，也是优秀服务风格的一部分。

小组讨论

无论是通过电话还是面对面，当他人和你发生接触的时候需要多长时间就能对你形成某种印象？大家都来想一想这个问题。当你买东西时，你多快就能对售货员产生某种印象和感觉？另一个问题，有哪些因素可以影响到这些印象和感觉？

客人第一眼看到了什么

事实就是这样，当一个人刚刚出现在我们视线里的时候，第一印象就形成了。我们通常在几秒钟内就下意识地对某人进行了判断，是否喜欢这个人或者是否愿意和这个人共事。这种判断是无意识的，凭的是直觉。

人们在开始与你接触的 7 秒钟内就能对你形成 11 个印象，如此之快，真令人难以置信！如果问他们这 11 个印象中的第一个是什么，回答通常是“微笑”。当然，真正的答案也许并非如此，但都会涉及最基本的细节。

试想一下，当你第一次看到某人时，是首先看到了微笑吗？我想不是。你会首先观察这个人的性别、肤色、身高、体格和身材，是不是一个鼻子两只眼睛，还有眼睛的颜色、服装的样式、有没有戴眼镜等等。迅速地判断了这些表面特征之后，才能注意到这个人的举止和态度。

如何塑造良好的第一印象

态度

要想产生好印象，必须采取正确的态度。把积极乐观的态度传达出去，就会立即得到同样积极的回应。一个容易令人接受的表情或几句恰当的话语都能表达这种态度。怀着热情走进任何场合都能得到最佳的回应。简单来说，一分耕耘，一分收获。

抛开外界的干扰并一心扑在客人身上是一种能力，需要不断练习才能获得。无可否认，我们站在或坐在服务台后面时，需要低着头来专注于自己的工作（除了手头的工作以外我们还能看到什么呢）。

但是，当客人向你走来时，如果你可以抬起头并露出真诚的微笑，就会轻易赢得一个好印象。你首先要喜欢见到客人，第二要享受你的工作，这两点会把你的信心推向新的高度。第一印象是否完美，衡量标准是人们对你作出的回应。进一步说，你要对这些回应作出迅速的判断并消化吸收，这样才能确认是否应该让这个印象在客人心中保持下去。

尽管态度是一切行为的基础，但还是常常被人们忽略。积极的态度无疑会将你带向成功。穿着制服会提高一个人对工作的专注程度，积极的态度也起着同样的作用。我们在本章的开头就已提到，态度是出色服务的重要组成部分。采取正确的态度是必要的，因为客人对服务者潜在的情绪是十分敏感的，而这种情绪很容易引起态度的转变。我们在观察别人时总是倾向于判断这个人的财富和地位，我们的态度也会不自觉地随之改变。随时留心自己态度和行为上的变化才能降低冒犯别人的风险。

神经语言学的专家提出，“同步”（pacing）* 是一个帮助我们走进别人内心世界的有效工具。简单说，要想被别人理解首先要理解别人。你通过本章第一个培训练习应该已经完全达到这种理解水平。我们必须在理解与被理解之

---

* “同步”（pacing）是神经语言学的基本技巧，即尽量与交流对象保持语调和语速的同步。——译者注。

间建立起一种联系。为了离这个目标更近一些，下一章《我们的客人来自何方》将指导你如何优雅地走进他人的世界。掌握了这门技巧，你和客人在交往中都会感到更加舒适。

姿势

态度和姿势之间是有联系的。在形容正确的姿势时我们经常使用"优美"和"高雅"这样的词汇。

不良的姿势不仅能引起健康问题，还能传达一种拒人于千里之外的感觉。如果某人与你交流时面向别处或者背朝着你，这个人就非常不易接近，也难获得良好的印象（外交礼节除外）。以一个优雅的姿态面向客人，这表示你很愿意随时提供服务。走向客人的方式也会影响他们对你的直接印象。

培训练习："地上的硬币"

恰当的姿势对健康很重要，同样也是正确态度的基础。太多的人习惯低着头走路，像是在寻找地上的硬币，与其相信地上有钱还不如认为树上可以长出钱，这样起码可以让人抬着头走路。为了练习正确的走路姿势，可以在头上顶一本书，如果你发现这样很难做到，那么你的走路姿势就需要改一改了。尽管这个方法略显老套，但认真地练习还是可以把你的姿势往正确的方向调整。练习时要注意保持身体正直，抬起头（但不要太高），尽量走出一条直线，手臂在身体两侧自然摆动，双肩放松，头部和髋部在一条垂直线上。通过这样的练习，你最终会发现采用正确和舒服的走路姿势是非常容易的，这样会让你显得更加自信，甚至可以用"风度翩翩"来形容。

如果近距离观察某些成功人士，你通常会发现，他们身上散发着一种独特的气质——风度或者魅力。尽管很难下定义，但这对接下来发生的一幕会有非常积极的影响。获得这样的气质需要更加的沉着和自信。"昂首阔步"这个不太流行的词汇不单单表示身体的姿态，还表明了一种精神和态度。

“同步”与和睦相处

我们在讨论和睦相处的技巧时仍然会提到“优美”和“高雅”这两个词。当第一次遇到某人时,我们很自然会从头到脚观察这个人。这样的观察可以提高我们用“同步”的方式和他人交流的能力。“同步”和模仿是两个不同的概念,不可混淆,我们可以把“同步” 形容成“试图巧妙地影响别人的下一个动作”。

“同步”的例子在我们身边比比皆是。比如一群朋友一起走路,他们的姿势和步调经常完全一样,说话的语调也很相似,手势也基本相同。

“同步” 有两种类型:自觉的和不自觉的。我们所有人在与朋友或者与希望成为朋友的人交往时会不自觉地与对方“同步”。

除了“同步”的形式之外,与别人交流时采用对方熟悉的姿势是另一种能够达成和睦相处的重要方式。后面的章节会探讨身体语言以及如何与别人更融洽地相处。当我们成功地学会运用“同步”的方法时,与我们交往的人就会变得更加放松和感觉舒适,也更容易向我们敞开心扉。

背景材料

我和一个培训部同事坐在泰国普吉岛一家酒店的大堂吧里,很高兴地聊着工作,我们渐渐注意到了一件事,而且这件事很快就激怒了我们。这家酒店的地面铺的是瓷砖,这种材料更容易制造噪音,但是有几个酒店员工显然没有意识到这一点,他们从我们所在区域通过时居然趿拉着鞋走路。这种行为反映出他们低迷的工作精神和懒散的工作态度。在员工看来这也许是正常的,但很多人(包括客人在内)不这样认为。由于不同的文化有着不同的行为规范,客人可能会把这种行为解释为无精打采和缺乏自尊心,而且他们的兴致被大大地败坏了。

非口头表达

亲切的目光、正确的态度、优雅的姿势、随机应变的能力和良好的形象会立即博得人们的赞许。这些都是感性层面的事情,难以从逻辑上解释清楚。手势、身体语言和面部表情都能够迅速在人们的潜意识里留下印象。

第一次见面打招呼不应仅仅通过语言，无言的表达也能给他人留下好印象。即使遭到"突然袭击"，你的真诚、趣味以及活力也可以传达出去。这些都是令客人感到轻松和受到欢迎的因素。完美的客户服务不是刻意地在脸上挤出笑容，也不是仅仅因为别人需要才做出某种姿态，矫揉造作是很容易被客人拆穿的。

口头表达

尽管良好的第一印象可以通过视觉形成，但也能在你一开口说话时就轻易毁掉。人们不一定仅仅听到你说了些什么(第四章会讲述)，他们还看到了你的牙齿和笑容，一定要确保这两者都处于良好的状态！一旦开口说话，就应该把"音量"调节到最佳状态，有些人对那种能让整个大厅的人都听到的说话方式感到窘迫；如果说话太轻柔，像是被吓坏了一样，同样会遭人反感。有的客人从热闹的街道走进来，而有的客人则刚从安静的房间里走出来，他们的听觉状态是不一样的。

花时间练习清晰的表达，这是很有好处的。另外，练习时，要经常重复自己说的话，确保每一个词的发音都完全正确。

音量控制好之后，下一步要调整自己的语气。无论怎样注意说话的音量和清晰度，如果遣词造句时的语气不对，就不能正确表达你的意思。即使是最简单的问话，比如"我能帮你做点什么"，其本意也能被不正确的语气所歪曲。讽刺和轻蔑是"语气错误"的两个典型例子。从积极的一面来讲，通过练习，你就能很容易地以关心和愉快的语气进行表达。

培训练习:4 个"C"

说话时要注意 4 个"c"：control（控制）、clarity（清楚）、caring（关心）、cheerfulness（愉快）。给从事客户服务工作的新员工写一个草稿，内容是正确地表达对客人的欢迎，或者介绍客房里的基本情况。有条件的话，按照大家的草稿以小品的形式表演一下。试着把"台词"以不同的形式说出来，用不同的语气表达不同的意思，记住大家对各种语气的不同反应。另外，列出一些比较难发音的词汇，与同组的人一起进行一下测试。

这个练习可以使你对基本的礼貌重视起来。

什么样的说话方式能给你留下不错的印象呢？我想至少要做到4个“C”，这也是上文提到的“同步”的一种表现形式。留意一下别人说话时给你的感觉，不光是用词方面，还要注意对方的举止。如果某个员工说：“欢迎来到某某饭店，某某先生/女士，很高兴您能再次光临，您看起来气色不错！”（实际上，他们真正要说的是：“嘿，你是客人，又来给我发薪水了！谢谢！”）小心翼翼地（运用技巧）选择用词，同时注意音量和语气，这样可以令你在人际交往中显得更为专业并且容易给别人留下更好的印象。

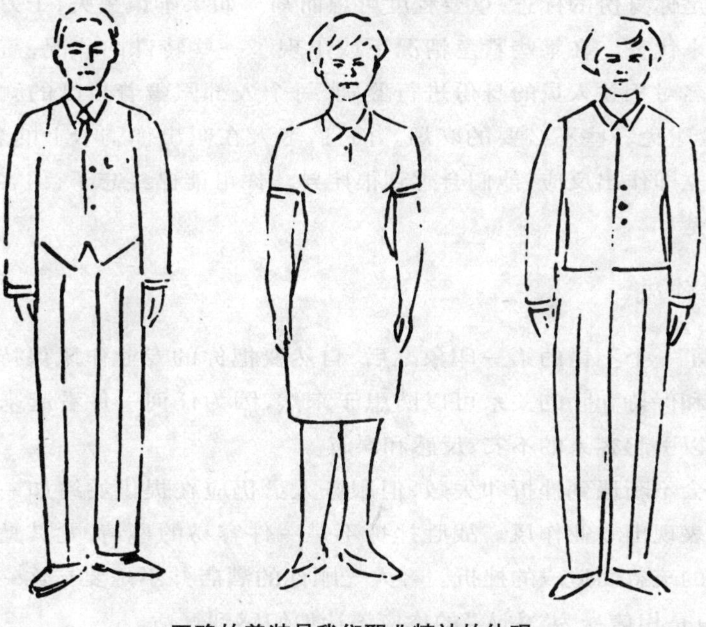

正确的着装是我们职业精神的体现

如果你想在人群中脱颖而出，唯一的方法就是练习、练习、再练习！只有通过不断练习才能在不经意间就把事情做好，到那时你就能够给别人留下最好的印象，并且可以始终如一地令客人感到轻松和惬意。

个人形象

无论是对普通员工还是对管理人员来说，注重个人形象都是职业素质的重要环节。员工工作时的穿着是其职业素质的第一标志，也是最明显的标志。实际上，不管是否身着制服，或者不管在不在工作岗位上，真正的专业人士总是穿着得体，表现出充分的自尊。服务人员一定要意识到他们很可能与客人不期相遇,也许是在购物中心、餐厅或者超市,甚至有可能在上班的路上碰见客人,这是一次给他们留下好印象的另一个机会。

穿着打扮得体和注意个人卫生不仅能够表现出正确的工作态度,而且可以让我们变得更加自信。讲究个人卫生对所有对客服务人员来说都是最起码的要求。

胸卡

胸卡是你身份的标志,重要程度可想而知。如果不慎丢失,千万不要用别人的胸卡来代替。在某些紧急情况下或出现了一些特殊的状况,需要通过胸卡上的姓名对相关人员的身份进行鉴别,每个人都佩戴着自己的胸卡是很必要的,这会避免一些不必要的麻烦。而且,客人在叫出你胸卡上的名字时,如果你没有立即作出反应,他们会感到很诧异。你可能已经忘了,但客人的眼睛看得很清楚!

专业作风

创造了一个不错的第一印象之后,自然要把你的专业作风保持下去。与客人建立和保持和睦的关系可以防患于未然,因为任何一件看起来不起眼的小事都可以引起客人的不安、反感和误解。

尽管会不断遇到挫折和失败,但服务人员仍应在提供始终如一的热情服务时尽力表现出专业作风。战胜挫折不是一件容易的事情,尤其是那些不是因为自己的疏忽而造成的挫折。客人光顾你的酒店并不是要与你一起面对挫折,他们只是相信身为"主人"的你应该让他们感到舒适。

一般来说,客人在下榻期间接触到的第一个员工和最后一个员工都应该是客户服务人员。每一位客人都想让这段时间成为愉快的经历。客人对你的整体印象应该是沉着自信、具备专业素质、格调高雅和气质卓越。

微笑

关于"7 秒钟内形成的 11 个印象"我们已经说了不少,无论如何,微笑始终是每个人身上最宝贵的财富。微笑不仅表现出真诚、热情和关心,其本身就是一种积极的态度。在面对客人和其他员工时不要吝啬我们的微笑。它能够让客人确信自己作出了明智的选择,而且可以鼓励他们在不久的将来再次光顾。

记住:第一印象是持久的印象!

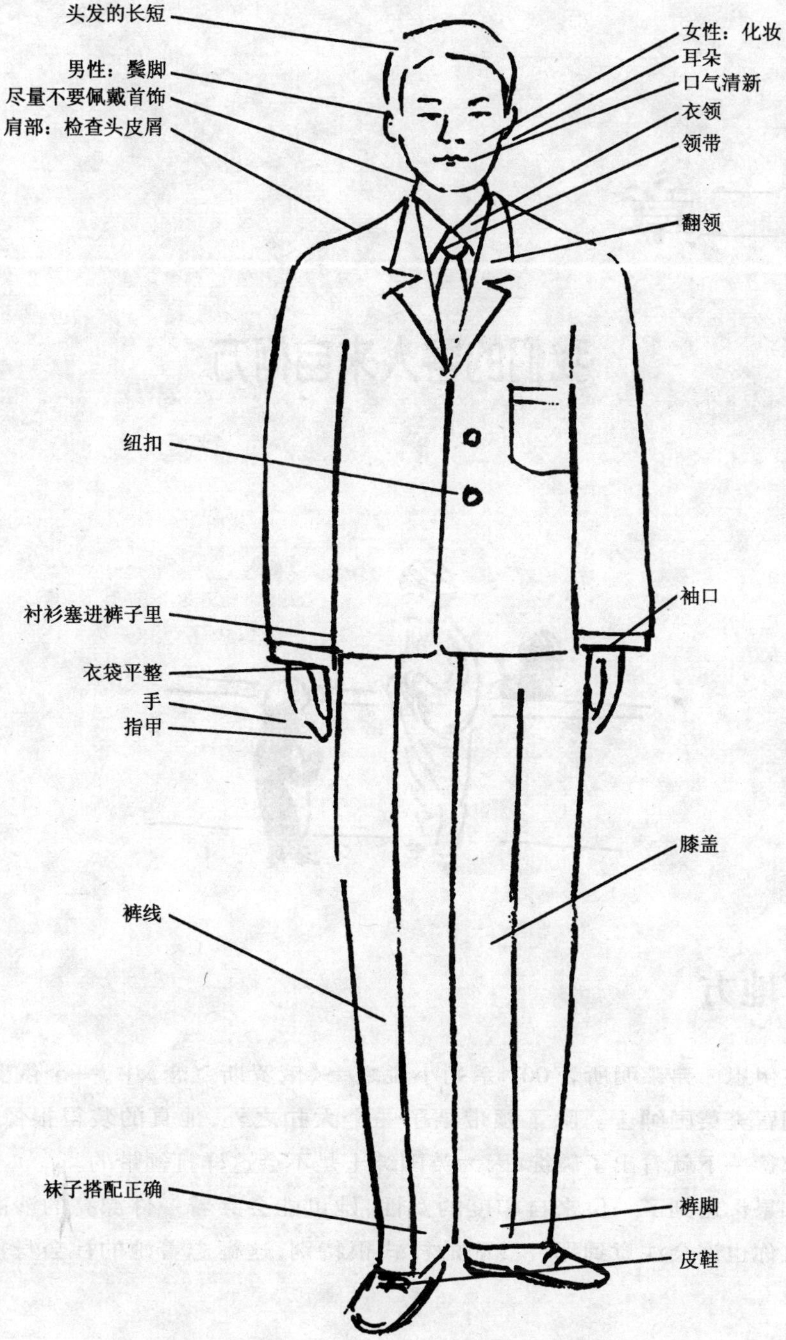

在会见客人之前，对着镜子检查这些地方

第二章

我们的客人来自何方

任何地方

在伊恩·弗莱明所著007系列小说之一《俄罗斯之恋》中，一个俄罗斯间谍企图冒充英国绅士。除了领带结了一个大扣之外，他真的装得很像，詹姆斯·邦德一下就看出了破绽，因为英国绅士是不会这样打领带的。

如果你遇到了一位来自印度的女性，她可能会穿着一件漂亮的沙丽。靠近一点你也许会注意到那件沙丽的样式很特别，这标志着她的社会身份。明眼人仅仅通过一个小小的细节就能判断一个人来自什么文化背景，属于哪一个社会阶层。

在接待业中，我们不仅要看出客人属于哪个社会阶层，还要看出他们来自什么地方。掌握了这方面的知识，我们就能更好地为客人提供服务。

尽管我们在工作中要接触来自世界各地的客人，但奇怪的是，当需要去了解他们的背景以及为人处事的方法时，我们总是选择回避。了解各种各样的客人是所有服务培训课程的重要内容，这些培训课程并非专为新员工开设，对老员工来说也是一次相互交流、分享彼此知识的好机会。在前面的章节我提出了一个建议，就是站在客人的立场和角度上去思考，本章的内容也不外如此。事实上，你可以把本章的内容看作是一次走马观花式的神游世界的好机会。

旅途是否愉快？

我曾经向一组（25 人）泰国学生提问，问他们当中有多少人有过出国旅行的经历，我吃惊地发现，他们中居然很少有人有此经历，甚至也没有多少人到过当地的机场。这提醒我进一步向他们提出问题：当你们问刚到酒店的客人“旅途是否愉快”时心里是怎么想的？在回答问题之前，我让他们思考一下下面这个真实的故事。这个故事发生在曾经到泰国旅行的一对德国夫妇身上。

德国寒冷的 10 月中的某一天，这对夫妇于早晨 6:30 出发驾车驶向机场。车在半路上抛锚了，他们只好步行到附近的电话亭打电话叫了一辆出租车，这意味着他们要站在路边等待 45 分钟。由于要去温暖的泰国旅行，他们的穿着实在不适合在这样的天气下站在高速公路旁边等那么久，真是难熬的 45 分钟。出租车终于来了，司机把他们送到了机场。他们的航班预计上午 9:30 离港直飞新加坡，当急匆匆地办完手续通过海关后，这对夫妇震惊地得知飞机延迟 4 个小时起飞，航程也被重新安排，先要到巴林停一站才飞往新加坡！除了坐等之外他们几乎什么也干不了，出于安全的原因，在这种情况下离开机场是被禁止的，他们只有等待。

终于，他们坐上了飞往巴林的航班，抵达巴林后，又因为意想不到的空中交通问题耽搁了一个半小时。在从巴林到新加坡的旅程中，他们总算在前排小孩的吵闹声中睡了几个小时。飞机在新加坡降落时，当地时间是中午 12:30,德国时间是早上 7:30,又是新的一天了! 新的一天也没有转运,一件行李不翼而飞,他们只好在办理了挂失手续后冲向候机楼的另一端去赶飞往泰国的衔接航班。他们希望那件丢失的行李能够被人找到并寄往泰国,回到他们的身边。

现在,这对夫妇终于来到了泰国。别忘了他们是在晚秋时节离开家乡,而且正在饱受时差的困扰。当他们一走出机场候机楼便立即置身于 38 摄氏度的高温下,想象一下这是一个怎样的场景! 不仅如此,他们还会面对一大群酒店派往机场的接待人员,这些人挤成一团,急切地等待着各自的客人,准备把他们送往"终身难忘"的一段旅程。

混乱是这里的主旋律。在大家相互不认识的情形下,谁都难免有些不知所措。除此之外,我们的旅行者要忙着脱去层层包裹的外衣,还要努力去适应这个新的环境。他们终于上了轿车,准备坐在后座上安静地享受一下沿途的风景,但等待他们的是接机人员的一番唠叨。接机的人显然察觉到了他们很不情愿,可是没办法,这就是他的工作。他们到达了饭店的正门,客户服务人员走上前来,热情地问道:"旅途是否顺利?"

从这个故事当中你可以看到我们的确需要一点"业内"知识,以便在接待客人的时候使用更为恰当的语言对客人表示欢迎。

培训练习:问候

再看一遍这个故事,从你自己的观点出发给出一些建议,应该补充哪些有用的知识才能在表达问候的时候做得恰到好处。

扩充你的知识

知识的扩充应该是一种乐趣,这丰富了你的头脑,让你学会不断去涉猎有用的信息。如果你乐意在工作中接触不同的人,就应在与客人的交谈中表现出一些理解方面的深度——不再流于表面,这样做的好处不言而喻。

全面地研究各种客人的背景是一个庞大的课题。然而我们至少可以就其来龙去脉中较为引人注意的部分进行一些了解。甚至在微不足道的小事方面达到精通的程度也能使你在谈话中表现得更加自信。当你单独和客人乘一部电梯或者等人的时候,平常的套话很快就会变得非常无聊,甚至让听者感到乏味。除了谈论天气,问客人有没有吃午饭,准备住多长时间或者什么时间走,你还可以找到有趣一点的话题来引起客人的兴趣,打破尴尬的沉默。

121 个奥林匹克游泳池

你知道吗?维多利亚瀑布在一分钟之内流下的水量相当于 121 个奥林匹克游泳池的盛水总量。

不管以什么方式看待这条信息,你都不可能不感到吃惊。哇!真是难以置信!但我们现在所关心的并不是这条信息的可信度,应该以什么方式以及在什么时间表达才是问题的关键。不过,你仍然可以设法验证一下它的真实性,说不定在做这件事的同时你还能发现一些其他有趣的小知识。但是,如果你曾经带着这个知识到过维多利亚瀑布旅游,你就会像我的同事那样,突然间意识到自然界的神奇和伟大,而且你会把这条信息讲给更多的人听。

获取知识有益无害,当然,还能引起我们的思考。

不同的国家

对有价值信息的掌握一定要力求准确——不能妄加猜测!有关其他国家的知识你可以从下面几个渠道获得:互联网、光盘资料、电视节目、书籍和地名词典,所有这些都可以拓展你的国际视野。如果你爱好阅读,那么你一定知道,即使从一部不错的小说中也能得到很多有用的信息,因为作者肯定对作品的主题做过相当广泛的研究。我们应该从一些容易了解到的基本信息开始入手,对酒店主要的客源国进行研究。下面列出了一些和国家有关的信息,我们有必要掌握。

- 国名(包括正确的发音)
- 所属的大洲和半球
- 首都(包括正确发音)

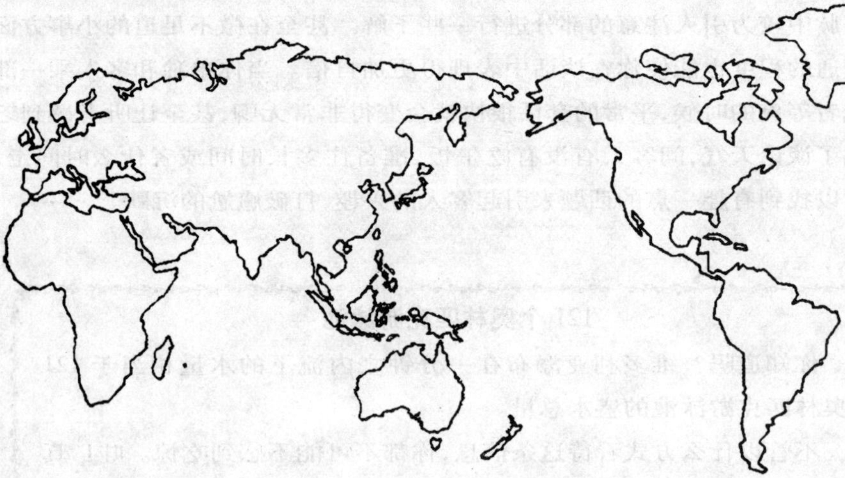

- 主要国际机场
- 人口
- 货币
- 官方语言
- 在任的国家元首
- 主要宗教
- 气候
- 时区
- 进出口的基本情况
- 主要报纸
- 当地打招呼的方式
- 主要文化特点
- 奇闻轶事
- 兴趣点(可以是某个著名的纪念碑、名人、景点或者焦点新闻)

一旦开始了这个探索之旅,某一天,你就会惊奇地发现你已经掌握了这么多其他国家的信息,而且还有更多的知识等待着你去发掘,尤其是各个国家的发展历程。而且,你肯定可以更深入地了解各个国家的人民,进而走入他们的内心世界。

培训练习：国家研究

选定一两个国家，利用上面列出的提纲进行调查研究。针对一个国家的研究结果准备一个5到7分钟的口头陈述。使用投影胶片和其他视觉辅助教具会让你的陈述更为精彩。尽可能做到内容充实、新奇有趣，别忘了再增添一些小小的幽默感。

一些非常有用的知识点

知道客人来自哪个国家，了解那个国家的人口状况，是很有用的。在国土面积很大而人口很少的国家，每个人占据很大的空间，国民的行为举止必然受此影响，通常来说，他们热衷于利用一切可以利用的空间。在那些国土面积不大而人口密集的国家，每个人占据的空间很小，人们的举手投足也能反映出这一特点，很多人挤在一个狭小的空间里对他们来说习以为常。

官方语言可能经常造成混淆，很显然，有些国家不只使用一种语言，比如瑞士和菲律宾。即使看了客人的行李牌也不会有很大作用，例如瑞士只有一个主要的国际机场，但瑞士人讲三种语言。如果瑞士再多几个国际机场，你也许能从客人出发的地区猜测出他们所讲的语言。

在一般性的交谈中，知道客人国家的政党、首相或总统以及宗教是很有用处的，而且还应该具备一些历史背景方面的知识。不过，除非迫不得已，最好避免谈论这样的话题，也许你会因此而冒犯客人。

了解一些气候方面的知识当然是有意义的。上面说到的有关德国夫妇的小故事中，如果你不知道德国与新加坡或泰国在气候方面的巨大差异，你就不会认为故事发生的时间，也就是那个十月的早晨有多么重要。气候对旅游者来说可不是一件小事，足以对他们产生惊人的影响。适应气候的能力因人而异，有些人很容易适应炎热的气候，而对另一些人来说就十分困难，你在与客人的接触中对这一点会有所体会。如果你生活在气候炎热的国家，要是气温骤降30摄氏度你会有什么感觉，我想这对你的身体系统一定是个不小的冲击。

另一个值得注意的事情是时区的差异。这对客人和员工来说都是一个产生麻烦的源头。上面的故事就能反映出适应时区的变化是一件多么困难的事情。有些客人根本不知道应该在什么时间吃饭和睡觉！另外，客人会问你应该在什么时间给家里打电话，这时知道时区的具体差别就显得十分重要。注意，GMT（格林尼治标准时间）也称为UCT（世界协调时间）。

通过简要浏览其他国家的进出口情况，你不仅可以了解他们的工业，还能更深入地洞悉这个国家的经济运行状况。在与客人的交流中他们可能会提到这些情况，而且从客人的态度中也能反映出他们国家的经济状况。当你注意到某个国家的时候，某种有代表性的东西就会出现在你的头脑当中，比如提到法国和意大利，你就会想到漂亮的时装和迷人的香水。法国还出产葡萄酒（包括香槟）和奶酪；意大利制造汽车；德国的工程、电子技术相当发达；中国的纺织品出口量巨大；泰国以精美的丝绸闻名世界。

作为对客服务人员，我们必须对上述几点有足够的重视，当客人咨询有关商务事宜以及购物方面的事情时，我们要提出一些有价值的建议。

每一位出门在外的客人都希望感受到“家”一般的感觉。一份客人家乡的报纸可以帮助他们找到这种感觉，尤其是那些外出时间比较长或者准备常住的客人，他们急需知道自己国家发生的事情。很多国际性报纸在世界范围内都可以看到，而有些不太知名的报纸只能去想办法订阅了。如果你能够读到一份这样的报纸，不要轻易放弃这个机会，你会对天天读这份报纸的人有更深入的了解。通过读报，可以把握新闻时事的最新动态，知道是谁制造了头条新闻，什么体育运动最流行以及当地发生了什么大事。从报上的漫画往往可以看出某个国家的人喜欢什么类型的幽默。漫画家们（如马来西亚的拉特、英国的盖尔斯和澳大利亚的罗尼格）以幽默的视角揭示出人们如何应付严肃的政治问题和社会事件。

向客人打招呼时使用他们的母语有着巨大的影响力。打招呼时的身体接触程度有明显的文化界限，了解这一点至关重要。我们总能看到这样的场面，人们（尤其是名人）见面时相互亲吻、拥抱和握手。但是，这些身体语言并不是对所有人都普遍适用，某些文化的人就觉得这种举动非常唐突。

尽管我把兴趣点列在最后一项，但当你想表明对某个客人的国家和文化感兴趣时，这一点就显得非常重要。正因为你不可能像客人那样频繁地旅游，所以不应停止探求知识的脚步，说不定有一天你也会像客人一样出现在某个旅游胜地。试问，当一个人谈起你的国家来表现出渊博的知识，你会作何感想？相信我，无论是在普通的谈话中，还是在微不足道的小事中，合理把握兴趣点都可以给客人留下持久的印象，而且兴趣点还能产生移情作用，给他们带来舒适和轻松。

培训练习:研究并宣传自己的国家

对自己的国家进行一番研究,准备一个 3 分钟的发言(随时提醒自己:这是在宣传自己的国家),并向你的听众提出 10 个问题。发言结束后,你还可以从听众那里学到一些知识,但要确认其准确性。

俗话说:“人各有所好。”为了投其所好,我们除了掌握刚刚讨论过的信息之外,还要熟悉不同文化背景下的行为准则和礼仪规范。除了语言的差异,你还要考虑很多其他方面的问题,比如非语言交流、打招呼的形式以及文化价值和态度。

为了更全面地了解不同文化这一课题,我建议你去读一读海伦·菲茨杰拉德(Helen Fitzgerald)所著的《跨文化交流》(*Cross – cultural Communication*),这本引人入胜的著作中有大量有趣的内容,如果你想学到与国际旅游者交流的基本要领,那么读这本书是再合适不过的了。

国际语言

因为英语国家的人经常旅游,很多英文词汇在全球范围内传播,而且世界变得越来越小,这种语言现象还将继续。一些其他语言,如法语、德语、希腊语也广为传播。我整理汇编了一个“国际”词汇表,这里包含的词汇在世界范围内广泛使用,大多数人能够听懂,尤其是在发音比较缓慢的时候。但是,不同国家对这些词汇的使用也有所不同。例如,日本人使用很多英文词汇,但他们可能很难分清楚,因为这些词汇中加入了日语的音节,还因为一些字母的读音和我们有所不同,比如日本人把英语中的“l”读成“r”。

airport	**express**	**police**
alphabet	**fax**	**program**
atom	**golf**	**radio**
ballet	**hello**	**reservation**
bank	**hotel**	**restaurant**
bar	**license/licence**	**salad**

beer
bus
business
camera
chocolate
cigarette
cinema
Coca – Cola
coffee
communications
computer
dance
doctor
dollar
magazine
mathematics
medicine
menu
message
Miss
Mister
motorcycle
music
okay
opera
orchestra
passport
piano
sandwich
sport
(movie) star
studio
supermarket
taxi
telephone
television
temperature
tennis
theatre
traveller's cheque/check
violin
whisky/ whiskey

当你和外国人交流的时候,应首先考虑使用他们的语言。尽管有些人的英语讲得非常好,但如果你有能力在交流时使用对方的母语,这说明你已经在国际关系方面迈出了重要的和有价值的一步。第三章列出了你在工作中很可能遇到的一些其他语言的词汇和短语。不要就此止步,收集其他语言的常用语手册不只是为了增加你的藏书,还能丰富你的知识,提高与客人交往的技巧,给他们以"家"一般的感觉。

培训练习:发音

浏览一两本词汇表,列出 20 个你不会读的词汇并学会它们的正确发音,可以向相应国家的人请教或者查字典。

培训练习:收集信息

现在,你可以开始收集一些其他领域的信息,扩充现有的信息量。例如:

- 是什么使这些人发笑?

- 这个国家的不同地区是否有不同的方言？如果有的话，它们的区别在哪里？
- 他们有没有民族服装？
- 他们的国庆节是哪天？
- 还有哪些宗教节日或国家节日对他们来说比较重要？
- 有没有一些容易辨认的身体特征是与国家相对应的？
- 当接受我们的服务时他们有什么特殊偏好？（这最后一条可以作为小组讨论的话题，通过讨论可以证实我们对其他文化了解到什么程度。）

这些题目基本上都和文化相关，对文化方面的认知可以使我们对客人有更全面的了解，无论是国际客人还是本地客人。对世界上发生的事件明显缺乏兴趣会导致恶劣的印象。关注国际时事可以让你明白为什么某些人有那么多钱去挥霍，为什么有些人愿意参加大的旅游团而有些人不愿意这样，你也可以知道为什么某些国家的人不在特定的时间外出旅游（例如，很少有穆斯林在斋月旅游），还有为什么在学校或国家假期客流量会增加。

如果条件允许，每天读一份不错的报纸。这至少可以让你在与人交谈时有一些本地的话题。当你对自己的国家知之甚少时客人会感到非常惊讶，因为旅游者总是不断地学习和吸取各种知识和不同的观点，他们可能认为每个人都应该和他们有同样的兴趣。在这一点上给他们留下好印象至关重要。

阅读本地新闻还有另一个好处，你可以更加熟悉本地的公司和机构以及它们的运营情况。仅仅知道公司名称是不够的，你还应该知道它们从事的业务和其他一些具体情况，比如公司总部所在地。

培训练习：国家资料汇编

以本章涉及的内容为基础，建立一份国家资料汇编。在自己的兴趣范围内，以有助于加深对客人的理解为原则来编集，选择的国家越多越好。

当做完本章的所有练习后，你在向外国客人提供服务时应该觉得更加自信，这主要是由于你掌握了更多有用的信息，而且你已经对此产生了浓厚的兴趣，这不仅仅是为了工作，汲取信息的过程对你自己来说也是一种享受。现在，你应该知道客人来自何方了吧？

第三章

礼节与礼貌

礼貌:武器、工具

就像我们每天呼吸的空气一样,礼貌是不需要付出代价的。温彻斯特主教威廉(William of Wykeham)曾经说过:“礼貌造就人。”从那时起这句话就成为了英国著名公立学校之一温彻斯特公学的校训。

但礼貌究竟是什么?礼貌能让我们得到什么?礼貌仅仅是一种能让我们得到想要的东西的好方法吗?我们何时需要它?礼貌是武器还是工具?

礼节和礼貌这两个词看起来意思差不多。实质上,“礼节”着重于法律的条文,而“礼貌”更体现法律的精神。真正有礼貌的人明白他们的行为未必要在各种情形下都“正确”,而且也不必拘泥于形式。当他们到别人的家庭、办公室或国家做客时,他们总是以敏锐的直觉发现什么行为最适合当时的情境,在待人方面上也表现得很有分寸,无论别人的社会地位如何,他们都能应付自如。

社会生活并不总是令人愉快的,我们从事的接待业是社会生活的重要环节。如果社会生活带有商业色彩或有其他特殊原因,那么其中亲切和友善的一面就会表现出来。在不熟悉的环境中或者在陌生人群中,人们自然而然流露出紧张和不安,只有在有安全感的条件下才能表现得轻松自在。从事对客服务的员工(或每一个一线员工)必须对这一点有深刻的理解。在接待业中,习惯和礼貌扮演着重要的角色:好习惯给我们以自信,而且能够降低发生误解的风险;礼貌确保我们在社会交往中表现出友好的态度。

针对社会成功或者事业成功而开具的这剂礼貌处方已经很成熟了,改进的空间很小,因为这意味着对每个人都礼遇有加,没有人受到冷落,不恰当的行为少到不能再少。礼貌不像制服或者套装那样,仅仅为了博得别人的好印象。倘若只是表面功夫,而内在的态度却玩世不恭或投机取巧,这种做法迟早会被人拆穿的。

礼貌的原则之一是让他人感到更加轻松。礼节上有些规范普遍被大家认同,是正确行为的基准点,尽管并不是所有地区以及所有社会群体都采用这些规范,也并非任何场合都适用。通常来说,在某个特定社会,标准礼节似乎代表着极大的成功。有时,一些看似微不足道的礼节可能是一个国家历史和文化的体现,这样的礼节也因此成为国人的特征;违反或者忽视了这些细节,就是对他们内心深植的价值观念和思维模式的一种冒犯。

本章不是要简单地告诉你该怎么去做,而是给你一个选择的机会——是继续保持你一贯的原则还是采用别人的标准。尽管我们的社会行为远远不能代表我们的全部,但这冰山一角一定程度地反映出我们的人品和性格,也是人们对我们作出评价的依据。第一印象一旦产生,我们每一个人就要选择自己的行为,选择的结果直接影响到我们在他人心目中的位置。

礼貌不是墨守成规,适当的改变和调整是允许的;礼貌也具有创造性,它可以创造出友好的关系与和谐的气氛。礼貌是以正确的态度为基础的,它会给这紧张忙碌的世界带来一份和谐与宁静。有些人无视礼貌的重要性,认为礼貌只不过是社会生活与职业生涯中一个微不足道的环节,但谁都不能否认礼貌的确给生活带来了快乐。礼貌是情绪的表达，我们可以借此把热情、欣赏和理解传达给周围的人。我们不要把礼貌看成是例行公事，应该当成一种享受，它既是对别人的尊重，也是对自己的尊重。

讽刺或者刻薄的批评总是会遭到别人的拒绝，几乎没有人会接受这样的批评。然而，出自一个谦谦君子之口的率直往往具有足够的影响力。如此看来，谦恭有礼总是会让人立于不败之地。

我们中的大部分人会在某些时候对同样生活在这个世界上的人表现出某种形式的尊敬和体谅，这符合了“己所不欲，勿施于人”的道理，也可以说是习惯使然。但是，在21世纪的开端，作为礼节和礼貌的基础的某些固有价值观也可能需要被赋予一些新的内容，以适应未来的社会需要和个人需求。

培训练习：有礼貌的好处

“有礼貌是为达到自私目的而采用的一种文明方法。”有礼貌的主要好处是什么？针对前句话和这个问题进行小组讨论。按照优先顺序列出礼貌的种种好处。

尊敬

适当的礼节和礼貌会立即给别人以受到尊敬的印象，这始终是良好人际关系的重要基础。我们上面已经提到过，“有礼貌是为达到自私目的而采用的一种文明方法”，这句话是经得起推敲的。承认审时度势的重要性，努力找到最适当的行为模式，的确会对我们有很大的帮助。

为了表达感谢而且不让对方觉得唐突，用“请”和“谢谢”这样的字眼仅仅是第一步。事实上，以一种不得体的方式说出这样的字眼是不起任何作用的，你还可能会因此而冒犯他人。使用这样的辞令时，一定要以一种令人信服的方式来表达，正确的态度是礼貌的基础。真正懂礼貌的人说话时不仅仅使用正确的措辞，还要有真诚的态度。

令人遗憾的是，有很多的词汇和表达方式是多余的。“你知道”、“没问题”、“我知道”、“别担心”、“肯定”、“OK”、“祝你一天过得愉快”、“你好吗？”，这些词句一定要用在适当的场合下，有些说法显得太过随便；有些纯属多余——经常是出于习惯，没有什么实际效果。

礼节和礼貌的一个真正目的是让人们轻松地聚在一起，在相处期间不会产生矛盾或者不和，最后在友好的气氛下分别。对于所有文明行为来说这是最基本的前提。从表面看来，做到这点毫无困难，然而，尽管亲切和友好是人类的天性，但别忘了暴躁、自私、褊狭和怀疑也是人类的天性。

握手

伸出张开的手掌是一个古老的问候礼节，这种礼节逐渐发展为相互握手，最终，握手又演变成今天的形式。最初，摊开的手掌表示没有暗藏武器，表示坦诚和善意。

然而，在当今社会，人们有时对握手表现出焦虑和猜疑。很多人，尤其是女性对握手这个非常私人化的身体接触感到难为情。人们会根据握手的方式对对方作出判断，不管这种判断正确与否。

对于西方文化背景以外的一些人，握手和其他一些身体接触不是他们的日常礼节，然而，当他们和来自世界上其他地方的人打招呼时却很乐意采用握手这种形式。

如今，在握手的时候哪一方应采取主动这个问题已经不像以前那样棘手。多年以前，女士应该主动伸出手，而男士应该欣然接受，其他形式是不允许的。现在，双方都应该主动伸出自己的手，唯一的例外发生在与王室成员打交道的时候，所有国家的王室成员都宁愿做握手的发起者。

握手这种礼节和戴不戴手套没有太大的关系，摘下手套再去和别人握手反而显得有些滑稽。

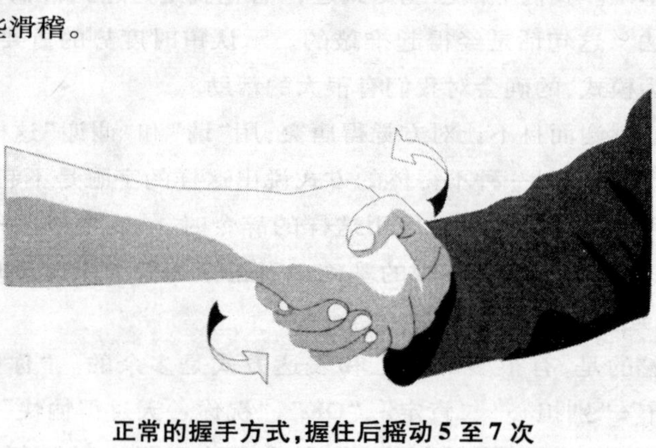

正常的握手方式，握住后摇动 5 至 7 次

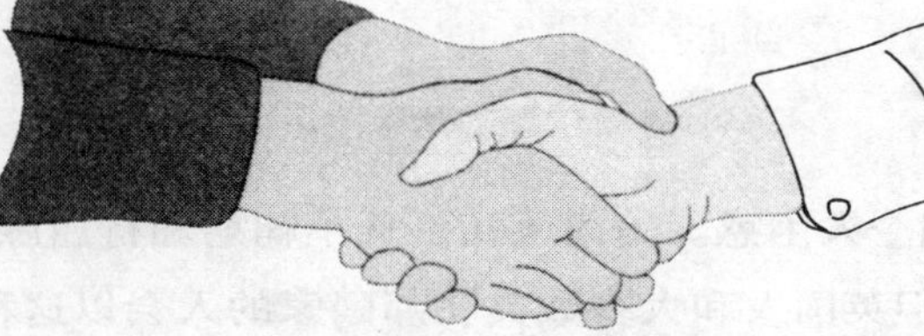

"手套式"的握手方式——不推荐

握手的方式有很多种，其中最基本的一种是，双方手掌握在一起后晃动5至7次，然后松开。要是抓着别人的手不动，就会招致对方的反感。

不要握得过紧，这样会很疼（可能戒指会硌手），另一个极端是，伸出的手软弱无力，感觉像条死鱼，"死鱼式"的握手会令对方感到不舒服。"手套式"的握手貌似给人以值得信赖的感觉，但往往适得其反。握手的方式及其传达出的微妙信息，我们在第四章中做更深入的探讨。

与皇室成员和贵宾会面

与皇室成员会面时的正确礼节是什么？谁先开始说话以及说些什么？当人们第一次面见皇室成员或者有贵族头衔的人时，普遍会感到非常激动和紧张，他们不知道如何开口，甚至感觉手足无措。而且，他们经常发现自己因过

曼谷帝国皇后花园酒店总经理让·飞利浦·博格因

正在以传统的泰国礼节向贵宾献花

度紧张而不知所云，说出的话含糊不清，逻辑混乱。

鞠躬和行屈膝礼

这个问题普遍令人困惑。美国人几乎从不鞠躬和行屈膝礼，也没有人要求他们这样去做；但英国人和大多数英联邦国家的人会以这种方式表示对王权的尊重。其他主权国家也有自己的礼仪形式。

如果掌握了礼节的基本规则，和皇室成员打交道是件非常容易的事。然而，我们中很少有人能经常遇到皇室成员，所以把这种技巧变成一种习惯的机会离我们非常遥远。如果你提前知道会与皇室成员见面，做一些排练是明智的选择。

如果被正式引荐，你应该等皇室成员先伸出手，再迎上去和对方握手，然后行屈膝礼（女性）或者鞠躬（男性或穿裤装的女性）。

行屈膝礼时动作不能太快，而是要缓慢优雅地移动身体，并微微低下头。行礼时左脚在前，左右脚之间的距离大约为 16 至 18 厘米，双膝弯曲，后背挺直，整个身体向下降大约 25 厘米。这对有些人来说不太容易，如果你觉得不能保持平衡，那么身体下降的幅度不要太大。

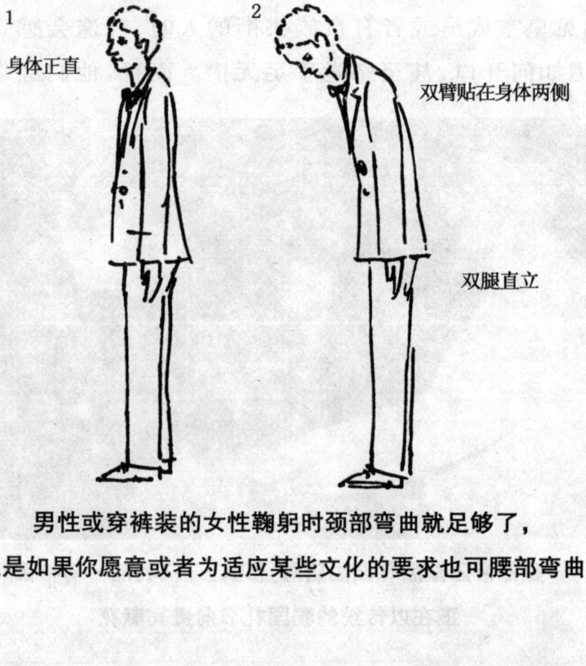

男性或穿裤装的女性鞠躬时颈部弯曲就足够了，

但是如果你愿意或者为适应某些文化的要求也可腰部弯曲

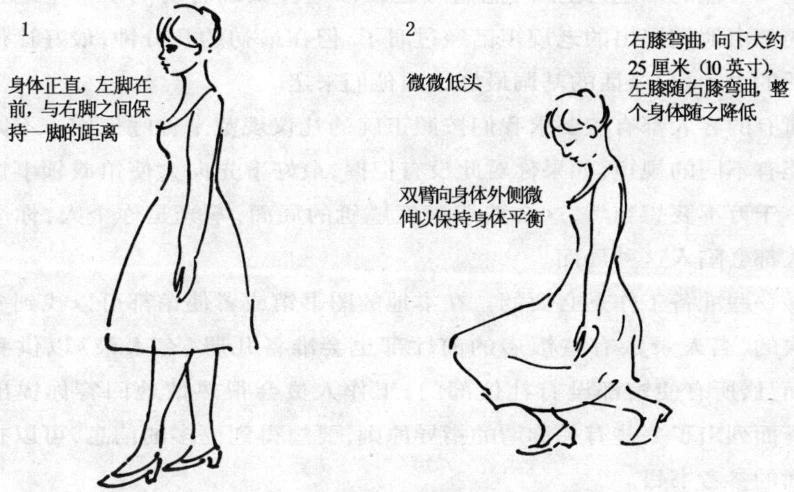

如何行屈膝礼

男士握手和鞠躬时应该按照规定的幅度含胸低头。在有些场合（或者文化背景），弯腰鞠躬是错误的。然而，如果对方是日本人，无论你是什么性别，弯腰鞠躬都是恰当的。

全世界的皇族都不会觉得以这种方式鞠躬或行屈膝礼是愚蠢的行为，他们认为这是尊敬的表示。而且他们对别人行礼时的不规范动作也是习以为常，如果屈膝礼做得不是很到位，他们不会感到不快。

称谓和交谈的形式

对皇室成员的称谓也容易混淆。对女性的称谓应该是“Ma' am”（夫人），元音的发音和“lamb”一样，不能像“farm”那样说成“marm”。如果面对的是国王或者女王，你首先应该说“good evening（晚上好）/good morning（早上好）/good afternoon（下午好），your Majesty（陛下）”，在接下来的交谈中，应改称“sir”（阁下）或“ma' am”，皇室家族的雇员或者皇家产业中的技术工人应该始终称呼他们为陛下。

英国皇室成员好像总是有技巧让与他们谈话的人感到轻松。作为回报，你应该尽量绕开那些容易引起争议和比较尴尬的话题。他们不喜欢被人问及私人问题，当然也从不谈论其他家庭成员。

在彬彬有礼地向皇室成员或者其他贵宾打过招呼之后，与他们交谈时最好找些一般性的话题,比如问他们最近在忙些什么或者访问了哪些地方。所有问题都由他们提出的老规矩已经过时了,但在最初的几分钟,最好让他们掌握说话的主动权,谈话的基调最好也由他们来定。

所有的客人都有权要求我们按照正确的礼仪规范来称呼他们。不同的国家可能有不同的规矩,如果你对此没有把握,最好事先向大使馆或领事馆进行咨询。千万不要想当然,这会造成极度尴尬的局面,不光是你个人,你周围的所有人都会陷入这种局面。

做一些准备工作是必要的。在本地的图书馆或者使馆都可以找到一年出版一次的《名人录》,有些饭店的前厅部也会准备几册《名人录》以供我们参考。而且,所有使馆都设有礼仪部门,工作人员会很热情地回答你提出的问题。下面列出了一些有关称谓的指导原则,要想得到更多的信息,可以查阅本书后面的参考书目。

等级	称谓方式
国王(King)	第一次称"your Majesty"(陛下);随后称"sir"(阁下)
女王(Queen)	第一次称"your Majesty"(陛下);随后称"ma'am"(夫人)
王子(Prince)	第一次称"your Royal Highness"(殿下);随后称"sir"(阁下)
公主(Princess)	第一次称"your Royal Highness"(殿下);随后称"ma'am"(夫人)
大公(Royal Duke)	第一次称"your Royal Highness"(殿下);随后称"sir"(阁下)
伯爵夫人(Countess)	第一次称"Lady(last name)[(姓氏)女士]";随后称"ma'am"(夫人)
总统(President)	Mr/Madam President(总统先生/夫人)
参议员(Senator)	Senator (last name)[(姓氏)参议员]
首相(Prime minister)	Prime minister(首相)

如果没把握,称呼"先生"或"女士",不要直呼客人的名字,即使他们同意也不要这样叫,这听起来非常不职业,也不够尊敬。记住,客人需要你称呼他们的头衔,其他人也是如此。你的一言一行都要表现出友好的态度,但不能显得太过随便,尽最大努力给客人以到家的感觉。

称呼来自不同文化的人

所有客户服务员工都应该尽量使用客人的母语去称呼他们,这会显得更加亲切。后面列出了一些基本用语。

这些例子适用于大部分你可能碰到的情形。另外,有一些很好的书籍可供参考,书中有足够的基础知识,可以让你轻松地学会很多国家有关礼仪方面的语言。在本书后面的参考书目中列出了其中的3本。

名片

递名片可以被看作是一种表示赞赏的举动。与客人见面时应该递出你的名片,除非你不想和对方有更深的接触。下面的几点必须记住:

- 递名片不能像发扑克牌那样!此外,如果你在一个大酒店工作,要注意客人可能已经接到过其他部门员工的名片,最好在谈话结束之后问一下客人,如果情况确实如此,那么就问问客人愿不愿意再要一张你的名片。把名片强加给别人不是一个聪明的做法,除非客人因某些需要必须直接和你联系。
- 名片是用于商业场合的。向别人索要私人或家庭电话号码等信息是不合适的,反过来,如果别人向你要这样的信息,你也会觉得不妥,因为这会产生潜在的安全问题。
- 当接到别人的名片时,一定要当成是一种荣幸,并且要马上阅读上面的信息——有时人们会随手在自己的名片背面记下一些东西,又忘了把它们抄录在别的地方。另外,值得注意的是,有些人把名片上的重要信息印成两种语言,因此名片的两面都会有文字。
- 千万不要从别人那里接过名片后看也不看就马上揣在兜里,这是无礼和冷漠的表现。如果可能,做一些相关的注释,这样会有助于加深记忆,把名片主人的姓名和长相对号入座。

引见

介绍客人和服务人员相互认识也是很讲究方式方法的,礼貌在其中起着

美国/澳大利亚/英国英语

中午12点之前	Good morning
一天中的任何时间	G' day（澳大利亚，非正式）
中午12点之后（中午12点到下午5点）	Good afternoon
（下午5点之后）	Good evening
晚间道别时	Good night

广东话

Good morning（早7点到上午10点）	Chou san
Good day（上午10点到下午5点）	Lei hou
How are you?	Lei hou ma?
Please or thank you	M' goi
Thank you	Tou sjai

法语

Good morning/good day	Bon jour
Good evening	Bon soir
Good night	Bon nuit
See you again	Au revoir
How are you?	Comment allez - vous?
Please	S' il vous plait
Thank you very much	Merci beaucoup

德语

Good morning	Guten Morgen
Good afternoon/day	Guten Tag
Good evening	Guten Abend
Good night	Gute Nacht
See you again	Auf wiedersehen
Please	Bitte
Thank you	Danke
How are you?	Wie geht es Ihnen?

印尼语

Good day	Selamat pagi
How are you?	Apa kabar?
Good evening	Selamat malam
Please	Tjoba
Excuse me	Waf
Thank you	Terima kasi
You' re welcome	Kembali
Very well	Baik
Happy to meet you	Selamat bertemu
Goodbye	Selamat tinggal（分手时离去的人）
Goodbye	Selamat djalan（分手时留下的人）

意大利语

Good morning（早晨到下午4点之前）	Buon giorno
Good evening（下午4点之后/晚间）	Buona sera
Good night	Buona notte
See you again（正式）	Arrivederci
Goodbye（友好地）	Ciao
Thank you	Grazie
How are you?	Come Va? /Come sta?
Are you well?	Sta bene?
I am well	Sto bene

日语

Good morning（早上起床后到上午10点）	Ohayo gozaimasu
Good afternoon（上午10点到下午5点）	Konnichiwa
Good evening（下午5点后，晚间会见客人时）	Konbanwa
Good night	Oyasuminasai（mase）
Please	Dozo
Thank you	Ari gato zai masu
How are you?	Ogengi desu ka

马来语

马来语和印尼语的表达基本相同

西班牙语

Good morning	Buenos dias
Good afternoon	Buenas tardes
Good night	Buenas noches
See you again	Hasta la vista
How are you?	Como estas? /Que tal?
Well	Bien
Please	Por favor
Thank you	Gracias
You are welcome	De nada

一些常用短语

重要的作用,没有人愿意在相互介绍时被漏掉。引见是把人们带入到某个场合中去,至于引见之后他们会不会交谈几句,那是他们自己的选择,尽管一言不发可能会被看成是无礼的举动。在你认为恰当的时机,或者看出客人有相互认识一下的愿望,主动引见可以让他们变得更加放松。你不必当着所有人的面提出引见,应该动动脑筋找到更得体的方式。比如,你可以对一拨客人说:“你们愿不愿意认识一下那几位客人?他们也是从你们那个地方来旅游的。”或者:“瑞士来的某某先生/女士对高尔夫很感兴趣,我帮你们介绍一下如何?”或者:“某某小姐刚从印度来,不知你们是否想和她认识一下。”同时,用你的身体语言示意方向。

确认姓名

在做介绍之前,做一些准备工作,弄清楚别人的全名。在做引见时发音一定要清晰,以便别人能够准确地领会你的意思。在被人引见时,应集中精神并仔细听清别人的名字。有些名字(例如,穆斯林的名字)可能很长,也很难记住和发音。在这种情况下,不妨让对方重复一遍。如果方便的话,把名字写下来,这样你就可以把文字和发音联系起来。动动笔不仅有助于记忆,还便于理解。

做引见的时候应力求表达清楚,让所有在场的人都能记住别人的名字和其他相关的信息。如果你对某个名字有些拿不准,最好从本人那里得到准确的信息。你可以说:“对不起,刚才周围太吵了,我没听清你的名字,是某某还是某某某?”提前问一句总比到时候瞎猜要好得多。从一个笔记本或者小纸条上念出一个人的名字是完全可以被人接受的,这表现出一种关注细节的积极态度。

如果在引见某人时你想用名字的缩写,一定要征得本人的同意。另外,有时你可能完全忘记了某人的名字,如果真是这样,可以试试下面的说法:

“对不起,我忘了你的名字。”

如果别人说出了他的名字(没有说姓),你可以接着说:

“我知道你叫罗伯特,我只是忘了你姓什么。”

他当然会再告诉你他姓什么,这样你就知道了他的全名,又不至于太丢面子。

在介绍人们相互认识的时候,不仅要说出他们的名字,还要加上一些其他信息(不要涉及个人隐私),这样会让客人感到更加轻松自在。如果仅仅报出了双方的姓名而没有加上一些简单介绍的话,他们会觉得非常尴尬,不知道该从什么话题谈起。为了让他们之间便于交流,你应该先给他们提供一个引子。你在介绍两对夫妇相互认识的时候可以这样说:"怀特夫妇从北京来(同时做引见的手势),布莱克夫妇是第二次来这里,他们是从西澳大利亚的佩斯来的。"

随着这方面经验的不断丰富,你会变得越来越自信。在自己的家中,身为主人,你会热情地介绍所有的客人相互认识,尽量让他们感到轻松舒适。倘若把这种状态带到工作中来,真诚的引见就不是什么难事。

这项工作并非完全由对客服务人员来承担,经理常常也会为别人做引见。得体的引见是一种能力,也是处理客户关系技巧的重要组成部分。一次成功的引见少不了尊敬、关心和理解,这不仅可以给客人留下深刻的印象,还会得到他们真诚的感谢。这种对细节的关注是职业水准高低的重要标志。

引见的顺序

人们经常不知道如何做出正确和得体的引见。尽管现代社会强调平等,但人们在引见时还是沿用老规矩。原则上,你应该把不太重要或者比较年轻的人引见给更重要或者更年长的人。另外,在引见的顺序上,女性的位置比男性高!除非男性是皇室成员或是非常著名的人物,或者两个人在商业的场合相遇时男性的职位高于女性。简单来说,引见的次序应该是把男性引见给女性,把低级别的人引见给高级别的人,这是出于对所有人的尊重。

在引见时应该先说出哪一方的名字是一件令人困惑的事情。实际上,如果你的措辞表明你是把低级别的人介绍给高级别的人,那么谁的名字在先都无所谓。下面的例子中,我们把同一件事情用三种不同的方式表达出来:

"某某殿下/阁下/先生,请允许我向您引见我们公司的财务主任罗伯特·马科斯。"

"请允许我向您引见我们公司的财务主任罗伯特·马科斯,某某殿下/阁下/先生。"

"某某殿下/阁下/先生,请允许我向您引见我们公司的财务主任罗伯特·马科斯,某某殿下/阁下/先生。"

虽然这样的引见显得非常正式,但表达的要点仍然是吐字清晰和简明扼要。只要按照正确的顺序进行介绍就可以了,再有就是把双方的名字表达准确。

不太正式的引见可能是下面这样:

"大卫,我想让你认识一下总裁夫人,伊丽莎白·埃博尔;伊丽莎白,大卫·韦斯利是本地报纸的商业版编辑。"

如果对如何引见没有把握,最好的方法是事先问一问同事或者客人,了解一下他们自己的想法,尤其是那些从国外来的客人。

一次成功的引见还可以提醒人们提防潜在的矛盾冲突。比如,如果在引见的过程中得知一个客人可能和另一个客人之间有某种关系,那么你就可以避免突然说出某些不得体的话。如果有些同事或者客人与某些敏感的领域(比如政治、宗教或者工会)有关,最好让在场的所有人都知道,避免引起一些不必要的麻烦。

如何回应

被人引见后,正确的回应是"你好"。"很高兴见到你"这样的话有时会给人以虚伪的感觉,这只不过是一句"漂亮话"而已。

冷落了刚刚介绍过的人不仅是一种失礼的行为,还会对这个人造成很大的感情伤害。如果你被引见给一个人,而你又不想和此人进行交谈,那么报以微笑就足够了,对方会表示理解和接受的。

帮客人穿外衣和脱外衣

无可挑剔的礼节和礼貌、美好的第一印象以及真诚的服务,这样的内容在本书中贯穿始终,我们把这些看作是与客人建立良好关系的先决条件。在任何时候,如果你看到客人正在穿上或者脱去外套,上前提供一些帮助是有礼貌的表现。

帮客人穿外套时,在双肩的中点抓住衣服的领子,把衣服的位置调整为客人方便把一只胳膊伸进袖子的状态——不要太高也不要偏向两侧,然后再把另一只袖子对准客人的另一只胳膊。

通过观察,你可以看出客人习惯使用左手还是右手,注意他们先伸出哪只手就知道了。你拿衣服的方式应据此作出调整,让客人舒服地依次把两只胳

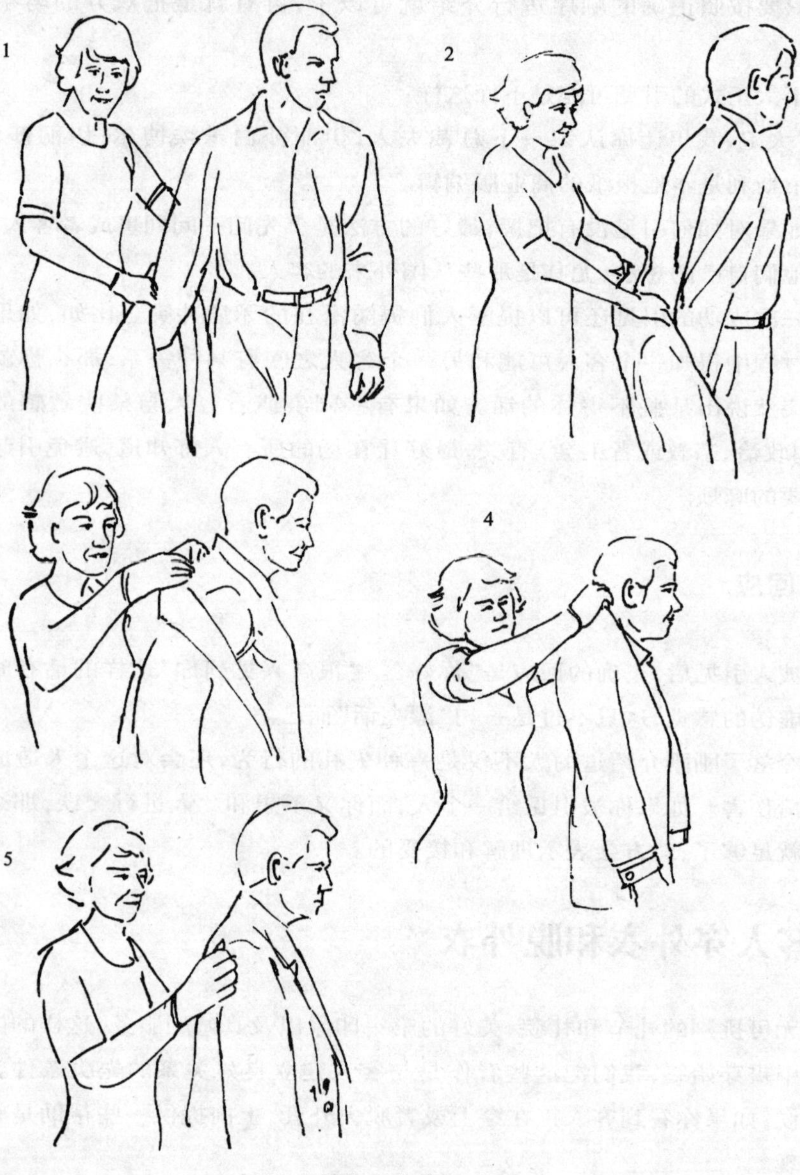

帮客人穿外衣

膊伸进袖子。然后，把衣服向上提，要提得比肩部稍高一点，这样会让客人觉得更加舒适。最后检查垫肩和领口是否处在正确的位置。

如果留意客人的身体语言，你会提前知道他们是不是需要我们帮他们脱去外衣。帮客人脱外衣的时候应轻轻抓住衣领，让衣服慢慢地从肩膀滑落，不要太急。客人经常需要检查一下口袋，或者整理一下别的衣服，或者摘掉围巾。问他们衣服口袋里是不是有贵重的东西需要拿出来。

外衣脱掉后，把它挂起来或者放在椅背上。有的场合下，尤其是有很多人同时在场的时候，你还应该向客人保证，衣服已经妥善保管不会弄丢或者弄错。你的工作场所会有一些规章制度，规定了在何种场合下须交给他们一个号码牌作为凭证。

帮客人入座

在帮助客人入座时，虽然你的本意是好的，但也可能会招致客人的反感，尤其是当你没有仔细注意他们的动作和反应的时候。椅子离桌子边缘应该有40到60厘米的距离，这样可以保证客人在落座时有充足的空间。

当你开始把椅子向客人后背推的时候，须尽量避免倾斜，如果地面铺设了地毯，你必须把椅子稍微抬起一点，但也不要让椅子产生倾斜。当你继续往

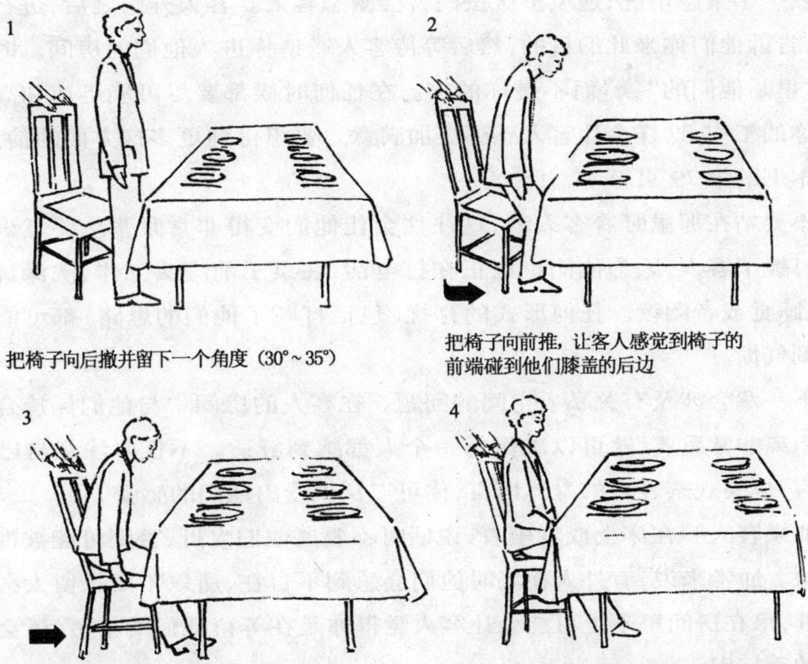

1 把椅子向后撤并留下一个角度（30°~35°）

2 把椅子向前推，让客人感觉到椅子的前端碰到他们膝盖的后边

3 注意他们的手臂动作，确认客人是否已经坐好，有时他们需要再往前一点

4 这时，客人坐得离桌子足够近而且很舒适

帮客人入座

前推时，客人会感觉到椅子的前端碰到他们膝盖的后边，膝盖便会自然弯曲，随即坐下。

客人坐下后，应留意他们的身体语言。如果他们离桌子太远，大多数客人自然会双手向下扶住椅子的两侧并向前拖动。确保客人离桌子足够近并感到舒适——但要小心地向前推。整个过程应该是轻巧、有效和谨慎的。在帮客人入座时，他们希望你保持安静，而不是唠唠叨叨。

客房中的礼节

与在公共区域不同，客人在他们的房间或套间里更需要得到尊敬和重视。客房中的礼节讲究的是"将心比心"。一定要表现出你的体谅、尊重和关心——对打扰了客人表示真诚的歉意即为体谅；充分考虑客人的感受即为尊重；礼貌周全、及时有效地献上你的服务即为关心。

甚至按门铃或者敲门也能体现出一定的技巧。敲得太急促可能会让客人觉得发生了紧急情况；连续多次按门铃会激怒客人。客人开门之后，进行自我介绍，告诉他们你来此的目的，然后等待客人邀请你进入他们的房间。时刻注意，这里是他们的"家"而不是你的家。在任何时候都要尽可能迅速和高效地完成你的工作，这样会让客人感到更加满意。要想得到更多这方面的信息，请参看本书的第 79 页至 81 页。

不要站在那里盯着客人看，这往往会让他们变得非常紧张。要意识到你可能打搅了客人，因为他们也许正在打电话、在桌子前埋头工作、洗澡、刮脸、休息、睡觉或者阅读。任何形式的打扰（包括打断了他们的思路）都可能令他们感到气愤。

下一章会涉及有关私人空间的问题。在客人的房间中与他们保持合理的空间距离非常重要，这可以确保每一个人都感到舒适。不仅要注意自己的身体语言，也要观察客人的身体语言，你可以从中看出他们的感受。

如果客人躺在床上或者坐着，说话时不要离他们太近，否则可能被视为一种威胁。通常来说，有外人在场时他们会感到不自在，所以不要逗留太久。除此之外，呆在房间里不走可能会让客人觉得你是在等待他们的小费，还会显得有些游手好闲。

离开房间的时候，问他们还有什么别的事情需要你去做，要是没有的话就向他们道别，并且提醒他们有事随时可以给你打电话。走时一定要记住轻轻地把门带上。

下面我们了解一下在日常生活中其他一些与礼节和礼貌相关的内容。

个人行为

守时

尽管人们在对待时间上有越来越灵活的趋势，但在上班、会客或开会时迟到不仅是一种没有礼貌的表现，还会令等待的人感到非常气愤。在约会中迟到是十分无礼的，如果打算推迟时间应提前打个电话，而且一定要在到达时表示歉意。

道歉

在任何场合道歉都是一种有效的手段。学会有效的道歉首先要有足够的勇气去承认错误。道歉绝对不是软弱的标志，如果真诚和及时（而且不要太啰唆）的道歉反而会被看作是有能力的表现。道歉时绝不能小声嘟哝，这样会显得很勉强；言辞谦恭、发音清晰的道歉能体现出良好的人品。

撒谎和“善意的谎言”

撒谎是没礼貌的表现，更是一种违背道德的事。然而，假设我们说的每一句话都是真的，恐怕听者不会总觉得舒服！因此，我们现在关心的问题不是要不要撒谎，而是撒谎能不能被允许和接受。撒谎的确很可耻，尤其是为达到个人目的而撒谎，但如果是“善意的谎言”或者无关紧要的假话，而且不会给别人带来什么伤害，人们往往是可以接受的。和撒谎差不多的另一种方式就是拒绝透露实情——如果不宜说出实情，最好缄口不言。

赞扬

几乎所有的人在生活的某些阶段都需要得到赞扬。人们的虚荣心需要不断地得到满足,这是人类的天性。同时,赞扬也是一种无害的消遣,谨慎为之可能非常有效。

到目前为止,本书已经帮大家建立了一个概念,即服务能够给客人的生活带来某种影响。我们在接待业中扮演的全部角色都应围绕着这一点展开。我们可以通过多种方式实现这个目标,如果客人累了,我们给他们一张床让他们睡觉;如果他们饿了,我们提供饭菜;如果他们渴了,我们奉上饮料。假如一句赞扬的话能让我们的客人或者同事感觉良好,那么就说出来。

对值得赞扬的人表示赞扬在任何时候都是有礼貌的表现。人们往往由于害羞或者不满而忽略了赞扬,克服这一点无疑会让双方都感到愉快。设法让他人处于更好的心理状态是建立友好关系的一个重要环节,这一点我们在前面的章节已经探讨过。

赞扬是讲究时间和场合的。演员和作家都需要得到别人的赞扬,他们可以从中获得信心和勇气,尤其是演员,他们在舞台表演之后更渴望听到赞许之声。然而,为了赞扬而赞扬是一种缺乏社交技巧的表现。另外,如果客人显得非常忙,耽误他们的时间去表示赞扬显然不是时候。

当着客人的来访者的面赞扬或者恭维他们是不恰当的,这也许会遭到误解。但是,如果客人要求你发表看法,你恐怕无法推托。此刻,要是你不能说好话,也不要发表那些不顾他人感受的观点。这可能就是善意的谎言登场的最佳时机了。

批评

批评与上面提到的内容相比,完全是另一回事,它是一个危险的武器。如果人们对你提出批评,最合适和最成功的回应就是认真倾听他们说的每一句话。不妨让他们把心里的话都说出来,不要认为他们的批评完全是在针对你个人。如果他们的观点是好的,即使是针对个人的,也应该和气地表示道歉。

人们碰到一些的确难办的事情时经常会抱怨,意识到这一点是“同步”技巧中一部分。解决了他们的抱怨也许就平息了他们的不满。认真地倾听他们说的每一句话,以便在决定下一步行动之前对形势有一个全面的判断。

指指点点

指点这个动作应该是指向纪念碑或者风景的。这是一个不由自主而且难以改变的习惯。但是,如果是指向某个人,往往会令其感到窘迫,因为他(她)可能认为自己成为了别人交谈的话题。你可以改用“摊开的手掌”进行示意,这个动作给人以真诚的印象,而且不会对他人构成任何威胁。

在公共场合打扮

文明的行为使人类有别于动物,公开场合打扮自己或者搔首弄姿是不文明的。梳理打扮应该在盥洗室或者衣帽间来完成。人们总是有欲望去用手整理头发,或者触摸脸部、头部以及其他身体部位。这些习惯很难改变,人们在紧张时就会有这样的表现。如果在录像带中观察自己,你会发现很多类似的举动不断地重现。

假设有一部摄像机在任何时候都瞄着你,这些坏习惯就很容易改掉。时刻意识到可能有个人正在远处观察你,这会激励你去改进自己的形象。

这些比较私人化的行为应该私下里完成。打喷嚏或者擤鼻涕时声音要轻,而且应尽量避开别人的视线。对客人来说,简直没有比听到这样的声音更令他们不快的事情了。在公共场合打哈欠不仅表现出疲劳,更是厌倦的暗示,这种行为除了显得无礼之外,还使他人感到非常不舒服。

忠诚

在接待业中,忠诚于你的老板和你的酒店始终是一条基本的行为准则。这并不意味着你不能对酒店的决策或工作方式产生质疑。只要你的身份是雇员,就应该对你的酒店做到绝对的忠诚,起码在公共场合要做到这一点。

任何时候都不要当着客人的面向同事抱怨你们的酒店或者批评别的员

工，这种错误的行为会让客人感到不安，而且会给他们留下非常不好的印象。

规章制度

仅仅靠礼貌和指导方针是不够的，管理层还应制定一套简明的规章制度来约束员工的行为，这样可以缓解矛盾、促进交流以及避免欺骗行为的发生。例如，不准散布谣言、不准讲别人的闲话、不准搞小团体或小派系、不准诽谤领导和同事等等。

正确的态度当然要鼓励，比如文明礼貌、积极向上等等。除非有意外情况或者迫不得已，否则不要违反这些规章制度。

手机和呼机

尽管手机和呼机的发明让人们的生活变得更加方便，但它们有时也会给人制造麻烦。当然，让我们放弃使用手机和呼机是不现实的，但谨慎地使用还是很有必要的。假如你正和某个人面对面地说话，而此人却不停地接电话，明显无视你的存在，遇到这种情况的确比较难办，最好的办法就是随手拿起一张报纸，打发这段尴尬的时间。不过，要是你感觉这次会面不可能在一个比较正常的气氛下进行，那么我建议你还是尽早结束，再约时间见面为好。大多数人会明白你的暗示，要么关掉手机，要么把电话转移到语音信箱。

呼机的响声可能会让客人心烦意乱，那种可以设成振动状态的呼机比较好。而且，呼机的使用创造出了一种身体语言的新潮流：某些人的呼机一有动静，他们立刻不由自主地把手伸进上衣或者向腰间摸索。这看起来挺有趣，但要想显得更加职业，我奉劝大家还是换一种更容易让人接受的姿势为好。

备忘录

无论是发送者还是接收者都应该认真对待备忘录。备忘录是一种非常好的交流工具，可以把想法、信息和指令以文字的形式长久保存下来，而口头交流是办不到的。备忘录应该妥善保存起来以备将来参考之用，但不能用于非常私人化的交流，比如对工作表现方面的抱怨和称赞。备忘录需要打印并注明日期，不需要导言和签名，有相关信息、时间、日期、主题、发送人和接收人就足够了。如果切实可行,电子邮件也是一个不错的选择,使用的原则和备忘录相同。

会议

会议应该在有必要的时候才召开。善于安排时间的人会制定一份会议议程,仅仅宣布会议开始和结束的时间是不够的。准时是基本的要求,不要打断别人的发言也同样重要。打断别人的发言是非常不好的行为,因为这会打乱别人的思路。另外,不去参加需要你出席的会议也是很不礼貌的。在会议上,你对议题应该表现出足够的兴趣,而且要清楚地表达自己的见解。不要打断别人,不要一人包办所有的发言,更不要咄咄逼人,最好的结果只能通过冷静和建设性的讨论来达成。而且,会议的时间不宜拖得过长。

私人问题

人们在交谈中有几个话题是绝对的禁忌,我们在下一章再详细讨论。无论是直接还是间接地打听别人的收入、出身、教育状况、东西的价钱都是不受欢迎的。

另外,也不能随便问及别人的私事。比如,有个人(尤其是你的客人)告诉你他得病了或者上医院了,你除了说"希望不太严重"以外,别的话都不合适,至于细节,还是由其他人来告诉你比较好。

脏话

当今社会,能够轻易冒犯别人的"忌讳"字眼越来越少,但是,这也并不意味着人人都能接受不雅的字词。一个人说脏话的时候,在场的人不会视而不见、听而不闻的。在别人的公司最好不要使用不太入耳的语言。尽管有些不雅的字眼已经被人们当作表示失望、愤怒或痛苦的感叹词来接受了,但换个用词有助于你在不必失去自我控制的前提下把心中的愤怒排遣掉。

礼物

客人有时很喜欢送些礼物给员工来表示他们的谢意。这不仅令他们感到愉快，他们也想给别人带来快乐。亲切地接受礼物非常重要，要是在这个节骨眼上得罪了别人就很难挽回了。

如果你打算送客人礼物，必须考虑是否合适。首先要注意礼物的重量，这对旅行者来说十分重要。礼物不要太贵重，不然他们会觉得不好意思。另外，不要要求他们立即打开礼物，因为有些文化背景下的人对收礼感到非常羞涩，在他们看来，像过生日的小孩子一样急切地打开礼物显得有失风度。

航班机组人员

对待航班机组人员应该像对待其他客人一样——把他们当作贵宾。通常机组人员工作很辛苦，他们总是非常疲劳，要意识到他们将在我们的饭店度过的这段短暂时光对后面的一段旅程有着很重要的影响，尽一切可能让他们在停留期间感到方便和舒适，这是我们的职责所在。在向机组人员提供服务时表现出任何形式的自满都是不可取的。

一些额外的招待可以和他们建立更友好的关系，比如，在他们住店期间提供一个房间供他们聚会和休闲之用。为他们安排一个特别的区域，存放冲浪板、其他运动装备、缝纫机、其他与业余爱好相关的物品以及冬天或夏天穿的衣服。

尽管航班机组人员可能表示他们无需特殊的关照，但这未必是真的，他们还需要有更多自己的空间。我们在任何时候都应该对他们保持一种愉快、关切和积极的态度，他们和其他客人一样，都是我们酒店潜在的"推销员"。

总结

本章提到的有关礼貌方面的所有内容都非常重要，如果我们都做到了，就能成为真正的专业人员，至少会给客人以这样的印象。这种方式的自我约束能够真正让我们在别人面前呈现出一个更加良好的形象和状态。在接待业中，我们时时刻刻都在"表演"，但这些"形象添加剂"不能只是表演的一部分——应该是一种自然流露。

第四章

交流:基础篇

在前一章里我们已经对礼貌和礼节进行了比较深入的探讨,本章将进一步探讨它们的主要表现形式:人与人之间的交流。在接待业和酒店业中,我们从事的大部分工作涉及语言交流,而且大多数成功的专员人士在和别人交谈时能够表现出充分的自信。

有时,我们觉得语言交流这种形式并非无处不在。每个人都会告诉你一些不平凡的经历,而且你可以从这个最不可预知的资源中学到你想要的东西。你在工作过程中肯定会遇到足够多的场合,语言交流在其中起着重要的作用。成功的交谈不仅仅可以引起对方的兴趣,而且能够创造出一个轻松的气氛,屏蔽掉一些潜在的尴尬或者难以应付的局面。

在本章中,我们要学习基本的语言交流技巧以及如何领会和表达身体语言。我们还将了解倾听的价值,无论在工作还是生活中,倾听都是一种提高自信心的强有力的辅助工具。

交谈的艺术

有礼貌的发言者寻求的是令身边的听众感到轻松,他们也同样善于倾听,有能力让交谈在放松、适度和有趣的气氛下进行。而态度恶劣的发言者丝毫没有这样的素质。有些幸运的人天生具有出色的交流技巧,而有些人必须通过长时间的训练才能学会。

成功交谈的基础是把精神全部集中到对方身上并问一些和他们自己有关的问题。交谈是一门富有魅力的艺术,除了自我表达之外,还要给他人创造表达的空间。

当与某人会面并展开一番交谈时,你会不自觉地把自己的各个方面呈现在对方面前。同时,你也可以对你的交谈对象作出较为客观的评价。

交谈的发起者

万事开头难,交谈也不例外。最好的"开场"问题不能太针对个人,但也要允许对方说一些有关他们自己的事情。做一个成功的交谈发起者需要足够的老练和一定的知识储备。

邀请对方加入谈话一个不错的开局方法,可以是这样,"告诉我。"停顿一下,显出一副专注的样子,然后提出一个适当的问题,最好暗示出一些恭维对方的意味,而后仔细倾听对方的回答,保持目光接触,然后在对方的回答中挑选出某个兴趣点重复一下,"这非常有意思,那么你……"这不仅仅是奉承对方,而且可以让对方觉得你充分理解了他们的意思,并且很欣赏他们。很自然,他们会就这个话题进一步说下去。

为了让更多的人参与到谈话中,可以告诉他们某个人说了某些有趣的事情(用适当的形容词),并且客气地鼓励这个人重复一遍。你会惊奇地发现,一个有多人参与交谈的局面立即形成了。作为发起人,你在众人的心目中成了一个健谈的主人。

作为对客服务人员或者学员,你可能认为培养良好的语言交流技巧是在浪费时间。然而,随着你在这个行业涉足越来越深,你就会发现,在与客人、同事或者合作伙伴建立良好关系方面,交流技巧的作用之大是无法估量的,更不用说你从交际网中得到的好处了。

培训练习:在聚会上发言

在接待业中的不同场合,如何成为谈话的发起者?例如总经理鸡尾酒会、和客人共乘电梯或者与客人一起等人。就这个问题写下一些想法,然后以小组讨论的形式检验一下这些想法的可行性。

休闲活动的术语

术语经常被人们理解为拒绝“外行”加入的一种语言工具。可是,当完全陌生的人见面时,他们会寻找在体育、游戏或者文化活动方面的共同点,这时术语就会体现出它的真正价值!术语实际上是一种非常有用的“简略表达”形式,便于某一群体对某一共同话题进行交流。

有四种休闲活动形式普遍受到世界各地人们的喜爱,它们是赛马、网球、高尔夫和帆船。如果你懂得这些运动的术语,就可以把它们作为话题发起一番交谈。当然,还有无数人们喜欢谈论的其他娱乐项目,你应该尽可能广泛地了解相关的知识。作为开始,你可以查阅本书后面的术语表,如果客人想和你聊聊上面提到的某一项娱乐活动,那么其中的一些术语就将派上用场。

培训练习:术语

参考上述内容和附录中的术语表“体育运动术语”,针对客人感兴趣的某些领域建立自己的词汇表,例如戏剧、文学、其他体育运动和音乐(无论是现代的还是古典的)等等。收集这些信息有哪些益处?如何把这些信息与你的服务风格和语言交流结合起来?就这两个问题进行小组讨论。

交谈的注意事项

游移不定的眼神

我们在交谈这门艺术中应做到“有所为,有所不为”。前面已经谈到专注的重要性,不仅谈话时要专注,使用身体语言时也应如此。越过你的交谈对象的肩膀看看还有谁在场是一种非常无礼的行为,我们称之为“鸡尾酒会上的眼神”。尽管有时你需要注意周围的情况,但一定要表现得老练一点。大大方方地去看看你关心的人有没有出现,远比目光游移不定左顾右盼为好。同样的,如果你的脚尖指向另一个人或另一群人,给你的谈话对象留下的印象就是你更想去别人那边。

多人交谈

多人交谈中的任何一个人都不应成为绝对的主角,同时,任何一个人都不应受到冷落,这两点都不容易做到。尽管有些人只喜欢当听众而不愿发言,但我们还是应该邀请他们加入谈话。比方说,如果大家在谈论一个有争议的话题,你可以用一句话把一个羞涩的人带到谈话中来,“那么,你是怎么想的?”大多数害羞的人会斗胆说出他们的观点。

忌讳的话题

人们对某些话题可能比较敏感,尽管当今社会中忌讳越来越少,但尊重他人的隐私还是明智之举。收入、宗教和性偏好均属个人隐私的范畴,甚至政治取向也不例外。与客人的交谈中涉及上述问题时要格外小心,同时还应考虑客人的文化背景,不要以任何方式说出任何冒犯的话,这一点非常重要。谈论精神不适或者过敏症这样的小病及其治疗是很平常的事,不过对你自己的焦虑和身体不适最好闭口不谈,以免给人不好的印象。人们经常不由自主地谈起金钱和性,但很多人对此类事情绝口不提,认为这是绝对的个人隐私。

绝好的机会

多年以前,人们认为谈论装潢、饭菜和酒水是件庸俗的事。但是,由于现代人普遍对此颇有兴趣,这反倒成了一个不错的话题。尤其是对接待业中的从业人员来说,这是一个相当不错的机会,可以向客人推荐规格更高的房间以及推销更高级的商品。

提及名人,炫耀自己

人们有时会提及著名的人物并暗示出自己与他们相熟,以此作为抬高自己的手段,这是一种普遍容易犯的错误。在谈话中有此表现可能会惹人不快,假如你的谈话对象恰巧和你谈到的名人十分熟悉,情况也许会变得更糟。这不仅仅是没礼貌的表现,也是一种错误的社交手段,还会招致嫉妒和反感。如果你在交谈中不得不提起某个名人,尽量一带而过,而且要用最正式的称谓,以免显得和那个名人过于熟悉。“我和公司总裁一起从事于……”这样说有点儿借总裁抬高自己的嫌疑,不如这样说:“我有幸能帮公司总裁……”

沉默

为避免在谈话中陷入长时间的沉默,最好尽快用另一个话题来打破僵局。比如轻描淡写地评论一下你们对面的某个人,或者问一个平常的问题,比如“关于……(一部电影)大家都有什么看法?”这种话通常会得到一些回应,谈话就能得以继续。

头衔

直呼其名(未加上姓氏)的情况在我们这个行业变得越来越普遍,这样会显得更加友好和亲切。然而,不少人还是喜欢正式一点的称谓。通常上年纪的人仍然希望别人称呼他们的全名。如果你觉得这样称呼有些老套,那么可以思考一下影片《十二怒汉》中的对白,一个陪审员说道:“你说话为什么这么有礼貌?”另一个陪审员答道:“和你没礼貌的原因是一样的,我受到的教育就是这样。”从这句相当尖刻的话里,我们可以想象出人们为什么要坚持自己的传统和文化。“先生”和“女士”几乎在任何场合都是稳妥的称谓,甚至这样称呼年轻人也没问题。

培训练习:处理棘手的问题

讨论下面的情形,提出合理的建议。

- 你正向一个客人解释一些事情,另一个员工打断你,说这样的解释不对。
- 某些人让你猜他们的年龄或者刚买到的东西的价钱。
- 某个客人或者某个员工开了个下流玩笑。
- 某个客人问了你一个非常尴尬的私人问题。
- 某个员工讲你朋友的闲话。

“说点什么”

有机会就问问客人是否过得愉快,如果客人看起来不忙,你可以再问一个聪明一点的问题让谈话继续下去。但是,在任何时候都应保持你的真诚,而且要对客人的回答表现出足够的兴趣。然而,如果客人之间正在全神贯注地交谈,等他们注意到你的时候再发言也不迟。

身体语言:理解的框架

我们步入了一个新的世纪,也开始意识到学习非语言交流的价值。要想对旅游业和接待业中的客户加深理解,身体语言是值得关注的一个重要环节。阿尔伯特·麦洛宾教授在人际交流领域是一位受人敬重的专家,他在研究中发现,一条信息的整体效应是由7%语言效应、38%的语音效应(包括语调)和55%的非语言效应组成的。

不考虑文化的因素,语言和动作之间有着某种必然的联系,一个训练有素的专业人员可以通过人们的声音来判断人们的动作,反过来,人们说了些什么也可以从动作中猜测出来。

身体语言的识别

我们都具有理解非口头语言的能力,而且在出生不久就开始识别身体语言。身体语言通常可以显示出人们下一步要做什么。孩子一哭,父母一般就会把孩子抱起来哄一哄或者喂奶。

我们当中的大多数人对身体语言的理解能力比自己想象的要强,但我们大都懒得去考虑这个问题! 而婴儿使用身体语言的方式就非常积极。不仅如此,婴儿还能够本能地理解别人要传达的意思。当然,随着词汇量的不断增加,而且在知道了机智老练的重要性之后,我们下意识地开始控制说话时伴随的肢体动作。

有些身体语言的意图很明确。如果客人拨弄自己的牙齿,那么他们可能需要一根牙签;如果客人坐在窗边时用手遮在眼睛上,他们可能需要拉上窗帘。要是你能正确地领会客人的这些举动,就不必多费口舌。

在接待业一天的经历中,我们就会看到人们流露出的各种各样的情绪。如果花点时间研究一下与这些情绪相伴随的身体语言,我们就可以获得预见客人需求的能力,有些需求表现得非常明显! 我们也会得到意外的收获。

举例来说,当客人到达时,他们一定会感到旅途的疲劳,并通过一系列的身体语言传达出来,比如严肃的面部表情、揉眼睛、捏捏脖子、伸伸懒腰、频繁用手捋头发、行动缓慢、打哈欠等等。

同样的,在一个新的环境,客人也许会感到有些困惑,他们会摇头、挠头或者皱眉。我们不能把这些动作错误地理解成某种怀疑,要是表示怀疑的话,他们在摇头的时候眼睛往往会睁得很大。考虑一下,你自己若是处于这种情形下希望受到怎样的对待。如果你看起来筋疲力尽,有个人走上前来只问你是不是很累,你会有何反应? 要是这样说:"你看起来很累,我能帮你做点什么?"效果可能就会好一点。

大多数客人很可能在入住的时候感到很疲劳,他们此时会表现得有些急躁,轻敲手指、叹气、摇头、走来走去等等都是急躁的信号。很显然,最好的做法就是帮他们处理好行李。很多酒店在这时候向客人提供热毛巾或者冷毛巾——这绝对能使疲惫的客人精神一振。如果可能的话,给客人一杯提神醒脑的饮料,同时尽可能地加快办理入住手续的速度。对客人的旅程表现出足够的体谅和兴趣,这样做的好处非常大。

理解身体语言的目的之一就是在减少问答次数的基础上发现客人的需求并采取措施尽快消除他们的不适。提高观察力是问题的关键，另外我们也要有能力找到最佳方式转移他们的注意力，打消他们的顾虑。

两种疲倦的体征

姿势的遗传性

所有的文化都使用大致相同的面部表情来传情达意，这表明某些表情动作是与生俱来的，或者说是遗传的。当你的双臂在胸前交叉时，是左臂压在右臂之上，还是相反，大多数人在试过之前恐怕不会给出肯定的答案。要是人们对一种方式感到舒适，对另一种方式就会感到非常别扭。事实证明，这个姿势具有很大遗传性，不会轻易改变。

我们做任何事情都有不假思索的时候。有些姿势已经成为我们性格的一部分，比如，以特有的方式用手指穿过头发，或者在感兴趣的时候做出沉思的样子，用力摆手表示反对也是其中一种。我们经常发现自已在模仿父母的非口头交流方式。

大部分用于交流的基本的表情动作世界通行，愉快时微笑，生气时皱眉，点头表示肯定，摇头表示否定，几乎所有人都不例外。

耸肩是另一个通行的姿势，一个人在表示听不懂别人在说什么的时候就会耸肩。这是由三部分构成的一个组合姿势：摊开手掌、耸肩、眉毛上挑。

姿势簇

多个姿势的组合称为“姿势簇”。在身体语言方面，初学者所犯的最严重的错误就是，在理解某个姿势的时候把它与其他伴随的姿势和周围的环境孤立起来。举例来说，双臂于身前交叉这个姿势就不能单独地进行解释，人们摆出这副样子的原因有很多种。另一个例子是挠头,这个动作也可以有多种解释:有头皮屑、有跳蚤、发汗、半信半疑、健忘、撒谎等等,具体是哪一种解释要看其他伴随的姿势而定。所以,在对人们的状态下任何结论之前,必须看清楚同时出现的其他姿势。

食指向上贴着面颊,中指横在嘴上,拇指托着下巴,是一个常见的表示"批评性评价"的姿势,如果一个听者除此之外还做出双腿紧紧交叉这样的姿势,就进一步说明了此人对发言者的不满,这意味着:"我不喜欢你这样说,而且我也不同意你的说法。"这些姿势的集合就称为"姿势簇",这是一条身体语言方面的专用术语。把两三个或者更多的姿势放在一起进行推断,才能得出比较合理的结论。

要想在非口头交流的领域里有更多的收获,坐在公园或者公共场所的长凳上观察别人是最有效的方法之一。调低电视机的声音,研究画面中人物的身体动作,看看你能了解到一些什么样的信息,这种方法也是行之有效的。

随着理解力的提高,这些姿势将在你的头脑中形成"句子",并且总能在掌握别人真实的感觉和态度方面给你一些启示。有些姿势开放、豪爽和积极;有些表现出兴趣和赞同;有些则传达戒备、冷漠、愤怒和拒绝等等负面的信息。

前面提到的双臂胸前交叉这个姿势是一个经典的例子,可以充分地说明领会"姿势簇"的重要性。双臂交叉时,如双肩保持端正,面部表情严肃,双脚

对一个姿势的解释还应参考与之相伴随的其他身体语言,

双臂胸前交叉不一定总是表达负面的情绪

分开，这表示此人不太高兴——实际上，更像是生气了。然而，双肩要是微微耸起，可能表示这个人感觉到有些寒冷。如果双肩放松，身体陷在座位里，跷起二郎腿，则双臂交叉可能只是为了坐得更舒服一点。对其他辅助动作的合理解释可以指导你得到正确的结论。

个人空间

个人空间是身体语言的另一个重要方面。当你在场的时候，要想让别人感到舒适，必须遵从一条准则：保持距离。我们与他人的关系越亲密，这个距离就可以拉得越近。

大多数动物在它们周围有一片自己的领地。人类也不例外，好像有一个"气泡"笼罩在身体的周围。"气泡"的大小取决于个人的成长环境，也就是说，这是由文化背景决定的。来自某些文化的人，比如日本人，他们习惯了拥挤；其他文化的人则喜欢开阔的空间，而且习惯人与人之间保持较大的空间距离。作为接待业的从业人员，我们必须对客人的个人空间有清醒的认识。如果距离太近，尽管有些人认为这是友好的表示，但也有人会感觉到窘迫和不适。个人空间可以被划分成4种不同的区域。

- 如果自己置身于一大群人之中，我们就处在公共区域。人与人之间的距离应大于3.6米，这样的距离会让人们感到舒适。
- 社交区域的距离是1.2米到3.6米——一步到两步之间，但对完全陌生的人仍需保持较远的距离。通常，我们对不太熟悉的人应该保留这样的区域，这个区域适合于工作中的新雇员、修理工或者商店的售货员。
- 私人区域的距离大约是0.5米到1.2米，一般应用于朋友聚会和派对的场合。这个距离可以清楚地听到别人说话，比较适合语言交流。
- 亲密区域在15厘米到46厘米之间，这个区域在所有的区域中是最重要的，因为人们会像个人财产一样保护这个区域。只有感情上非常亲近的人才能进入这个区域——情侣、父母、孩子、密友和亲戚。

在我们忍受陌生人走进我们的私人区域或者社交区域的时候，我们的身体会因受到冒犯而产生某些生理上的变化。心跳开始加速，肾上腺激素分泌，头部和肌肉充血，这些都是人们在感到威胁时的恐惧反应。

简单来说，如果与别人站得太近或者用手臂接触到别人，你也许自以为这是友好的表示，但别人可能觉得非常不舒服，而且会产生反感，当然，这种负面

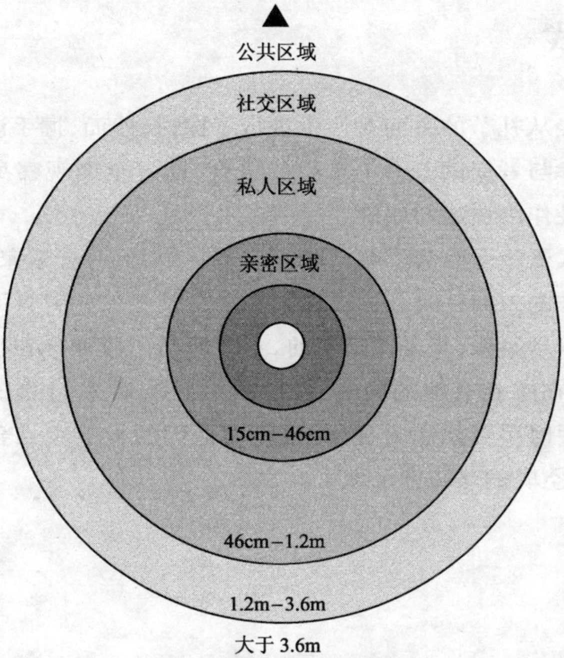

个人空间的 4 种区域

的情绪可能不会马上爆发。要知道,你认为是表示友好的姿势,在很多来自不同文化的人看来可能是一种冒犯。另外,站得太近也会使对方下意识地退后一步以维护自己的个人空间。

留意个人空间的好处之一是,你可以从中判断两个人之间的关系。髋部之间的距离越近,表明关系越深。即使两个人在亲吻,也不能说明他们的关系就非常密切,可能只是好朋友而已。

个人空间受到侵犯经常可以影响到人们的面部表情,表示出难受或气愤。当然,也有一些例外,在电梯或者公共交通工具中,人们不得不站得很近,大家的表情只是稍显不悦而已。

尽管你希望对客人表示欢迎,但向他们致以问候的时候不要站得太近。同样,在客人坐着的时候也要注意个人空间,尽量避免站在他们旁边,否则客人必须对你仰视,这岂不乱了规矩,毕竟他们才需要得到这样的尊敬和关注。

握手的方式

第三章已经从礼节的方面对握手进行了探讨，然而，握手涉及的内容远不止如此。它给参与者提供了一个难得的机会，通过全面观察身体语言对另一方的性格或个性作出快速的评价。

握手的方式受很多因素影响。职业就是其中之一，音乐家、外科医生和那些从事细致工作的人握手时会比较轻柔。来自某些文化背景的人对这样的问候形式会感到非常紧张，于是踌躇不前，不知所措。假如你在一旁观察别人的握手方式，你会在感到有趣的同时受到一些启发，对人们的日常生活加深理解。城里人握手时手臂往往离身体很近，而他们的乡下表兄会把手臂完全伸出，很明显是在空旷的环境下呆惯了。

左手抓住对方手腕或肘部的握手方式只适合密友或者亲属

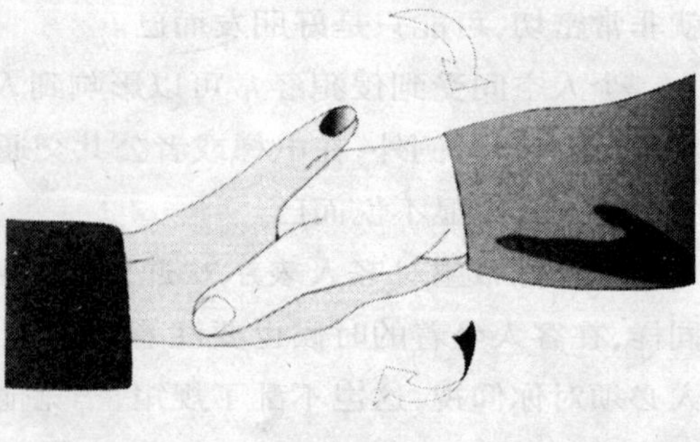

“强势”的握手方式

继续观察的话，你会注意到，人们的左手经常也不闲着——“手套式”的握手，或者抓住对方的手腕或肘部，企图传达某种安全感和信任度，但这种握手方式只适合于亲密的朋友或亲戚之间。有时,聪明的销售人员和那些希望表现出真诚的人在握手时也采取这样的策略。将左手搭在对方上臂或者肩头通常表示更亲密的关系,除非双方确实亲近,否则接受方将对此人产生怀疑和戒备。

通过观察人们握手的风格,你可以更加了解他们。例如,观察伸手的方式,你可以从中看出握手发起人的某些意图。人们在握手时会表现出三种基本态度中的一种,而且这种表现经常是下意识的。三种基本态度分别是:平等、强势和弱势。强势的表现是手掌向下,弱势则手掌向上,平等的表现不用说一定是介于强势和弱势之间,和对方的手掌处于“对等”的位置。

如果你察觉到某人以“强势”的握手方式冲着你来了,只要经过练习,你就能够把形势颠倒过来。大多数人在握手的时候都是右脚在前,当你握住那只“强势”的手时,左脚向前跨,这样就闯进了这个人亲密区域,同时转移了此人的注意力,这样一来,你就可以借此机会把对方的“强势”改变成“弱势”或者“平等”,当然还是平等为好。无论如何,每一种情形对我们来说都是一个挑战。作为服务人员,我们必须练习判断力,并且要根据具体情况正确地付诸行动。

客房内的身体语言

把客人安置到他们的房间之后,客房内的礼节就要发挥作用了。要想让客人感到安宁和舒适,适当的礼节是必不可少的。客人不允许他们的个人空间受到侵犯,另外,学会识别客人在房内的身体语言也是非常必要的。员工进入房间的时候,很多客人会觉得非常紧张和不安。

这样的感觉很容易就会看出,游移的目光和很少的目光接触就是不安的信号。通常,客人可能会心烦意乱地缓慢走动,并且流露出一种盼着你赶紧离开的不耐烦情绪。

如果你向客人提出问题时他们开始用手揉搓下巴,这表示他们正在思考,在这个姿势结束之前,不要接着说话或打断他们,否则会分散他们的注意力。他们正在考虑的第一个答案很可能是更加积极的。

消极的身体语言

紧张

有些客人在他们的居住期间不时表现出过分紧张的情绪。人们在这种情绪下的具体表现是很少的目光接触、向四周观看、不停地摆弄衣服或者手包，而且有时会坐在椅子的边缘上。让人们放松下来需要特殊的技巧，但大多数精神紧张的人能够接受善意的询问。你应该觉察到这些并有针对性地采取行动。

愤怒

我们之中恐怕没有人喜欢见到愤怒的客人，因为我们的工作是创造舒适和安宁。一般来说，愤怒的人对他人的影响力非常大。一个人要是处于愤怒的状态，我们可以轻松识别出来。眉头紧锁，表情严肃，攥着拳头，牙关紧闭，摇头，双肩僵硬，这些表现都是一目了然，他们也可能会摆出双臂在胸前交叉的防御性姿势，还可能来回踱步。消除人们的愤怒情绪不是件容易的事。客人的愤怒经常伴随着抱怨或者投诉，我们应该认真对待。有关投诉的内容在第六章介绍。

当一个愤怒或者满腹牢骚的客人发现了一个好听众，而这个听众用自己的身体语言提供帮助——频频点头表示理解并认真地看着客人的眼睛——问题听起来就不像一开始所说的那么严重了。倾听是非常有效的工具，这一点在下一章中有详细的阐述。

“以手掩口”的姿势

这类姿势常常是一种不诚实的信号。但是，也不能孤立地看待这些姿势，这样做可能会严重误解他人的身体语言。以手掩口可能是下意识地企图抑制住带有欺诈性的言语。这个姿势是双向的，某个人在说话时以手掩口，则有正在说谎的可能；假如你在说话时，对方捂住嘴巴，那则表示对方正怀疑你讲话的可信度，或者，他们也许只是在考虑你讲话的内容。

另外,这类姿势也可能说明讲话者只是有些紧张,而不是在撒谎。我们一定要作出明智的判断。

厌倦

厌倦的情绪也很容易识别。一般的表现是面无表情、揉眼睛、摸脸、耸肩、叹气、目光迷离以及轻轻跺脚等等。

面对有上述举动的客人,我们应该想办法转移他们的注意力,使他们摆脱这种不佳情绪。递给他们一本杂志或者书籍可能是个不错的办法,另外,建议他们去从事某些活动也能有所帮助,比如游泳或者桑那。

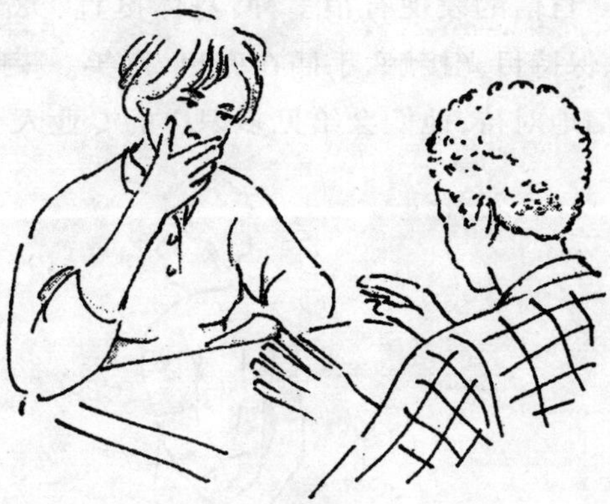

以手掩口

担心

人们在担心的时候,脸上往往会出现全神贯注的表情,也可能伴随着出汗、双肩僵硬或者摸脸等表现。这种情况下,你第一步要做的是想办法让他们安下心来,甚至不用去问他们到底怎么了。如果你看出某个人正在为某事而担心,说几句暖人心的话(例如,“我能帮你做点什么?”),但要控制住自己的好奇心,别去探听他们的隐私。他们也许会主动告诉你自己遇到的麻烦,有些事情你或许真能帮助解决。

厌倦

积极的身体语言

积极的身体语言包括高兴和兴奋的表情,微笑、睁大眼睛、搓大腿等都属这一类。惊奇的人嘴巴张开或者眉毛上扬;放松的人则双肩松弛、跷起二郎腿、后背靠在座位上,而且一般都有一个快乐的表情。

自信

自信的表现有很多种：身体挺直、头部扬起、双肩放松、甩头发、夸张地走路、保持目光接触、手插在兜里、微笑、一手叉腰一手背后。自信的人需要同样自信地对待，他们会给见多识广的专业人士以积极的回应。

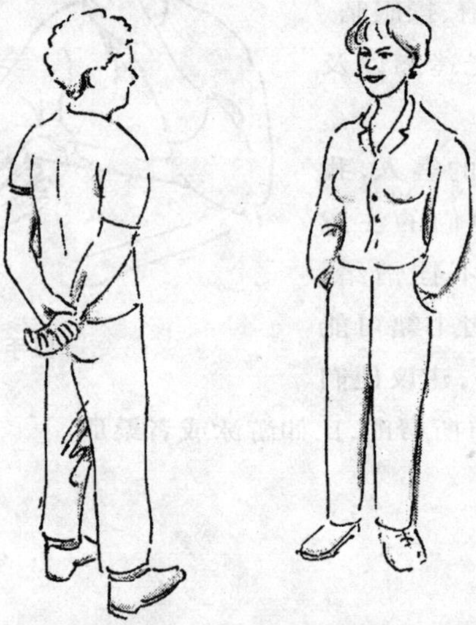

显而易见，自信的人会表现出一种放松的状态

如果客人之间正在交谈，不要打断他们，应在不远处等待

何时需要等待

客人之间正在交谈

客人在交谈的时候经常会用到一些身体语言,例如用挥手表示强调、整理衣服或者轻抚头发。指尖向上搭成尖塔形表示正在发表一个观点;而指尖向下则表示在倾听,有时显得有点装模作样。如果两个客人在休闲厅或者餐厅进行深谈,手握在一起,保持目光接触,这时,不要立即打断他们,最好和他们保持一定的距离,直到他们觉察到有你在场为止。他们很自然会停止交谈,接受这次礼貌的打断。

全神贯注

全神贯注的表现方式有很多种。通常来说,用手支住头、以手托腮或者皱眉都可以表示这种状态。遇到这样的客人,你要问问自己是不是应该打断他们。另外,快速地作出判断非常必要。

全神贯注

客人何时需要帮助

在餐厅,很容易看出客人的需求,需要帮忙的客人常常会向四处张望,而且可能会挥手示意。另外,看表可能表示焦急,摇头也许表示恼怒。

何时应该走开

如果和某个客人站在一起,别忘了注意一下他们双脚所指的方向。当人们觉得谈话已经结束,脚尖就会不自觉地指向他们要离去的方向。如果两人意见不一致,他们会不经意地转过身去,表示不悦。

其他暗示

身体语言中还有很多因素能给你启发，帮助你领会他人的意图。

身份和权利也是值得我们注意的。比起其他社会阶层的人士，皇家贵族、政界要人和企业家经常以更加自信的姿势显示他们的地位。同样，一个人的年龄、文化和背景都可以通过身体语言表现出来。一定要记住，来自某些文化的人不能容忍西方文化中的一些不太正规的身体语言。

和成人不同，小孩和青少年有一些非常天真的身体语言。然而，随着年龄的增长，他们的身体语言越来越趋向于成熟，开始控制那些夸张的姿势，变得更加内敛。作为成年人，我们非常了解自己，总是试图控制自己的情绪，尽量不让别人从我们的身体移动中看出我们的意图。

不断地学习身体语言会令我们的工作变得更加轻松和愉快，还能让我们洞察人们的内心世界，这是非常有意义的。

个人形象

在接待业中,无论我们从事何种工作,也不管我们身在世界上的哪一个角落里,都应随时做好准备,以正确的身体语言创造出良好的氛围。下面几点值得注意。

职业的形象

即使仅仅靠笔直的站姿也能让客人看出我们的职业素质。双肩下垂、耷拉着脑袋、弯着脖子、脚在地上乱蹭,这些都是消极的表现。在工作场所,我们必须表现出随时准备去履行职责的状态。如果你觉得很难做到,不妨想象一下,自己正在一个舞台上表演或者面对着一架摄像机,这样会激励你随时注意自己的身体语言并把自己调整到一个更佳的状态。传统意义上,演员在任何时候都不应该背对着观众。接待业中,我们就像舞台上的演员一样,良好的身体语言是通向成功的第一步。

微笑

让微笑永远挂在脸上并非易事,但是绝不能把你的微笑隐藏起来。当客人向你走来时,应该抛开一切杂念,把精神集中在他们身上,并真诚地向他们微笑,仅仅靠面部肌肉的堆积是不够的,还要用眼睛传达这份真诚。微笑是你最宝贵的财富之一。

有礼貌的身体语言

好的身体语言就是能够表现出全身心投入的身体语言,换句话说,尽量避免把你的身体转向除了面向客人以外的其他方向,哪怕是微小的转动都要避免,不然会暗示你对他们缺乏兴趣。为了表明全身心投入,你的脚尖应始终指向客人,同时,你的头部要抬起,肩部要放松。如果场合允许,你的双手应背在身体后面并握住,这样表示你随时准备行动。如果双手在身体前面握住,则有一点防备他人的意味。

目光接触

目光接触非常重要,这可以表示赞赏而且能够把你的真诚传达给对方。

然而，也许来自某些其他文化的客人不能接受。在第五章中，我们将针对这个问题进行探讨。由于文化和宗教的关系，有些人不喜欢目光接触，比如穆斯林和日本人。

行为举止

走路时要满怀自信，不要太快，应以正确的节奏表现出职业的态度。避免接触到客人的身体，但是在难走的地方（比如台阶）扶他们一把是允许的。记住，过分亲热会冒犯客人。不要用手整理头发，不要摸鼻子或者摸耳朵，更不要抠鼻子。如果你觉得周围没有人在看你，也不要做出这种举动——可能有个安全摄像头正对着你呢！除非你的眼睛里有东西，否则不要去揉眼睛，这个动作表示受挫或者疲倦，显得态度非常消极。

积极的态度

通过练习，你自己的身体语言可以变成有用的工具。有技巧地使用身体语言不仅能创造良好的印象，还将向客人传递出一个强大的信号，这很可能会影响到他们对你的回应——我们希望这个回应永远是积极的。

积极的身体语言应该包括前面提到的几点，例如正确地面向客人以及保持目光接触（合适的场合）以使客人确信你的注意力集中在他们身上。在听别人讲话的时候，头部倾向一侧可以表示你的专注，这也是一种积极的身体语言。当然，还有微笑。

客人有了积极的回应，相处起来就变得轻松多了。我们的目的是提供更好的服务，只要对此有帮助，我们就应该去做！

培训练习:预见客人的需求

你现在已经学会了一些知识,把它们带到工作中去。识别和预见客人的需求有多种方法,把它们一一列举出来,然后设计几个场景,分别用小品的形式在你的小组中表演一下。这些场景中应尽可能多地包含需要与客人接触的任务。把你的小组再分成若干小队,准备并表演第一个小品,然后让每一个小队在没有准备的情况下表演第二个小品,以此类推,把所有的小品都表演完。下表列出了一些常见的情绪以及相对应的身体语言,供你参考。

消极	
疲倦或者筋疲力尽	闭眼或眯着眼、移动缓慢,用手抚弄头发、摸脸、放松肩部和脖子
紧张或害怕	睁大眼睛、好动、回避目光接触、手乱动
愤怒或受挫	皱眉、瞪眼、表情严肃、走路很快、来回踱步、握拳
急躁	叹气、点头、走来走去、跺脚
悲伤或严肃	哭泣、皱眉、耸肩、转过身去
不知所措	挠头、皱眉、摆手
撒谎	避免目光接触、以手掩口
怀疑	摇头、睁大眼睛
担忧	双肩收紧、出汗、惊恐的表情、摆手
心不在焉	没有目光接触、行动缓慢、四下张望
厌倦	叹气、脑袋乱动、不耐烦的样子
生病	痛苦的表情、双臂胸前交叉、肩部收紧
窘迫	回避目光接触、咬嘴唇、咬手指、身体挪来挪去、拉扯衣服
积极	
幸福或快乐	张嘴、睁大眼睛、张开双手、微笑
兴奋和惊奇	头部后仰、嘴巴微张、眉毛上扬
轻松或舒适	表情愉悦、双肩放松、跷起二郎腿
思考	以手托腮、皱眉
自信	身体挺直、目光接触、抬头、快走、肩部放松、微笑

培训练习:客户关系

你是否擅长和客人或同事交流？在事务繁忙和压力很大的时候你怎么办？提高身体语言技巧、对话和交流的技巧以及倾听的技巧有什么作用？

考虑遇到下面的情况你将如何处理,测试一下你的人际交流技巧。然后,针对类似情况制定一套适合自己的指导方针。

1. 带着行李的几个旅游者站在你前面的车站上,他们正在研究一张地图,脸上露出困惑的表情。你无意中听到其中一个人说:"这样走能到我们想去的地方吗?"这时,你该怎么办?

2. 一位先生上午10点和酒店的销售经理华尔胥先生有个约会。他准时到达后等了半个小时人也没来,变得非常急躁,他大声抱怨:"真让人受不了！为什么你们的酒店这么没规矩,你们对待别的客人也是这样的吗?"这时,你会怎么说?

3. 你正在和一个客人交谈,另一个客人大声说道:"嘿！你说得够多的了,别再说下去了,能不能过来给我服务一下?"这时,你该怎么办?

第五章

交流:应用篇

会见和问候

每次看到客人的时候,都应该微笑并以适当的方式打招呼。但是要注意,有些表达方式听起来非常老套,已经变得越来越招人反感。类似“你好吗”“今天过得怎么样”“吃过午饭没有”“你是来度假的吗”这样的问题也应该适时地作些调整,搞出点新意来。有礼貌的员工说恰当的话,热情的员工使用正确的语气。客人希望所有的员工在任何时候都做到举止文雅、礼貌周全,即使在经历挫折的时候也不例外。

和客人说话的语气和态度始终要以友好、热情和谦恭为原则。问他们的假期是否过得愉快、当天是否顺利、需不需要提供一些建议,但一定要对他们的回答做好准备，如果没有准备好，就不要贸然问这些问题。尤其要对负面的回答做好准备，在那种情况下，说些适当的话转移他们的注意力。对客人提出的问题和要求要尽可能迅速和有效地作出回答，如不能当场解决，应负起责任来，主动帮他们找到答案。

观察客人的身体语言。这样做可以帮你预见他们的需求，解决一些立即会出现的问题。如果感觉到客人有急事要办或者公务缠身，不要妨碍他们。

文化的差异

每个国家的人都有自己的行为准则，这些行为准则也许对来自其他文化的人来说非常难以理解。有关这方面的内容，前面的章节已经讲了不少。下面的信息尽管很简短，但仍然可以帮助你更好地和来自不同国家的人打交道。下面的国家按英文字母顺序列出，排名不分先后。

• 美国　美国人喜欢交朋友，喜欢人们对他们的所作所为表示兴趣，他们期待良好的服务。随时做好准备接受美国人详细的吩咐和一系列的指示并高效地去执行，但也不能一味追求效率而失之草率。美国人希望你清楚地回答他们提出的问题。在语言方面一定要提前做好准备——有些词汇所表达的意思和其他英语国家不尽相同。

• 澳大利亚　澳大利亚人经常被人们用过于亲切和友善来形容。他们倾向于使用缩略语——“brekky”的意思是“breakfast（早餐）”，“stubby”是一小瓶啤酒，而“g'day”即“good day”。他们还喜欢使用绰号或者爱称。澳大利亚人非常直率，但是有些懒散和漫不经心，他们还非常喜欢开玩笑。

• 中国　中国人欣赏容貌整洁的人。他们在消费之前先要了解你们的产品，这对他们非常重要。我们对亚洲宗教应该给予足够的重视，而且要避免过多的目光接触。中国人对购物非常投入，而且精于此道，一般来说，他们会对商品、菜单和服务提出很多的问题。

• 英国　英国人比较急躁、苛刻和正统，有时还显得有些迂腐。他们需要受到尊重，并且期望很好的服务，而且他们总是有很多问题要问。然而，他们不太喜欢投诉，不满意就不会再次光顾。他们身上有高度发达的幽默细胞。

• 法国　法国人通常穿着体面，但在度假时也不总是这样，当他们觉得非常放松时甚至会有些邋遢。他们的举止经常给人以不够友好的误解。法国人对钱很在意，却喜欢享受美食和好酒。他们用于吃饭的时间相当长，而且有时会变得非常吵闹和兴奋。

• 德国　德国人喜欢快捷、高效的服务。他们说话的方式非常正式。服务人员要做好准备接受比较唐突的要求(他们并不是故意要这样)。小心使用幽默的语言,因为这样很容易被误解。在工作中,整洁的装束很重要,他们很看重这一点。德国人认为好的服务就是有效的服务。

• 意大利　外出旅行的意大利人往往很富有,他们享受并期待高质量的服务。意大利人可能会很苛刻,而且对个人隐私比较在意。他们经常给人以自命不凡的感觉,但这不等同于无礼。他们可能非常吵闹,显得精力过于旺盛。意大利人很喜欢浓咖啡和好酒,而且像法国人一样喜欢味道很冲的雪茄。

• 日本　一定要以“先生”或“女士”来称呼日本人,或者在他们的姓氏后面加上“san”。当你介绍自己时只说出自己的姓氏,他们会欣然接受,因为这样说不会有过分亲热之嫌。在礼节方面,很多年长一点的日本人更愿意鞠躬,而不是握手。然而,那些经常到西方旅行的日本人对握手也习以为常。除了避免目光接触之外,还要始终保持友善的态度,对幽默的使用也要谨慎。尽可能清楚地回答他们的问题,而且尽量不要使用俚语。一旦发生误会,真诚的道歉是最好的补救。

• 俄罗斯　如今的俄罗斯人也频繁地外出旅游。他们可能非常吵闹而且一般不会讲英语,也不会说其他外语。他们花钱很大方,常常不问价格。语言的障碍经常会制造一些难题,我们要认真对待。

进入客人的房间

在敲客人的房门之前,看看门上是否有“请勿打扰”的标志。反复检查在客房外面有没有其他警示标志,比如红灯或者绿灯。还有一个标志要注意,就是早晨的报纸是否还在门口。如果有必要了解更多的情况,可以和客房部联系。确认没有任何问题,就可以敲门了,然后自报家门,说话要清晰,态度要礼貌和友善。

等待 8 到 12 秒,听听屋里的动静,再敲门。

• 如果客人作出回答,让他们自己把门打开,然后介绍自己,如果可能的话,称呼对方的名字。下面的事情就是提供服务,或者解释你来到这里的目的。进入房间摆放东西或者进行其他服务时,房门要始终开着。

• 如果没有动静,客人也许还在房间里,再次敲门。慢慢推开房门并制

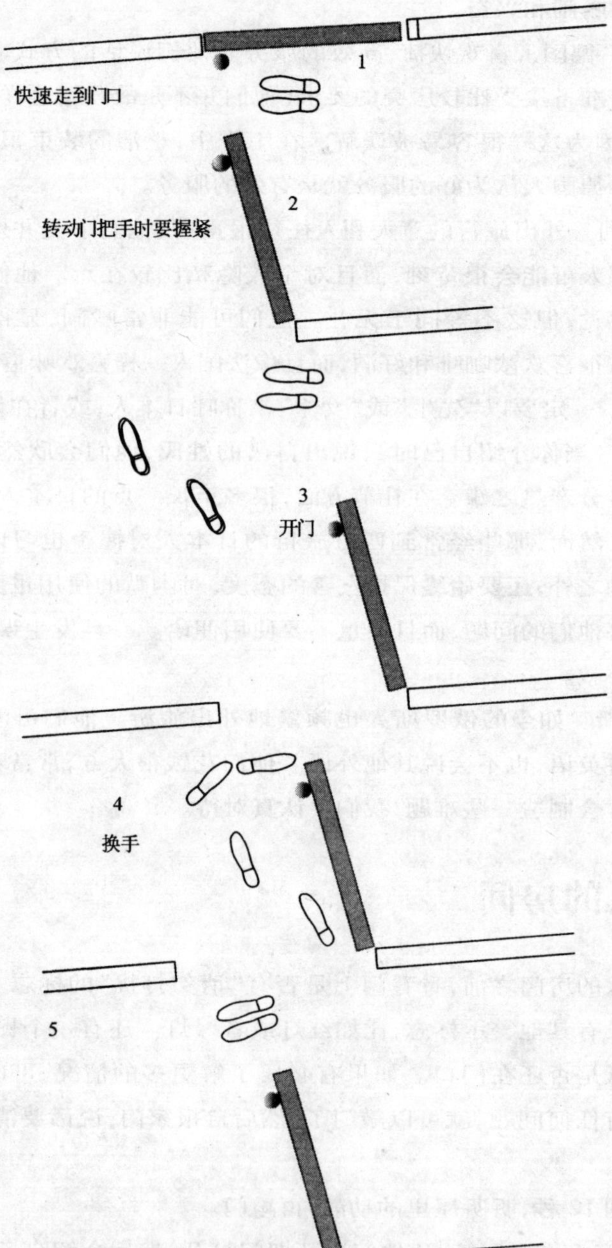

进入客人的房间：开门的步骤

造一些声音,比如礼貌地咳嗽一声,这样可以避免惊扰客人,然后,介绍自己:“早上好,我是某某”。

- 完成任务之后,说句客气话道别,然后快速离开,出门时小心翼翼地关好房门。

倾听的技巧

在开始讨论倾听这个非常有效的工具之前,先检验一下你自己的倾听技巧。在与别人接触之后,过 15 分钟再回答下面的问题,进行自我评估。

- 他们的眼睛是什么颜色?
- 他们的手在做什么?
- 他们和你在一起是否感到舒适?
- 你引导他们说话的问题是否奏效?
- 你对他们的要求理解到什么程度?
- 他们有一些什么样的特征?
- 你是否记住了他们的名字?
- 你能否正确叫出他们的名字并再次认出他们?
- 如果他们给你打电话,你能回忆起他们吗?
- 如果他们向别人形容你,你希望他们说些什么?

由于这个测试着眼于检验你的视觉观察能力,你可能会奇怪,这和听有什么关系呢?其实,倾听的目的不仅仅是听到声音,还要听出一些其他的信息,这可以帮助你和对方建立更加友好的关系。如果一个 15 分钟前还在和你讲话的人很快就把你忘得一干二净,你会是什么感觉?倾听的关键是,不但要听到声音还要听出人们的特征,这一点在与外国人交谈的时候尤为重要。如果问学外语的学生什么最难,除了明显的难点——俚语之外,他们几乎都会提到语调或者词汇的变调。

记住:

- 听词汇
- 听语调
- 听身体语言
- 听特征

做好这几点可以让你更加认同和理解别人的处境,以便提供更好的服务。

专心

当服务人员问过客人需不需要帮忙以后,下面要做的事情很少有人能真正做好,那就是倾听。一旦成为善于倾听的人,你就会在服务技巧方面胜人一筹。

避免漫不经心地听,要抛开杂念,仔细倾听。不仅要听清人们说些什么,还要听出他们的语调并注意他们的身体语言。

不但要用耳朵去听,还要用心去听,同时捕捉人们细微的语音变化和弦外之音,观察他们的手部动作和眼神——人们的身体语言和话语是协调一致的。

关于人际关系技巧,我们已经谈了很多。人际关系技巧是指能够使我们成功地与他人建立良好关系的一系列社会交往技巧。倾听就是人际关系技巧中的一种。我们遇到的每一个人都有一个共同的需求——让听者通过他们的话语了解他们的感觉。因此,我们不仅要听懂人们说什么,还要听出人们的情绪。要想成功做到这一点,就需要我们在听到别人讲话的时候能够马上从对其他事情的专注中“跳”出来,因为这样的专注降低了倾听的效率,客人需要我们倾听的时候,我们的思想若还停留在别的事情上,就根本无效率可言!自己的感觉、偏见和问题占据了我们的头脑,别人说的话还怎么能听得进去呢。

个人情绪也是有效倾听的障碍。我们可能根本没听明白别人说什么就急于提出自己的建议,也可能在别人没有说完的时候就去打断他们,还有就是在谈话中走神儿,想提前准备好我们的答复。愤怒、喜悦和热情甚至也能成为倾听的障碍。不能正确地倾听就不能作出有效的回应。我们可能认为这是一种很普通的行为,无伤大雅,而我们的客人却不这样想,作为消费者,他们有权得到我们的专注。

在上一章中,我们谈到“鸡尾酒会上的眼神”(见 58 页)。当我们买东西时,不妨看一看售货员的眼睛和手。人们经常嘴上说着正确的话,而眼睛却没有跟上说话的步调,暴露了真实的感觉或者实际关注的焦点。真正在听你说话的人会看着你的眼睛,换句话说,如果别人没有看着你的眼睛,他们事实上不可能完全听懂你要表达的内容。然而,这对亚洲人并不适用,他们对目光接触有着不同的理解,我们在下一章中做更深入的探讨。

你可以就目光接触作一番训练,和每一位客人说话时都保持目光接触,坚持 21 天就能养成习惯,以后就会不自觉地这样去做。这只是交流技巧中很平常的一部分。

倾听的时候可以盯住对方的一只眼睛,这样的目光接触会产生更加强烈的效果,也会让你把自己全部的精力集中在对方身上。形成这种习惯有助于你在谈话的一开始就从对其他事情的专注中摆脱出来。

这种更加集中的目光接触不仅可以影响对方,也能够传达出一种真诚的愿望——理解对方以便提供更好的服务,他们一定会感觉到的!目光接触的另一个好处是让你听得更加精确,从而更充分地领会客人的意图。客人本能地尊敬包括员工在内的所有看着他们眼睛的人,这是人之常情。所有这些都是发生在感性和潜意识的层面上。不过,一定要注意,不要死盯住别人的眼睛不放,这会被对方理解成愤怒或者敌视。

借鉴对方的身体语言是个不错的做法,尽管表面看来这不能算是倾听的技巧,但也有一定的关系。模仿客人表现出的某些积极的身体语言经常会得到对方更加积极的回应。同样,你的身体语言也可能得到对方的效仿。

倾听的目的不仅是听到对方说的话,还要理解对方的感觉,感知对方是否对你敞开心扉,并对他们说话的语气以及伴随的身体语言做到心领神会。倾听就是接通对方的心灵!我们正在做一件非常激动人心的事情:既经历人们的高峰,也体验人们的低谷。

倾听也是最佳形式的说服。要想说服你的客人,让他们相信你,对你有信心,乃至听从你的意见来消费,恐怕没有比真诚的倾听并表现出真正的关心更加有效的方式了。在你倾听的时候,你的心里正在默默地向对方说:“我想理解你,我想知道你的需求,我要帮你解决问题,因为你很重要,我知道,你如果觉得高兴和满意,就会再次光临,也会告诉其他人,那样的话,我就成功了。”

很少有人能够出色地掌握倾听的技巧。下次买东西或者解决某些问题的时候,尝试一下我们提到的这些技巧。当你真诚地倾听时,会给别人留下深刻和积极的印象。其中的诀窍就是完全投入——跳出自己的世界,走进他人的世界。要让对方把话讲完,还要尽量抛开成见,否则有些话你是根本听不进去的。在倾听的时候,你自己的看法只属于你自己,没有人真正需要知道。

最后,注意观察客人在说话或者倾听的时候眼睛直视的方向。这样有助于我们了解他们的感觉和情绪,达到友好相处的目的。

培训练习:回忆

让每一个小组成员描述他们在上班或上学途中遇到的某个人,再让他们回忆在48小时前打过交道的一个人。然后,问问小组成员,他们觉得这样的回忆是容易还是困难,分别说出理由。最后,列出在有效的倾听时有助于强化记忆的主要特征。

接近客人

在第一章中,我们探讨了第一印象,了解到见面后只需7秒钟就能够形成11个不同的印象。走到一个客人面前可能不像想象中那么简单,但是,如果可以迅速地领会客人的身体语言,就会变得容易得多。同时,你也要注意自己的态度、表现以及身体语言。

然后你必须作出决定:现在走过去是否合适?我们已经讨论过,服务的目的就是要给别人的生活增添色彩。在接近客人之前,问自己:

- 他们高兴吗?
- 他们放松吗?
- 他们生气了吗?
- 他们觉得紧张吗?

得出答案之后,再问自己一遍:现在走过去是否合适?

我们下一步应该怎么做?想一想,问自己:你的行动会取得积极的效果吗?是不是会产生负面的影响?

一旦确定必须接近客人,就要考虑以什么样的方式接近。记住,一定要和客人在空间上保持合适的距离,看着对方的眼睛,面带微笑(微笑是你最宝贵的财富)。

你可以这样说:"对不起,先生,我知道您很忙,我们是不是可以找时间谈一谈……"给客人以选择权,不要认为别人随时都会愿意讨论某些话题,你的意愿永远无法代表别人的意愿。客人通常会勉强接受并且回答你的问题,但细致的服务者应该把选择权交到客人手中。

如果要提问,尽量问一些开放式(不限制回答是或者否)的问题,换句话说,就是用“什么”、“为什么”、“怎样”、“哪里”、“谁”、“哪一个”这样的疑问词来发问。举例来说,如果简单地问客人:“要不要喝点什么?”客人只能用“是”或者“否”来回答,要是改变一下措辞,问客人:“想喝点什么?”或者“想喝哪种鸡尾酒?”客人的回答就不会只限定在“是”或者“否”了。

培训练习:开放式问题和封闭式问题

用“什么”、“为什么”、“怎样”、“哪里”、“谁”、“哪一个”这样的疑问词来发问不仅显得更加有趣,还可以确保得到的回答不是“是”或者“否”,这样你就有机会给客人推荐更好的产品或服务,也能听到你所期待的回答。组织一些这样的问句,并分组进行练习。

如何记住人名

大多数人会承认,他们总是记不住人名。如果这种情况只是偶尔发生,那还没什么,要是频繁发生,就会有冒犯别人的可能。第三章中探讨“引见”的一节给出了一些建议,指导我们如何得知已经忘在脑后的人名,又能顾及双方的面子。

多年以来,人们想出了很多办法来记住人名,其中一个方法就是把名字和外貌特征结合起来。另一个方法是把名字写下来,这对记忆的确有一定的帮助,还能帮你确认是否掌握了正确的拼写和发音(假如这个名字有点复杂)。

如果你有强烈的意愿,那么记住客人的名字就会变得容易得多,也会形成一种好习惯。换句话说,假如你对某人真的感兴趣,你自然会记住这个人的名字。实际上,根本就没有记性差这回事,下面的故事可以说明这一点,故事节选自一本名为《与鲨鱼共泳》的畅销书,作者是哈维·麦基。

根本没有记性差这回事

小约翰正上六年级,有一天他带着一张非常差的成绩单回到家中,爸爸问他这是为什么,约翰的回答是:“我什么也记不住。”于是爸爸说:“既然这样,在你的成绩提高之前就不要去看任何棒球赛了,从现在开始,忘掉今天晚上的比赛吧。”

这个小孩说:"你不能这样对待我,今天是道奇队的比赛,投手是瓦伦左拉,他去年21胜11负,自责分率3.14,投球局数全联盟排名第二,投269局,三振出局242次。"

他是真的什么也记不住吗?

只要是兴趣所在,你基本上可以记住任何事情。很多人记不住人名,却能够对某个歌手唱过的任何一首歌的歌词倒背如流,或者可以讲出一连串的笑话,记住各种各样鸡毛蒜皮的小事。这是为什么呢?可能在某段时期,他们抄下了所有的歌词,要么就是非常喜欢那个歌手,至于那些笑话和琐事,他们肯定非常感兴趣。

当然,没有必要记住所有的事情,我们的大脑就像计算机磁盘,如果装得太满,再怎么努力恐怕也不可能塞进更多的信息了。所以,把各种各样的信息写下来就很有意义。美国作家弗兹尔曾经说过:"我把需要记住的任何东西都写在纸上,这样一来,我就不必浪费大量时间去记忆,而把时间花在查阅这些纸张上面。"

对于所有你需要的信息,不要试图依赖于记忆。没有人期待你能记住所有客人小孩的名字,但你要把他们的名字都写下来也绝不会有谁反对。同样,你也不必记住每个人的电话号码,需要的时候可以查阅电话号码簿。

为了培养良好的记忆力,你也可以认真倾听客人的谈话,注意能够强化记忆的一些外貌上的细节,或者做些笔头记录(不要当着客人的面)以供将来参考。如果对客人的名字拿不准,就简单地道声歉并问问客人,然后继续谈话,不要太在意这个一时的失误。经过一段时间的练习,你会在这方面有所提高——前提是你真的愿意付出努力。

培训练习:购物清单和相册

1. 列出包含12项物品的超市购物清单,把它放在一边,两个小时后,在不参考原始清单的条件下写出一份同样的购物清单,物品的顺序也要正确。如果你在列单子的时候想象着你常去的超市,按照你习惯的购物顺序开列购物清单,那么做起这个练习就比较容易。

2. 小组成员一起动手制作一个相册,在人物的照片下面附上姓名标签,5 个人的小组可以制作放有 10 张照片的相册。在每个人都看过相册之后,拿掉标签并打乱顺序,然后把标签平均分配给每个人,让大家把标签放在相应的照片上。做这个练习的时候,不允许互相商量。

正确的发音

除了掌握我们在前面探讨过的技巧之外,认真的专业服务人员在与他人交流的时候总是采用正确的发音。这一点在与外国人交谈的时候尤为重要,错误的发音会导致误解。如果你对某个词的发音没有把握的话就去查字典,词条后面的音标会对你有所帮助,字典的导言中通常有关于音标的简要介绍。一门语言中的外来语是非常难学的,这种语言如果不是你的母语,就是难上加难。

要想在博学多闻和荒唐可笑之间选择前者,聪明人会对那些容易混淆的词汇勤加练习的。我编辑整理了一些比较容易读错的词汇,目的是帮助大家掌握准确的发音,以便在交谈中正确地使用。如果对某个外语词汇的发音怀有疑问,请教会讲这种语言的同事或者来自于相应国家的人。

简单地希望自己是对的或者抱有姑且一试的心理是不可取的。客人不仅仅会因为你错误的发音而生气,还可能对你的酒店产生疑问:为什么这里的员工表现出如此的知识贫乏。

Coissant	Nuits St Georges	fête
Chardonnay	à tout à l'heure	fromage
Sauvignon	cliente	Moselblumchen
Blanc	hotellerie	Pommery et Greno
touge	chinois	Gewurztraminer
Launceston(Tas.)	jeudi	Châteauneuf du Pape
launceston(UK)	Angle terre	entreés
Leicester rioche	au revoir	Côtes du Rhône
Brioche	moulin vent	mousse au chocolat

Oustau de Baumanière	Küche	saumon fume
Melbourne (Aust.)	Perrier - Jouet	jus de fruit
Melbourne (UK)	Carrefour	Côtes de Nuit
trompe l' oeiul	Lanson Père et Fils	Camembert
Moët et Chandon		

培训练习:发音练习

从列表中选择一些词汇,或者编辑自己的词汇表并从中找出一些词汇,在字典中查出正确的读音,反复进行练习。如果有一个搭档,或者组成小组,这个练习就更有效了。录音机是有用的工具,可以录制和播放自己的发音,发现错了就及时纠正。

音标

掌握一个词汇,不但要学会发音,还要学会正确的拼写。遗憾的是,在接待业中,有很多人不会拼写,他们宁愿去猜测或者企图蒙混过关。

所幸的是,有一种世界通行方法可以让人们知道正确的发音和拼写之间的关系,这就是音标。这种方法在全球的旅游公司、航空应急服务机构和其他对拼写和术语的精确性有要求的公司或机构中被普遍使用。

熟记音标对于顺畅、准确和高效的沟通十分必要,还可以避免口音的差异带来的任何问题。通过电话来进行交流的时候,音标的作用尤为明显,因为它可以减少某些词汇被重复的次数,从而降低冒犯别人的可能性。

下面列出的词汇和音标经过仔细挑选,它们的发音清晰明确,不会造成任何混淆。

词汇	发音	词汇	发音
Alpha	alfa	November	nohvembuh
Bravo	brahvoh	Oscar	osskuh
Charlie	chahlee	Papa	puhpuh
Delta	dellтuh	Quebec	kwuhbek

Echo	eckoh	Romeo	rohmeeyoh
Foxtrot	foxtrot	Sierra	seeyerruh
Golf	golf	Tango	tanggoh
Hotel	hohtell	Uniform	yoonifawm
India	Indeeuh	Victor	viktuh
Juliet	jooleeyet	Whisky	wisskee
Kilo	keeloh	X – ray	ecksray
Lima	leemuh	Yankee	yangkee
Mike	mike	Zulu	zooloo

培训练习:India，Victor，Echo!

你自己的名字可能含有字母和音节，而且也免不了经常拼写，练习用音标的形式来表达。我的名字很容易记住——India，Victor，Echo，但你的名字可能复杂一些。自己的名字在头脑中有了音标的概念以后，试着以同样的方式表达其他词汇，例如，本市旅游指南上的词汇。

电话礼节

对所有的员工，尤其是从事客户服务的员工，接听电话的时候表现出专业的礼节非常重要，而且应该把理解、关心和真诚传达给对方。客人在与员工通过电话来进行交谈的时候始终希望听到礼貌、友好、清楚和专业的声音。通常来说，电话是与客人进行接触的第一个途径，你应该在一开始就给他们留下一个最佳印象。

首先，必须在电话铃响三声之内就拿起电话，然后按照公司的标准程序接听。拿起电话后，普通的方式是这样说:“早上/下午/晚上好……我是艾伦，我能帮你做点什么?”没有必要事先打一个“草稿”，太长的开场白会招致客人的反感，尤其是在长途电话或者对方有急事的情况下，我们更要注意这一点。说话应简明扼要，听对方说些什么，再根据具体的情况提供相关的信息。对于内线电话，最好通过来电显示上面的提示来称呼客人的名字，不过，打过招呼之后，称呼对方的名字要有节制，过分则可能招致反感。

通过电话与客人说话的时候应该格外小心，因为双方在见不到面的情况下更容易造成误解，用手势来强调说话的内容在这时是起不到任何作用的，打电话的人什么也看不到。电话交流需要专业素质，合理和丰富的词汇可以代替无法看到的手势。

在打电话的时候，一定要记住，你的电话有可能给他人带来不便。除非和对方关系很好，否则在早上 8:30 之前或者晚上 10:30 以后打电话是不明智的。注意不要在别人用餐的时间打电话，打国际长途的时候要事先弄清楚对方所在地的时间。

如果你需要给客人或者同事打电话，记住这应该是一个业务电话，而不是闲聊。假如电话中要说的事情并不紧迫，你就应该考虑一下，这个时间打电话是否合适。这种情况下，可以让对方提出一个更合适的时间。

在电话答录机或者语音信箱中留言时应简单扼要。电话留言并不是一件很容易的事，这经常令人感到措手不及，事先准备一份“草稿”又不太现实。留言中要说出你的全名和职位，还有打电话的时间和你的电话号码。有一点需要注意：你要表达的内容是不是适合保留在语音信箱当中。留言的内容一定要切题，而且不要说出一些惹人不快的事情——这种话还是当面表达为好。表达要清楚，还应把一些比较难的词的拼写说出来。在留言结束的时候，把你的姓名和电话号码再重复一遍，也可以加上你方便接听电话的时间，尤其是马上要下班或者去赴约的时候。

拨错电话号码，应该向对方解释：“对不起，我打错了。”然后轻轻地挂断。一句话不说就挂断电话是非常无礼的行为。如果接到一个打错的电话，说话要客气，别太介意。

即使在打电话的时候，也要微笑。令人惊奇的是，微笑会改变你说话的语气。打电话时的语气听起来比面对面讲话时更加明显。你可以从对方说话的语气中感觉到对方的心情，这有助于你在谈话中采取正确的表达方式。例如，电话那头的人如果很急躁，那么缓慢或者心不在焉的讲话方式就会激怒对方。假如能够和对方说话的步调保持一致，结果往往会令人满意。

有时候，我们不得不让对方在线等待，比如帮他们查找一些信息，要知道这样很容易使对方感到枯燥。要是你认为时间会拖得很长，最好有礼貌地和对方商量一下,过一会儿再给他们回电话。让对方在线等待的时候,一定不要再去给别人提供服务,这是一种十分失礼的行为,如果他们在电话中能够听出你这边在干些什么,情况就会变得更加糟糕,客人会因为你不顾他们的感受而产生一种受到侮辱的感觉。

要是想给别人打电话,那么你一定要确保有足够的时间把话说完,而且不要让对方拿着电话等你。

电话礼节就像打网球,每个球员打一拍,你来我往。电话交流的规矩和网球中的回球是一样的。不在第一时间回电话是不礼貌的行为,即使你不想和那个人说话也不应该这样做。出于礼貌,必须当天给来电者回电话,除非你真的有急事不能分身。如果你接到一个找别人的电话,让对方过一段时间再打过来也是不礼貌的。正确的做法是,让对方留言并等待我方的回电。

在电话交流的时候,一定要听清楚对方表达的所有有关信息。如果不是很明确,应该主动发问,还要举出具体的例子加以说明。在交谈结束的时候把对方的要求再确认一遍。这样一来,客人就会确信他们提出的要求可以得到有效的处理。

千万不要忘记,通过电话进行沟通绝非一件简单易行的事情,与那些操不同语言、属不同国籍或者讲方言土语的客人通话就更难了。在英格兰一地就有 17 种方言,部分英国人自己都难以理解本国其他地区的方言,更不用说其他国家的人了。

学会一些方言是件很有趣的事情,到时候你就能够区分不同地区的口音了。有些旅行者很乐意告诉你人们在口音上的区别,无论他们来自澳大利亚的塔斯马尼亚岛或昆士兰州,还是来自英格兰北部的纽卡斯尔。在美国,中西部地区的口音经常很容易听出来,与说话温柔的沿海地区的人相比,他们的口音非常的重。在交谈中尽可能对别人的口音多加留意,一旦“侦查”出是哪个地区的方言并不失时机地恭维一下,会给别人留下非常深刻的印象。

对待客人的询问和要求不能过于急躁,要给他们充分的时间讲。即使你真的很忙,也要给他们以时间充裕的印象。你的注意力要集中在客人身上而且不要打断他们——打断别人是非常无礼的！认真倾听他们说的每一句话。尽量避免对客人的要求说“不”,只要用心,总会有办法解决的。如果你自己解决不了,找到能解决的人并请求他们去处理。始终要让客人知道事情的进展情况,事情解决以后,还应当有礼貌地打电话确认他们是否得到了满意的结果。

另外,在语言的选择和运用上要格外小心。

• 应使用“当然,先生/女士”或者“很荣幸,先生/女士”这样的表达,尽量不要说“sure”或者“Ok”——这样的词汇显得太过随便。

• “没问题”这个说法表达的意思是“可能有些问题”,“问题”是个贬义词,所以尽量不要使用。我们的潜意识里倾向于屏蔽掉像“没”这样的辅助性词汇,而对主要的词汇抓住不放。

• 控制自己使用俚语的倾向,不要用“phone(电话的简写)”代替“telephone(电话)”,不然可能会引起误会。尽管“phone”这个词已经作为电话的意思列入了当前的字典,但是,像其他很多词汇一样,使用全称的效果更好。

结束一个电话有时很难。即使你尽全力避免生硬和无礼,但也可能会因为试图从交谈中解脱出来而得到不良印象。如果时间有限,那么最好在打电话的开始就指出这一点。当然,也可能到时候时间仍会拖得比较长,你应该简单地说:“非常抱歉,现在已经10:30了,我就要迟到了,真的要走了。”

在电话的结尾,再次确认客人的需求,并且要让他们先挂电话。这样做给客人留下的印象是你不急于结束谈话。不要忘记所有的公司都有“内部客户”——其他员工,对待他们应该像对待客人一样有礼貌和谦虚。

手机和传呼机

对待正在打手机的客人应该格外谨慎,特别是他们正在接听一个重要电话的时候。大多数情况下,为了通话的私密性,人们会走到旁边去打手机,而且他们知道这个电话可能会打扰到别人。

如果某人当着你的面接电话,最好站到旁边去或者找点儿别的什么小事做一做。任何时候都要给人以你没在听他们说话的印象,所以不要对别人说的话有任何反应和情绪,而且面部表情要做出既不生气也不开心的样子。电话一旦结束,马上继续原来的谈话,对刚才的打断绝口不提。

呼机的使用可能会导致小小的不愉快,尤其是和客人交谈时,呼机会制造麻烦。有趣的是,呼机可以反映出人们的身体语言来的是多么迅速:呼机一响,大多数人都会把手伸向衣服的里层。旁观者可能觉得很有意思,但这毕竟不是一个非常职业的形象。

当你意识到有必要去查看一下呼机的时候,谨慎一点,不要把局面搞坏。你可以转过身去快速查阅呼机上信息,然后在不冒犯谈话对象的基础上作出最佳的处理决定。这种情况需要技巧,因为看呼机和接手机一样,是一件让人分心的事,会让别人觉得占用了你的时间或者妨碍了你。

如果有紧急情况发生,就要有礼貌地结束谈话,重新安排会面的时间,但最好是在同一天。这种做法会让双方都感觉好一点,而处理不好就可能让大家处于尴尬的境地。

向客人解释电话系统

电话使用方法的解释工作可以由前台接待员或经理在客人入住的时候来做,也可以由管家在房间内招呼客人的时候作出解释,还可以由行李员负责。另外,酒店手册上面也有电话使用方面的指导信息。

通常,在电话旁边或者电话上面有分机号码表,客人可以直接拨打到他们需要联系的部门,比如要求客房送餐服务。另外,客人也可以呼叫总机,要求把电话转到各个区域或者部门。

客人可以从房间内拨打外线电话,通常先拨一个数字(一般是“0”)就能要到外线,听到拨号音以后,直接拨号即可。如果遇到任何困难,可以把电话打到总机那里,由接线员负责接通电话。

处理客人的留言

断章取义或者杂乱无章的留言记录简直就是客人的噩梦,要知道留言对他们非常重要。假如有人在上午 10:30 给你留言,告诉你如果能设法迅速跑到城市的另一端,取回某些物品后马上返回,在回来的路上再搞到一打红玫瑰,全过程在一个小时之内完成,就能赢得一万美金!试想,如果你午饭后才收到留言,而且只有一半信息,你恐怕会非常恼火。令人难以置信的是,这样的情节会出现,这样的事情也会发生——而且很频繁。

如果有人打电话给某个客人留言,第一步要根据对方提供的姓名确认这个客人是否已经登记入住,或者是否有预订。千万注意不要说出客人的房间号码——只有客人自己才有权向别人透露他们的房号。

检查这个客人是否已经入住,如果没有入住,在预订系统中检索这个客人的名字,看看有没有预约。给即将入住的客人的留言可以和预约的信息保存在一起。

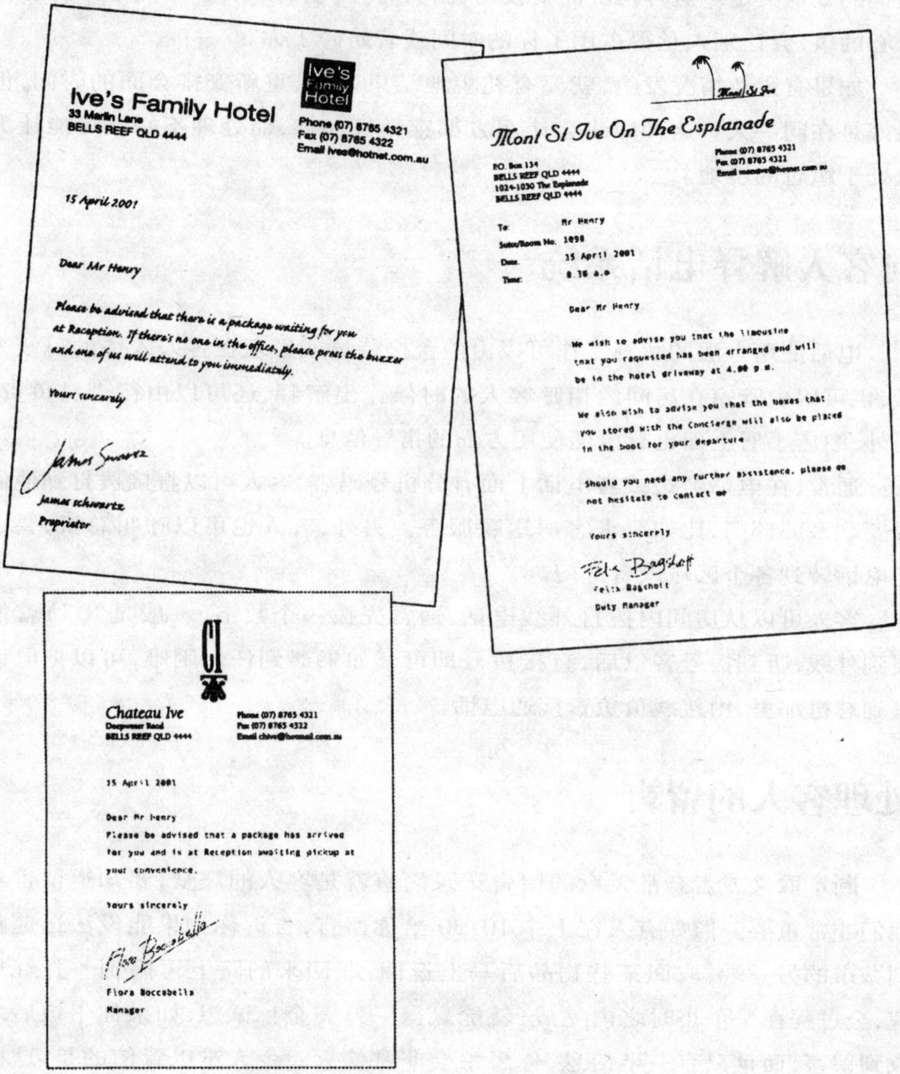

Ive's Family Hotel
33 Marlin Lane
BELLS REEF QLD 4444
Ive's Family Hotel
Phone (07) 8765 4321
Fax (07) 8765 4322
Email ives@hotnet.com.au

15 April 2001

Dear Mr Henry

Please be advised that there is a package waiting for you at Reception. If there's no one in the office, please press the buzzer and one of us will attend to you immediately.

Yours sincerely

James Schwartz
Propriator

Mont St Ive
Mont St Ive On The Esplanade
P.O. Box 134
BELLS REEF QLD 4444
1024-1030 The Esplanade
BELLS REEF QLD 4444
Phone (07) 8765 4321
Fax (07) 8765 4322
Email montstive@hotnet.com.au

To: Mr Henry
Suite/Room No. 1098
Date. 15 April 2001
Time: 8.36 a.m

Dear Mr Henry

We wish to advise you that the limousine that you requested has been arranged and will be in the hotel driveway at 4.00 p.m.

We also wish to advise you that the boxes that you stored with the Concierge will also be placed in the boot for your departure.

Should you need any further assistance, please do not hesitate to contact me

Yours sincerely

Felix Bagshott
Duty Manager

Chateau Ive
Deepwater Road
BELLS REEF QLD 4444
Phone (07) 8765 4321
Fax (07) 8765 4322
Email chive@hotmail.com.au

15 April 2001

Dear Mr Henry
Please be advised that a package has arrived for you and is at Reception awaiting pickup at your convenience.

Yours sincerely

Flora Boccabella
Manager

留言的多种格式

大酒店几乎都把客人的预订输入到计算机系统，如果按照姓名检索到客人，就能输入和存储留言信息。这个方式代替了传统的手写信息方式。如果你供职的酒店还在使用老一套，那么就应该把留言准确地写在留言簿上，记录并归档，以确保该信息能及时传达到客人手中。

在计算机系统中输入留言时，你应该遵照一套预先设定好的程序。例如，你必须先问来电者的姓名,在记录留言之前把这个信息输入计算机。有一点很重要,就是在电话结束前,把细节(尤其是来电者姓名、联系电话和被留言者姓名)读一遍,并且确认任何有疑问的拼写。

不管是电话留言还是当面留言,你必须搞清楚如下信息:

- 留言是给谁的
- 来电者的姓名和房间号码
- 公司的名称(如果需要)
- 来电话的时间
- 来电话的日期
- 联系电话
- 回电话的最佳时间和任何其他后续的行动
- 你自己,也就是留言记录者的姓名或者亲笔签名

保证所有的信息都记录准确,把细节向来电者重复一遍并得到确认。如果你为使用不同文字系统的海外客人留言(比如说日本人),如果有能力办到的话,最好用他们的语言文字记录留言。

如果是给一个已经登记入住的客人留言,输入计算机后,应检查内容是否无误,拼写、标点和语法是否正确,然后保存。这样做的目的只是为了避免错误,有些人不能接受别人把他们的名字拼写错误,他们会对你们酒店的职业水准产生怀疑。

很多计算机系统在输入留言的时候自动标注日期和时间。这种方式下,最好立即接输入留言,以便客人能知道留言者打电话的准确时间。把打印出来的留言信息交到客人手中有多种方式,我们应该选择其中最高效的一种。负责传递留言的服务人员应注意,把留言条从客房的门缝中塞进去的时候,要往里推得足够深以保证安全送达。从客人的观点出发,这是一件很重要的事情。

如果客人结账离开后还有人给他们留言,我们只能照客人留下的电话号码、传真或地址将这条迟来的留言转达过去。然而,在大多数情况下,需要告诉对方你不能接受这个留言。建议不要使用类似“A. S. A. P.”(尽快)这样的缩写,这是高度敬业精神的又一体现。可以用“at your earliest convenience”(在你方便的时候尽早地……)来表达“尽快”的意思,这听起来更有礼貌,而且最大程度地表达了意愿。

Date 15 April 2001		**Taken by** Alec Lee	
Time message taken 8.00 a.m.			
To Mr Henry		**From** Robert Cox	
Suite/Room no 2042		Duty Manager	

I wish to advise that the limousine you requested has been arranged and will be in the hotel driveway at 4.00 p.m. Should you need any further assistance please do not hesitate to contact me.

典型的酒店计算机系统中的留言

坏消息

有些时候,要转达给客人的留言是负面的,例如客人的家人病危或者去世了,处理这种情况一定要更加谨慎、得体,还要表达你的同情和安慰。实际上,这种事还是由值班经理当面通知客人比较好,另外,应考虑客人的健康状态和承受能力。

如果客人暂时不在,想办法通知客人,让他(她)回来后和值班经理取得联系。比如早上接到了这样一个留言,我们应该谨慎地去了解客人的去向,并设法和他们联系上。这需要一定的技巧,通常只有那些工作上比较容易接近客人的员工才知道他们的行踪。这项"侦察"工作可以帮助客人尽早面对这个敏感的境遇。

经理向客人转达坏消息时,要尽可能表现出发自内心的同情,但也不能太过分。在这种情况下,实际的帮助比语言更有效。值班经理可以预见到客人的需求,为客人联系他们乘坐的航班,看看下一班飞机上还有没有座位;要是不知道客人乘坐的航班,可以预订任何一家航空公司的航班,晚些时候再进行确认和付款。

客人得知了坏消息之后,经理应该意识到客人需要时间去消化和接受。平静地问客人是不是要一杯茶或者咖啡,也许是一杯烈性酒,但不要压抑你的同情心。每个客人面对这种情形时都有自己的处理方式,有些人的反应非常强烈。如果某些人的反应和你自己面对这种情况时的反应有所不同,那并不能说明他们不震惊或者不悲伤。这个阶段,处事的原则和对待急救是一样的,你在急救中的处事原则应是提供有效的帮助且不能妨碍治疗的过程。

另一个需要特别对待的坏消息是客人的航班取消的信息。在这种情况下,应临时预订另一个航班,然后等待客人的最终决定。与上一段所述的处理方法很相似,实际的帮助远比管理层和员工的再三道歉更有价值。同情心和实际的行动会给客人留下良好的印象,而且这个好印象毫无疑问将深深印在客人的头脑之中。

手写的便条

对现代化的酒店来说,手写信件或者便条的时代已经成为历史。从某种意义上来讲,这相当悲哀,如今的人们很少有机会练习他们的书法,也无法创造出自己的书写风格。

交给客人手书的信件、便条和留言应该字迹工整、内容简明、用词得体。如果你供职的是一家规模足够大的酒店,应该有带抬头的信笺,抬头的内容可能是"来自你的管家"、"来自某某办公室"、"来自客房部"或者"来自洗衣房"等等。写东西的时候一定要用这种专用的信笺,不要把信息写在自己的名片上。如果没有专用信笺,用一张空白的纸来代替,抬头要写清楚。

必须使用干净的纸张或者卡片。通常,卡片是印刷好的(洗衣房取送衣物的服务时间、菜单等等),在上面写东西不仅是一种浪费,而且显得很不职业。字迹要工整,而且应检查拼写和语法,确保正确无误。假如你的笔迹不够工整,可请其他员工代,但自己也一定要勤加练习。

给第一次光顾的客人的便条应该使用正式文体,要以类似"很荣幸地通知您……"这样的句子开头。当然,如果你在汽车旅馆或者家庭式旅馆工作,就不必那么正式,但礼貌的语气还是很必要的,这体现出你的专业素质。

避免书写太多的便条,因为这种做法会把客人搞糊涂。做事不能唐突,这始终是我们服务的宗旨。在大型酒店中工作,你还可以通过酒店管理系统或者类似的前台预订系统给客人留言,在这个系统下,你可以把客房内的电话留言灯置于点亮状态,而且有人会负责把一份打印好的留言送达客房。这种事情可以由贴身管家或者客房部协调员来安排。一般只有重要的信息才会采用这种方式。

From the Duty Manager

15 April 2001

Dear Mr Henry

We wish to advise that the limousine that you requested has been arranged and will be in the hotel driveway at 4.00 p.m.

Yours sincerely

Robert Cox

Duty Manager

手写便条

一份专业的手写留言一定能够得到客人的赞赏。另外，应把便条装进信封，然后把它放在客人的书桌上，并打开台灯提醒客人注意。

从酒店管理系统接收留言

客人可以通过多种途径接收他们的留言，这取决于酒店使用何种管理系统。举例如下：

- 从总机或者接待部获取留言。当前厅部员工在客人的计算机文件夹中保存了一份留言记录，客房内的电话上的留言灯就会点亮，在客人回房后，他们就会注意到并给总机或者前台打电话，接电话的员工会把留言告知客人。

- 前厅部员工使用计算机查找客人的姓名和房号，然后就可以看到客人的留言。通常，计算机系统会以某种方式提示客人的文件夹中有留言，比如闪烁的"M"。随后，该员工就会通过电话把留言读给客人听。在客人收到留言后，别忘了把留言从系统中删除，这样才可以关闭客房内的电话留言灯。如果有必要的话，可以恢复并再次访问系统中被删除的留言。在有些酒店，记录下的留言可以被打印出来，再由行李员或者管家送到客人的房间里，客人就会得到一份留言的打印副本。

- 第三种方式是让计算机系统中的留言信息在客房内的电视屏幕上显示出来。当客人返回房间时，屏幕上的红外线灯会提示客人有留言，客人看到后,可以用遥控器打开电视机并浏览屏幕上的留言。

• 如今,酒店还可能使用一种全新的方式。如果某人打电话给客人,接线生通常会把电话转到客房,要是没有应答,电话不会自动转回总机,而是直接转到语音信箱,来电者可以进行语音留言。这样一来,既方便了来电者,也减轻了前厅部员工的负担。客人回到房间之后,他们可以像使用家里的语音信箱那样收听自己的语音留言。几乎每个人都能轻松掌握这种方法。

如果你正在使用刚刚提到的前三种方法中的任何一种,那么客人都可以得到留言的打印件,这时你就应该体会到拼写、语法以及内容准确的重要性了。

同性伴侣登记入住

不要假定入住同一房间的两个客人之间具有某种关系,这一点非常重要。接到一个有关入住的询问时,要注意自己的反应和回答,身体语言、面部表情以及语音语调都要留心。所有这些反应都不能带有任何偏见,应该让对方心情愉快。

如果可能的话,在谈话的开始阶段就弄清并确认客人需要的房间类型和床的样式。如果预订记录中没有相关信息,问客人需要加大的双人床还是两张单人床,不能仅凭猜测认定客人的需求。有必要的话,使用"伴侣"这样的词汇,而不是"丈夫"、"妻子"、"配偶"、"男朋友"或者"女朋友"。对于客人之间感情的公开展示,我们应该假装看不见,让这种情形尽快度过。控制住自己,不要有抵触情绪,不要看对方笑话,也不要产生好奇心;把它当作一件平常的事情来对待。

关于小费

交流涉及的另一件事情是有关小费的。对待小费,我们始终要小心谨慎,表现出职业素养。员工已经从酒店拿到了应得的报酬,总惦记着客人的小费是不正确的想法。客人给小费的时候,最好的处理方式是说:"先生,这没有必要。"或者说:"女士,我没有这样想。"

如果客人坚持,就有礼貌地接受,报以微笑,看着对方的眼睛并真诚地道谢。在小费递到你手里的时候不要急着往手上看,快速装进口袋就行了。

不要当着客人的面摸索他们给你的钞票，这样做给人的印象是这个人“掉到钱眼儿里了”，也不要着急点点数目。不管能不能收到小费，也不管小费的数目是多是少，我们都应该提供同样细致周到的服务。客人付小费实际上只是为了表示感谢，如果你太在意，就会陷入一种期待之中。假如小费很低，说明客人要么不知道应该付多少才合适，要么就是不太满意。如果真正的原因是后者，而你又非常在乎小费的多少，这意味着你要调整一下自己的工作方式，并且应该再读一遍本书！

T. I. P. S.（小费）

小费有一个很有趣的起源。在17世纪和18世纪的伦敦，绅士俱乐部盛极一时。当绅士们走进这种俱乐部时，他们把硬币投到一个上面开槽的大木盒里面。管家或者侍者听到硬币掉进盒子的声音，就会跑过来向投币的绅士提供服务。木盒的侧面印有“T. I. P. S”的字样，这是“To Insure Prompt Service”（确保快捷的服务）的缩写。（“insure”这个词在当时和“ensure”可以互换使用，是确保的意思，而不是我们现代人特指的“保险”的意思。）

和别人谈论你收到的小费是不合适的，而且不能把小费装在外面的上衣口袋里，也不能放在任何容易让人看见的地方。小费是一种奖金而不是一张证书。等待客人不情愿地掏出小费是非常拙劣的行为，只会让客人感到不安，我们绝对不能让客人在就要离开的时候有这样的感受。在有些酒店，客人支付的任何一笔费用中都已经包含了小费。那些了解这种情况的客人（大多数客人都了解）当然会把任何索要小费的暗示看作是一种无礼的行为，甚至向管理层提出投诉也不为过。

顺利地启程

不管是在五星级饭店、度假村、汽车旅馆，还是在家庭式旅馆，我们在送客人启程的时候都应当拿出在欢迎他们到来时的那份热情,每一位客人都有理由得到这样的对待。记住:最后的印象和第一印象同样重要。实际上,直到下次见面为止,这是给客人留下好印象的最后机会了,说不定就没有下次了!

这时,问客人在居住期间是否愉快是最恰当不过的,包括你自己在内的任何酒店员工都应该知道客人是否过得愉快。

不慌不忙、平稳顺利地帮客人办理结账手续是对我们最基本的要求。大部分客人都有别的事要办,而且可能担心他们随后的旅行。假如他们正在赶时间,我们应尽最大努力提供方便,加快办事的速度。如果他们等着赶飞机,我们应马上确认送机服务,让焦急的客人安下心来。

检查所有的行李,确保没有一件还留在房间里——丢东西对客人来说简直就是噩梦。

客房内结账服务

很多酒店开始提供一种更加人性化的客房内结账服务。在客人启程离开的前晚,一份临时账单会送到客人房间里,这种服务将加快结账时冗长乏味的手续的办理速度。临时账单既节省了客人的时间,也为酒店提高了效率,而且客人可以在私下里仔细检查账单是否无误。酒店员工在客人结账前就已经填好了一份客人信息表(信用卡信息记录在登记卡片上)。

酒店应提前 24 小时和客人约好结账的时间,可以通过打电话的方式(电话留言亦可)或者以信函的方式通知客人。这封信函会提前确认航班信息和送机的具体安排,还可以提醒客人酒店提供的其他设施和服务,例如,贴身管家可以帮客人打包行李,还可以把早餐送到客房里,帮客人做最后的商务准备工作,以及其他任何能够使客人更加顺利地通向另一个目的地的服务项目。这最后的几个小时很可能改变客人对我们的整体印象,也决定了他们是否能够再次光临。因此,这些服务的重要性也就可想而知了。

正式的账单一定要准确无误。不要忘记把延迟付款的项目列在其中(见下文)。问客人迷你酒吧的消费情况时要当心,不要显出一副责怪客人的样子——怀疑客人吃了里面的东西而不想付钱。

如果客人使用信用卡支付,由于付款需要授权,他们可能需要亲自到接待处办理。在他们忙着收拾行李或者有其他事情要办的时候,也可以建议他们把信用卡交给你,由你来替他们结账,但一定要尽快归还。在就要启程的时候,大多数客人很不愿意他们的信用卡或者其他个人财物消失在自己的视线之外。

作为对客服务人员,这个时候是问客人在居住期间是否觉得满意并得到反馈的最佳时机。如果客人指出某些问题,应设法解决,但要虚心接受他们的批评。有必要的话,把问题记录下来,并抓紧解决,不留后患。如果你把问题处理好的时候客人已经离开,可以给他们发一封短信,对给他们带来的不便表示歉意,希望他们能够在不久的将来再次光临。在客人启程的时候,祝他们旅途顺利,感谢他们的惠顾。别忘了对他们说,欢迎再次光临!

延迟付款

遗憾的是,延迟付款经常是在系统出错的时候产生的。有时,客人离开以后会打电话给酒店,声明在他们的账单上的某一笔"延迟付款"的费用并不是他们消费的。假如酒店的政策允许,建议把那些数额较小的费用从客人的账单中免去。大多数酒店能够做到这一点。

数额较大的时候,员工不能对这笔费用进行任何形式的争辩。这种事情应小心处理,比如,告诉客人我们会进行一些调查工作,搞清楚后会尽快地通过电话、传真或电子邮件的方式与客人取得联系,同时,对账目的"混淆"表示道歉。

从事对客服务的员工或者那些负责结账工作的员工在询问客人的消费项目的时候,例如询问迷你酒吧的消费情况,必须注意自己的说话语气和面部表情。这应该是一个询问而不是一种责怪。如果有任何疑问,而且看到客人有时间等待结果出来,不要置之不理;把电话打到客房部要求他们检查一下就可以消除将来发生争执的可能性。这件事在几分钟之内就能办到。

在解决问题期间,可能需要面对客人的急躁情绪。对时间的耽搁表示道歉,说点别的事情分散一下他们的注意力。尽量不要走开,这会强化他们的不满情绪。再次打电话给客房部,让客人确信事情正在处理之中。如果需要等待较长时间,问客人是否介意采用延迟付款的方式结账。大多数客人会感谢你的关心,也会感谢你给他们以选择的权利。

调查客人的满意度

最可能做这件事情的人是前厅部出纳员,或者是负责结账的管理人员。

在结账的过程中,应该问客人在居住期间是否满意。为了得到客人更详细和更真实的回答,问题的提出可以有几种不同的方式。可以问:“托马斯先生,您这些天过得愉快吗?”或者这样问:“托马斯先生,您对各项服务都觉得满意吗?”也可以问:“托马斯先生,您下次光临的时候,希望我们在哪些方面作出改进?”

如果问题发生了,但客人没有投诉,那么在客人离开的时候想要赢得他们的忠诚就太晚了。应该鼓励客人在问题出现的时候就向我们提出来,这样可以给我们一个纠正错误的机会。例如,接待员在帮客人办理完入住手续时可以说:“为了让您在居住期间更加满意,如果想让我们为您做点什么,可以直接和我联系或者拨打 1 号分机。”

大多数酒店使用客户调查表来获取客人的反馈信息。这样的表格应该放在显眼的位置,以便客人可以一眼就看到。调查表的设计应让客人有机会对酒店某些方面的问题提出意见或者对他们喜欢的服务发表评论,这比只能填写负面意见的表格更有价值。明智的管理团队会对这份表格作出迅速的回应,他们往往对客人的反馈意见马上付诸实际行动,或者发一封电子邮件表示感谢而且告诉他们即将采取的措施。鼓励在工作中能够接触到客人的员工去调查客人的满意度,这一点非常重要。管理层还应鼓励这些员工主动行动起来为客人排忧解难,当然,还要对他们付出的努力给予肯定。

为客人解决问题这一专题我们会在第六章中进行更加详细的阐述。

服务审核

在接待业的管理者心目中,达到最高的服务质量标准永远是第一位的。但是客人填写的调查问卷也许不能准确指出真正应该改进的潜在问题。有时,你在业务上需要“敏锐的双眼”——先客人一步看到问题。

服务审核是一种对服务进行监测和评估的低成本方式。这种方式有很多好处,可以较早地发现问题,准确评估员工的服务水平,还可以显著降低客人的投诉次数。因此,管理层将在“防止问题发生”和“控制事态恶化”方面节省大量的时间。

服务审核工作一般在幕后进行,历时一到两天,具体的时间要视酒店的规模而定。审核完成后,审核人员会精心写出一份带有具体建议的完整的革新报告。通常,服务审核工作由那些在前厅、客户关系、礼宾、客房和餐饮等各个服务层面上都有经验的人来完成。

实施服务审核有很多令人信服的理由，能够让你的服务朝着更加有效的方面发展只是其中之一。

卓越的服务不是高不可攀的！

第六章

解决问题

出色的服务

在本书前面的章节中，我们已经明确了一个目标，就是为客人创造一段难忘的经历。要想得到客人的赞许，给他们留下持久的良好印象，仅仅靠简单地满足他们的需求以及提供良好的服务是不够的，我们还要付出更多的努力。

我们必须让客人受到热情的欢迎，得到真诚的关心和照顾，也要让他们知道我们希望他们再次光临。员工的工作表现、培训水平、工作能力和服务意识在这中间发挥着重要的作用。

当客人住进酒店、家庭式旅馆或者汽车旅馆时，他们会有很多期望。一个整日奔波的生意人寻求的是友好的问候、周到的服务和舒适的睡眠；一对年轻的情侣期待热情但不夸张的服务、浪漫的环境和温馨的感觉。我们可以用微笑迎接他们，打招呼时叫出他们的名字，而且要花时间和他们闲聊，让他们感到放松。

投诉

遗憾的是，我们也会偶尔碰到客人投诉这个问题。由于客人和前厅部打交道的机会比较多，他们往往向这个部门的员工提出各种各样的投诉，希望由此直达管理层。

大多数客人显然是忍受了很久而失去耐心才选择投诉的，但有些人也会因为一些表面上看起来是鸡毛蒜皮的小事而大为光火。大部分情况下，客人投诉有充分的理由，而也有少数“职业”投诉者，他们只不过是要得到免费的一餐。我们对每一个投诉都应该根据事情的是非曲直来作出判断，客人并不期望你万事都做到完美，他们真正的希望是，一旦出现过失能够及时得到弥补。

然而，我们在涉及具体的细节之前，首先要明确一点，投诉的处理方法是否得当很大程度上取决于相关工作人员的素质和经验。一个没有经验的员工面对比较严重的投诉时可能会因陷入困境而作出错误的决定。在这样的情形下，初级员工也许不能判断问题是否属于自己的职责范围内，又不知道该不该通知经理，只能告诉客人他们愿意听一听而且尽量去领会问题的严重程度。一个经验丰富的员工此时会表现出真诚的关心，而不必显示出过强的控制力，他们通常可以轻松地处理客人的投诉。

处理客人的投诉

我们应该在表面上接受客人的投诉，至少在事情弄清楚之前先表示接受。你可以道歉（一次就够了）或者这样回答：“谢谢你告诉我们这些事。”不管怎样回答，一定要简短，即使你觉得这事和你没什么关系，也要承认问题出在你身上。

华盛顿特区政府技术支持研究计划中的一项研究得出了下面的结论：

- 如果一位客户进行投诉，就有 26 个人受其影响但仍保持沉默。
- 平均起来，一个“受到不公正待遇”的客户会把不满告诉 8 至 16 人。超过 10% 的客户会告诉 20 人以上。
- 如果问题得不到解决的话，有 91% 的客户不会再次在你的经营场所消费。
- 如果你在客户提出投诉后积极采取补救措施，就会留住 82% ~95% 的客户。
- 招徕一个新的客户付出的代价是留住一个老客户的 5 倍。

投诉的客户和客人在责备你供职的服务机构时，从某种意义上讲，你也被牵扯在里面。记住：客人的投诉给了你一个亡羊补牢的机会。

我们应该对投诉表示欢迎，视其为值得面对的挑战，因为你从中学到的东西远比表面上看起来的要多。倘若客人没有说出他们的不满就转身离去，你就不会知道事情的原委。

当客人感到不满的时候，他们会做些什么呢？研究表明，人们一般不喜欢投诉，有三个主要原因：

- “这是在浪费我的时间。”或者：“我没有工夫理会这样的事。”
- “投诉不解决任何问题，没有人真把这当回事。”
- “我不知道该怎么办，也不知道该去哪儿投诉。”

无论什么原因，有素质的员工见到客人不高兴，都应该上前问一声。客人正为不得不去投诉而大伤脑筋的时候，往往表现得容易激动，甚至失去理智，于是在投诉时可能就有夸大其词的倾向。

当你接到投诉时，应该注意倾听，留意细节，表示道歉，解释将要采取的行动，感谢他们提出意见而且要尽快采取行动。有时，客人显得极为恼火或者相当激动以至于顾不上考虑事情发生的原因。如果客人把不快闷在心里很久才去投诉，或者发生了后果非常严重的事情（例如，由于你的工作失误导致客人误机），这种情况就会经常出现。

处理这种情况的“金科玉律”有以下几条：

- 倾听客人的陈述
- 道歉
- 解释将要采取的措施
- 跟踪调查客人满意度

当面对愤怒的客人时，不要觉得他们发火是冲着你来的，也不要采取自我防御。尽量做到对事不对人，让他们发泄出来，这通常会降低问题的严重程度。这段时间是“冷却期”，在此期间，投诉者会对逻辑或者道歉视而不见、听而不闻。在客人叙述他们的糟糕经历时，我们经常觉得听起来没有那么严重。无论情况到底如何，听清所有的信息总是有助于对问题的理解。用积极的方式面对这种不愉快的情形，你可以说：“让您这样生气，我非常抱歉，我会尽最大努力把问题解决好。”然后，继续认真听，把详细情况了解清楚。另外，如果你把听到的事情写下来，客人会觉得他们的投诉得到了认真的对待。如果投诉是针对某个员工，不要让这个人直接加入到谈话当中，以后找机会再说。

与此同时，努力做到下面几点：

- 保持客观
- 保持冷静
- 表示同情
- 设法提供帮助，尤其是在投诉听起来合情合理的情况下
- 机智老练
- 得出正确的结论
- 有必要时通知管理层

还要记住一件重要的事情：对投诉的处理结果要留一份记录，如果将来再次发生类似的问题，你可以拿来参考。

如果你不能解决问题，适时地把问题交给经理或者能解决问题的人。但是，客人不得不把投诉重复一遍的情况一定要避免，把问题交由旁人处理时，你有义务当着客人的面把有关情况交代清楚。一定要表现出足够的机智和老练，不要露出丝毫轻视客人的意思。如果你已经解决了问题，看看还能为客人提供些什么帮助。在适当的时间打个电话，确认一下问题是不是完全解决了，客人是否已经满意了。

在处理投诉的时候，还有一件事儿要注意：解决方案应该让投诉者满意。为达到这个目的，有时要问他们需要什么样的补偿。令人惊讶的是，这样一来可能问题轻松地得以化解，各方都得到了满意的结果，也许就像“明天的免费早餐”一样简单。

培训练习:现实生活的场景

分成小组,找出一些现实生活中的场景,让小组成员提出建议:在这些场合下他们如何应对。然后两人一组针对每个建议现场表演一下。之后,小组成员可以对每一种处理方法的反响和效果进行分析,还可以讨论一下在技巧方面还有哪些需要改进的地方。

书面投诉

人们除了面对面提出投诉之外,还经常采用书面投诉的形式。通常,投诉信会直接寄给总裁或总经理,他们收到信后可能转交相关部门的经理,也可能亲自处理。尽快对投诉信给予答复是十分必要的。客人之所以花时间写投诉信,是因为他们认为商业机构或者公司有能力也有愿望对引发投诉的过失进行弥补。

如果投诉得不到解决,这个不满意的客人可能会给公司的生意带来负面的影响,让公司蒙受重大的损失。

一个真实的案例

即将在你们酒店召开的某某会议对我们来说非常重要,与会者是来自世界各地的税务主任、税务法律顾问和律师。因此,我选择你们的酒店来召开这样一个会议是经过慎重考虑的,我们十分看重酒店的服务水准和服务质量。当然,我也知道你们的酒店刚刚开业,存在一些问题也可以理解,不过,我在此必须表明的是,我们从你们这里得到的服务与一家标榜自己为"六星级"的酒店是极不相称的。我希望你个人的承诺能够兑现,11月份召开会议的时候,服务标准能够和你的许诺相符。

……首先,客房服务的质量存在问题。我在通过电话和客房部联系时就遇到了极大的麻烦,而且得到的服务也很难令我满意,比如说,要求送一个枕头,需要很长的时间才能送到房间里。服务也缺乏一贯性——有几天我们没有得到一样令人满意的客房用品,甚至没有人给我们送矿泉水和干净的毛巾,我们的一个枕头在三天后也不翼而飞了。

……尤其是在4月24日，我丈夫遇到了一个非常无礼的客房服务员。他当时正在喂孩子，不希望有人打扰，因此要求这个服务员一会儿再过来打扫房间，没想到这个服务员很生气，而且提高了嗓门说道："我还有很多房间要收拾，你知道吗？"然后就摔门而去。问题还不只这些，也是这个服务员，在这事发生前就有过一次类似的表现，那时孩子正在睡觉。糟糕的服务尚可忍受，但无礼的服务是不能容忍的，这件事让我的丈夫和当时也在房间里的父母非常气愤。我丈夫经常外出旅行，在所有的住店经历中，这是最糟糕的一次。

……第二，客房送餐服务也不到位。4月25日，我们点了一份早餐，等了1个小时才有人送来。在我们打电话后大约40分钟后，确认电话打过来，告诉我们5分钟后早餐就会送到，还说由于耽搁了一段时间，这顿早餐免费赠送。又过了15到20分钟，早餐送到，但却没有面包。我们问服务员这是为什么，他说不知道我们要什么样的，这是一个笨拙的借口，提前打电话问我们一声不应该太麻烦。10分钟后，面包才送上来。尽管我知道这顿早餐是免费的，但我还是要求签单结账，但服务员坚持免费赠送，还说只需签一下确认单就可以了。但是，当我在去往机场的路上仔细检查酒店的账单时，发现这顿早餐并不是免费的。

培训练习：你的行动步骤

这个真实的场景涉及许多不同的部门，而且这个例子揭示了一些在新开张的酒店中容易发生的问题。要是你收到这样一封信，你的第一反应是什么呢？把它写下来或者进行小组讨论。然后决定你要采取的行动步骤，包括找信中涉及的部门领导谈话，以及你自己将如何处理这种情形，同时考虑酒店为投诉所付出的实际代价，然后，草拟一封回信。讨论一下如何避免这种事情再次发生。

要点

总的来说，如下几点值得考虑，而且应该记住：

- 始终以及时和专业的方式处理客人的投诉，确保处理结果令客人完全满意。

- 尽量和客人面对面沟通，这样的做法更加有针对性，而且能够表现出酒店方真诚的关心，尽可能避免仅仅通过电话进行交谈。

- 要具有令投诉者感到满意的能力，尤其是在处理没有真正解决办法的投诉的时候，往往就决定于对待投诉者的态度上面。保持沉着和冷静，也要表现出你的关心。

- 不要争辩，也不要打断客人，认真倾听。不时提出问题，把事实全面搞清楚。

- 面对投诉，不能试图掩盖问题或者草率处理。一不小心，就可能把简单的问题复杂化。

- 咽下自作聪明的反驳！机智、谦恭和从容的语言不仅可以平息客人的火气，而且能够把事情引向令人满意的结果。客人的嗓门越大，态度越蛮横，你的语气就应该越轻柔，态度越和蔼。

- 给客人足够的时间来表达。同情他们的遭遇，同意他们的观点，让他们看到你是多么理解他们的处境。如果采取对立的态度，或者让他们觉得没有人会去解决问题，情况就会恶化。

- 在理清头绪的同时说一些比较积极的话，例如，你希望这个问题不会再次发生。向客人保证，你会亲自处理这件事，如果有令人满意的解决办法，你会尽快告诉他们。

- 始终要和客人保持联系和沟通，告诉他们最新的情况，这一点非常重要。感谢客人指出了我们工作中存在的不足。

- 积极寻求解决办法，在你的职权范围内提供几个选择。当客人非常冲动或者事态开始失控的时候，毫不犹豫地通知管理层。

- 写一封真诚的道歉信，以此来结束这个令人不快的局面。你可能还要送一些免费的赠品到客人的房间，具体情况要看客人不满意的程度而定。

- 因为客人知道，问题是不能完全避免的，大多数人会表示理解。处理问题是你的职责，尽最大努力扭转不利的局面。对于所有的投诉及其解决情况，都必须保留一份记录，还要从中吸取教训。把问题带到第二天的部门会议上去讨论，并采取积极的措施防止问题的再次发生。

棘手的情形

有时候，你会发现自己正处在某个非常棘手的情形下，需要机智的头脑、快速的行动和主动的态度才能把事情做好。下面的例子指导你如何应对这种情形。记住：如果你接到一个不同寻常的要求或面对一个棘手的情形，最好在采取行动之前和部门的领导或者其他高级员工商量一下。

在房间或者走廊内发现一个陌生人

如果你确定这个陌生人不是酒店的客人，设法和他交谈几句，同时记下他的外貌——观察头发和眼睛的颜色以及一些不寻常的特征。立即向值班经理、经理（小规模的旅馆）、其他高级别员工或者总机接线员报告这个陌生人的行踪和体貌特征。保安部或者管理层应立即采取行动。不要单独跟着陌生人，这样可能会引发他的好斗心和暴力倾向。

某个员工让你打开房门

没有人有权允许其他员工进入客人的房间。记住，有权进入客人房间的员工都有一套自己专用的钥匙。所有进入房间的钥匙都在计算机系统中作了备案，而且系统可以显示进入房间的时间和钥匙的号码。所以，这都是有据可查的。

发现起火

如果是可以轻松扑灭的小火，而且不会危及客人和自己的安全，那么就自己动手将其扑灭，要遵照酒店常规程序进行处理。如果火情可能危及客人和自己的安全，用最近的电话通知总机。向接线员清楚地说出自己的姓名、位置以及火情。不管是明火还是仅仅在冒烟，解释过程都要简短。保持冷静，帮助客人从最近的出口离开现场。发生这种情况不是没有可能的,因此了解每一个安全出口的位置非常重要。

炸弹威胁

如果酒店中有来访的国家首脑或者非常重要的客人,这类事情可能会发生。假如发现了一个可疑的包裹,或者接到炸弹威胁,尤其是在需要紧急疏散的极端情况下,员工必须有一个经过反复演习而且非常明确的意外事故行动计划,并按计划行事。不幸的是,全世界的酒店不时成为恐怖分子投放炸弹的目标,炸弹可能被实际安放在饭店的某个位置,也可能通过邮寄的方式发送。在接到威胁电话或者在邮件中发现可疑物(例如书信炸弹)的情况下,往往是前厅部员工最直接地牵涉其中。实际上,应对炸弹威胁的演习和发生火灾的演习是一样的。

如果接到电话威胁,建议接线员或者任何接到电话的人记录时间,而且让来电者把话说完,中途不要打断。要做出准确的记录,回答应限定在一两个字之内。如果有可能的话,尽量获取下面的信息:

- 来电者的性别和大概的年龄。
- 来电者说话时表现出的任何明显的状态,例如醉酒、笑声、愤怒和兴奋。
- 任何特征,例如嗓音特征、外国口音、发音错误、口吃等。
- 背景声音,例如交通、音乐、说话或者机器运转。

这样的细节给警察提供了很有价值的线索。警察可以通过这些信息来估测威胁的程度,根据来电者以及威胁信息的特征判断是否和以前接到的其他威胁电话有相似之处。

如果能做到的话,在通话期间不要发表任何观点,也不要表现出任何情绪。要是不能做到这些,恶作剧的来电者会浪费你更多的时间,他们只不过想从你对这个电话的反应中找寻快乐而已。

无论如何,明智的做法是假定这种电话是真的并且谨慎地加以对待。等来电者表达完威胁信息后,你应该问一些关键问题,设法让他们继续说话。首先,探知炸弹的准确位置,然后问他们炸弹何时会爆炸,什么时间安放的,以及为什么会放在你们的饭店等等。应马上通知管理团队中的某个成员,并立即报警,把威胁信息一字不落地向警察重复一遍。

不管是不是恶作剧，警察都会到场并展开炸弹搜寻工作。警察需要一名熟悉酒店大厦内有关区域的员工陪同，这名员工可以准确识别任何不应该在那个位置出现的东西。

一旦发现可疑的包裹，警察会把它交给炸弹处置分队。在任何情形下，酒店员工都不能试图移动或者触摸可疑包裹。如果收到一个书信炸弹，不要尝试打开。

在这种情形下安置客人的方式与火灾的紧急疏散大致相同。酒店不能要求任何员工处于不必要的危险之中；然而，客人需要善意和谨慎的安置。员工在任何时候都应保持冷静，并且要考虑客人的安危。

在这种意外情况下，经常会有一些自以为是的人，你不得不去应付这些人。火警和汽车警报经常在不经意间就会拉响，所以有些人根本不在乎。他们只有在亲眼看到了证据之后才相信确实有紧急情况发生。

有些人看到危险时可能会发出尖叫或者高声呼喊，这会引起周围人等的一片恐慌。以平静的口吻表达令人感到安心的话语比大声喊叫和命令更起作用，没必要引起更大范围的恐慌。告诉客人一些经过谨慎筛选的有关事态发展的最新信息，这一点非常重要，不仅可以让他们冷静下来，而且能够抑制他们的好奇心，有人可能会在好奇心的驱使下留在危险的区域。

威胁解除之后，不要当着客人的面对这个事件发表长篇大论。确保客人已经被护送到房间里并感谢他们的合作。为让客人更加安心，看看还有没有别的事情可以帮忙。

客人正在吵架

发现客人之间正在发生口角，应马上通知值班经理。在任何情况下都不要试图介入，也不能让客人把你卷入他们的纷争中。在你的每日报告中要把事件的过程和具体时间写清楚。

某个房间或者整个楼层停电

立即通知总机，他们会叫工程部的人来处理。在小型旅馆，可能要给外面的技术人员打电话。留在停电的区域，给客人提供必要的帮助。你熟悉大厦的布局，因此会对迷失方向的客人有非常大的帮助。把停电事件和发生的位置写进你的每日报告。

客人需要一个“伴侣”

向客人解释，你在这种事上帮不上忙。向你的部门领导汇报这件事。

客人生病

问客人是不是需要医生。如果客人处于昏迷状态，立即给总机打电话，假如你是注册急救员，马上实施急救措施。设法提供帮助和表示同情，不能打扰他们。通知部门领导或者值班经理。

下次见到客人的时候别忘了问他们现在感觉怎么样！然而，如果他们正和别人在一起，最好不要问他们的病情，因为客人有自己的理由不让朋友或者同事知道他们得病了。

你认为某个客人企图自杀

如果你担心某个客人企图自杀，不要去干涉——这可能会促成他们的行动。轻声而迅速地离开房间，让门锁处于在外面可以打开的状态，以便留下一条救援通道。使用最近的电话立即通报管理层，尽可能清楚地解释当前的状况，告诉他们房间号码、客人的状态、客人的行踪以及其他相关的细节。在救援人员到来之前，一直留在房间外面。

客人给你烟、酒或者食品

礼貌地拒绝，可以这样说：“谢谢，但我不能收下这些东西。”如果他们坚持，礼貌地向客人解释，这不符合工作上的规章制度。

正午时间门上仍有“请勿打扰”标志

与客房部协商，如果不能得到许可进入客房完成你的工作，客房部一定有讲得通的理由。如果客房部不知情,不要进入房间,把事情报告给客房部总监或者他们的助理;如果找不到他们,报告值班经理并按照他们的指示去做。任何情况下都不能擅自进入房间。在每日报告中写下详情。如果是小旅馆,就应直接报告值班经理。

客人见到老鼠或虫子

如果有客人说他们见到老鼠、虫子或者类似的东西,应通知客房部以及值班经理,他们会按照正确的程序处理此事。告诉客人,情况已经得到控制,让他们放心。不要试图作出专业方面的解释。客人可能非常害怕见到这些东西,他们只想知道这些讨厌的东西是不是马上就会消失。

客人制造过分的噪音

把这个问题汇报给你的部门领导、经理或者其他高级别员工,不要擅自介入。假如有任何物品损坏,都要向酒店汇报。通常,如果工作人员沉着地对待这些客人,他们也会以同样的方式作出回应,事情就不会升级到"唇枪舌战"的地步。

客人因过度饮酒而丧失理智

这种情况的处理方式和发现有人吸毒是一样的。如果客人的行为因过度饮酒而变得让人无法接受,负责任的服务人员应该以圆滑老练的方式加以阻止。建议把处于这种状态的客人与"人群"隔离开,然后温和地建议他(她)喝一点非酒精饮料,例如柠檬水。黑咖啡也是一个选择,但不要提供治疗酒精大量摄入的医用补水剂。

由于醉酒客人很可能有暴力倾向,这时候通知经理比单独处理更为妥当,单独面对这种情况对你自己和在场的其他人来说都是一种冒险。

如果客人在你的职责范围内向你提出一些要求,以正常的态度去执行。处理这种情况一定要遵循酒店的规章制度。

醉酒客人一旦清醒,你可以根据具体情况向他们提出建议,要么帮他们叫一辆出租车,要么亲自护送他们回房间,安置好客人之后,别忘了道声晚安。

客人企图偷窃酒店内的财物

不要因接受贿赂而保持沉默——这会丢掉工作！如果发现客人把酒店的物品据为己有，礼貌并小心地向他们提议，把东西放回原位，不要指责客人。立即向值班经理或者部门经理汇报，等客人结账离开后再作出处理就为时太晚了。

客人结账的时候发现酒店物品丢失

立即报告前厅部，以便客人为此作出赔偿。把事情的经过写进每日报告。

大量现金或贵重物品留在房间无人照看

不要碰任何东西，立即向部门领导、值班经理或经理汇报并听从他们的指示。保安部和管理层会处理这种情况。

客人在用信用卡结账时行为可疑

不是所有的客人在掏出信用卡付款的时候都充满自信。有时，一段从前的尴尬经历——比如信用卡未通过授权——会让客人在你的面前显得非常紧张和不安。不能就此假定他们无法付账，要像平常一样处理此事，设身处地为客人着想，理解他们的处境。

然而，员工还是要警惕那些故意使用无效信用卡的客人。他们可能显得很匆忙或者焦急，而且可能要求分笔交易或者要求人工输入卡号和授权码。重点观察他们的信用卡是从什么地方拿出来的——直接从口袋里掏出还是从钱包里拿出。当接到信用卡时，仔细观察信用卡的正反面，看看有没有损坏，是不是在有效期内以及上面的压纹字迹是否经过改动。

如果觉得有什么地方不对劲，用令人舒适的口吻要求客人出示证件，例如护照或者驾驶执照。检查证件上的姓名是否和信用卡上凸凹压制的姓名相符。在完成交易过程中应紧紧拿住信用卡，不要马上交给对方。检查签名时，要确认信用卡上有签名而且没有经过涂改。如果对信用卡的真实性仍有怀疑，手持信用卡并给信用卡授权中心打电话，他们有办法帮你校验真伪。打电话的时候一定要远离客人，避免进一步制造麻烦。如果你发现自己不能应付这样的局面，请别的员工来帮你。如果你不得不和客人理论，尽量在一个更加私密的环境下进行。

如果信用卡没有通过授权验证，客人可能感到非常沮丧。当他们对这样的情况表示不可理解而且强调他们的账户没有问题的时候，一定要相信客人，这一点很重要。很可能他们不知道自己的信用卡有其他授权限制，也就没有去撤销，因而造成了交易失败；也可能是由于客人正在海外旅行，银行或信用卡公司在应还款日期尚未收到他们支付的款项。

处理这种情况时最老练的方式是给客人提供几个选择，同时要设身处地替客人着想，理解客人在知道无法付款时的内心感受。如果你能提供当地银行或金融机构的电话号码，建议他们自己打电话核实账户的状态，让他们平静下来。

在客人居住期间的最后时刻，像这样的情况要是处理不当，就会直接影响到他们今后预订酒店时的选择。以亲切和同情的表达方式向客人提出建议，再执行一遍交易，看看是不是由于输入错误造成的。这样做给客人一定的时间冷静一下，他们可能会考虑换一种付款方式。如果问题还是没有解决，明智的做法是给值班经理去电话，让他们来处理。

面对客人的"挑逗"

尽快离开房间，不要对客人的"示爱"作出回应。对贿赂和威胁都应不予理睬。一般来说，员工不会因某个客人的不体面行为的传闻而受到任何形式的处罚。酒店管理层承认，这种事情频繁发生，而且员工并没有错，只是因某些客人忍耐不住寂寞而引起的。把事情的经过说给部门领导或经理听，或者当着他们的面，和另一位高级员工反映情况。不要与其他员工讨论这件事。

客人在"非吸烟区"吸烟

如果你不得不告知客人某些区域不允许吸烟，最好先建议他们换一个能吸烟的地方。你可以说："对不起，先生，你在某某处吸烟可能更舒适一点，这里是非吸烟区。"在建议他们去某个更适合吸烟的地方时，主动提出帮他们拿上可能正在使用的东西。

你认为某个客人可能是吸毒者

处理这种情况需要技巧，而且这种事情越来越常见。对客服务人员或者任何有机会接触客人的员工都必须保持冷静，集中精神。在任何时候都不能发表观点，尽管这很有诱惑力，但是不该你说话的场合就别发言。

客人有时全神贯注，有时不够友好或者表现出明显的心烦意乱。当然，这些表现可能有很多种理由，就像第四章中有关身体语言的一节所描述的那样。

吸毒可能导致出现排汗、眼睛睁大、因剧烈头痛而皱眉、精神涣散、丧失记忆等等生理特征，吸毒者甚至会表现出一定的侵略性。有些毒品可以使人陷入焦虑和紧张，有些毒品能让人产生舒适感，增加自信和精力。处理这种情况需要很高的技巧。

举例来说，提供送餐服务的员工可能会发现客人不愿意吃饭，但还是表现出享乐的样子，通过这一点虽然很难断定客人使用了毒品，但毒品有时确实能够带来这样的表现。无论如何，面对这种情形的时候不要妄加评判。就像前面说过的，这件事也可能与毒品毫无关系。

你如何处理这种情况呢？对待酗酒者的基本原则在这时同样适用，如果某人的行为变得不可接受，最好将这个人和“人群”隔离开，以更加人性化和机敏的方式照顾他们的需求。

重要的是，把你的怀疑告诉经理远胜过擅自处理此事。这样做会降低自己和他人的危险性。

如果客人在你的职责范围内向你提出一些要求，以正常的态度去执行。处理这种情况一定要遵循酒店的规章制度。

你认为某个同事在工作的时候吸毒

遇到这种情况，考虑问题的出发点不是要避免让你的同事陷入麻烦之中，而是这种不负责的行为对大家的安全构成的严重威胁。假如一个负责机器设备维护的同事正在吸毒，这对他本人以及其他员工和客人的安全是一种严重的威胁，如果不把这个情况向管理层汇报，后果将不堪设想。

尽管下决心很难，但一定要记住，酒店的政策是绝不姑息这种行为的，如果因为忽视了某个吸毒者而造成了严重的伤害事故，那么你的良心就会受到谴责。

更多有关吸毒问题的信息可以通过互联网或者援助机构获得。

其他棘手的情况

其他棘手的情况也随时会出现,例如:心脏病突发、偏头痛、哮喘病突发和其他突发性疾病。你的酒店会有一套处理紧急情况的标准程序,应遵照执行。

培训练习:你将如何去做,如果……

提高处理复杂情况的能力需要反复思考和大量的实践。如果有条件,组成小组做这个练习,下面的"如果"是一些我们可能面临的场景,探讨一下,假如真的发生了,我们将如何行动。这些例子对酒店设计制定事务处理程序也是很好的参考。在你的日常生活中也常常会碰到其中的一些情形。

你将如何去做,如果:

- 你不得不向客人说"不",而又不想得罪他们。
- 某些客人正在因噪音、恶劣的行为或者大量饮酒而打扰或者妨碍其他客人。
- 某个客人想和你约会。
- 某个客人拒绝出示护照或者不愿意提供正确的个人信息。
- 某个客人的着装不正确或者不得体。
- 你不能回答客人提出的问题。
- 某个客人遇到了麻烦,而你恰好发现他(她)正准备离开。
- 某个客人开了一个讨厌的下流玩笑。
- 某个客人正在和你说话的时候,另一个员工打断了你们。
- 某个客人问了你一个尴尬的个人问题。

发现客人丢失的东西

处理这样的问题应有条不紊,其目的是把客人的烦恼降到最低程度。客人经常察觉不到他(她)们丢了东西,这种情况很常见。

客人离开后，马上检查一遍房间，这是一个不错的习惯。有时候，可以在客人离开酒店之前就把他们丢失的物品归还。

如果客人已经结账，而他们的某些个人物品还没有带走，这时，有必要核实他们是否已经启程。查看客户档案，看看是否是客人打算寄存的物品；也要问一下前台和礼宾部，客人在离开之前有没有留下什么特别的指示。

一旦确定这些物品是客人不小心遗留的，应立即把它们交给客房部，这一点非常重要，万一客人打电话寻找，我们就能设法归还。填写一份“失物招领表”，由协调员把这些物品登记在册。

确定这些物品没有留在员工身边，还要确认他们是否及时向上级做了汇报。

有些东西，例如未来航班的机票、传真和尚未发送的信函，应直接送交礼宾部，这比交到客房部更加便于紧急处理。礼宾部应该设法和客人乘坐的航班取得联系，希望可以在客人离开之前把失物送到机场，至少能够得到客人下一站的地址。

日复一日的挫折

当你日复一日地忙于应付各种各样的客人，服务热情就会减退！

有些时候，你会觉得自己仿佛和客人交换了角色，好像正在接受你自己提供的一切服务。这只不过是强化了一个概念，就是站在客人的立场上去理解他们的需求和期望。

不要忘记，客人为他们期待的服务花费了足够多的金钱，有权得到他们应得的东西。有些客人走出家门可能是迫不得已，而且他们会对异国他乡感到陌生和迷茫。我们应该对此表现出充分的理解。

不是所有的客人都为度假而来。某些客人可能倍感压力，他们寻求的舒适度和安全感超出了一般客人的期望。有些客人入住你的酒店是因为他们要拜访正在附近医院接受治疗的一个朋友或者亲戚，有时你不会知道客人到访的真实原因，基于这一点，在工作中，你的敏感以及你的敬业精神不能有任何松懈。以恰当的方式表达热情的欢迎和真诚的感谢，并清楚、礼貌地提供帮助和指导（比如指导客人填写入住登记卡），这些都能够让客人感到轻松自在。

如果你发现自己丧失了耐心和技巧，就深吸一口气并提醒自己：善意、理解和友好的付出必将得到应有的回报。客人对你的服务风格会有一个正面的回应,你也将摆脱困境,享受每一天。积极的效应会像滚雪球一样增长。

如果你发现自己真地在经历糟糕的一天,而且不能扭转颓势,那么请求主管给你十分钟的休息时间,喝一杯清爽的饮料,重整旗鼓,以利再战。这种做法不宜经常采用,但是,如果你的状态确实非常糟糕,这一招可能真地会收到奇效。

如果你的糟糕经历每一天都在持续,就需要严肃地采取行动了。你或许应该休个年假——仅仅四天给你带来的改变可能是惊人的！当你以正确的态度再次回到工作中来的时候,会意外地收到很多来自客人和同事的积极反馈。

如果你对工作感到枯燥乏味,难以忍受,而且认为你可能已经丧失了在接待业中继续工作的愿望,那么仍然可以考虑下面的几个选择:

- 在你的部门内或者酒店的其他部门接受一些其他领域的培训。也许你需要一份幕后工作,不必整天和客人接触。

- 你可能需要采取行动恢复平衡的生活状态,工作、业余爱好、锻炼和正常的社会生活一样都不能少。

- 最后一步就是到别的行业找个工作,但是接待业中有这么多的选择余地,或许接受第一条建议会令你扭转糟糕的局面。

对客服务工作的要求很高,而且不可能总是一帆风顺。设备故障、沮丧的客人、想不到的失误——这些都给你在通向卓越服务的道路上设置了更大的难度。每个员工都会面临这样的问题,困难并不是冲着你一个人来的。在你提供卓越服务的同时,客人甚至没有意识到你为此面临的所有挑战——这样才能让客人感到真正的满意！

第七章

对客服务

在本章中，你会发现很多信息，也许你认为没有必要全部掌握，但了解一下还是可以为以后的工作做一些积累的。知道在哪里可以快速地找到这些信息总是有好处的。比如说，要想知道不同的货币可以翻阅第二章中关于地理环境差别的介绍。现在花费一些时间，学习这些货币知识，将来遇到一个客人问你相关问题时就会节省时间了。通过学习，你很快就能掌握这些知识。

你必须对周围的环境非常熟悉，才能在客人心目中留下更好的印象。对酒店或者公司附近环境的忽视，不仅表示你对此缺乏兴趣，而且可能表示你不愿意去学习这些能够给客人带来方便的重要信息。

兑换外汇

目前，所有酒店客人都希望按照酒店的每日汇率兑换他们的外汇。但是，他们会在周围购物，有人很快就会被酒店提供的汇率激怒。因此，你需要做好准备随时平息他们的怒气，避免引起争执。

填写外汇兑换表这样的纸面工作是免不了的。客人可能要求你兑换旅行支票或者美元现金，向客人确认可以兑换，并努力提高工作效率。兑换工作应按照下面的描述进行：

（1）如果是旅行支票，应要求客人当面签字并注明日期。如果签字不符，则不能兑换。一般来讲，你需要知道客人的护照号码，最好从酒店的电脑系统中查询，不要给客人添麻烦。

（2）输入要兑换的外汇总额以及货币种类，使用酒店电脑系统中的外汇兑换功能，计算应该付给客人的货币数量。确认你已经正确输入金额，以保证客人得到正确的数额，以及你的现金流的正确性。

（3）认真检查外汇兑换表上的各项细节，包括客人的房间号、币种、汇率、金额等。要求客人检查一遍并在收据上签字。

（4）把收据的第二联连同外币现金或者旅行支票放在一起，或者放进一个信封。把收据的第一联以及兑换好的现金交给客人，同时再核对一下数额是否正确。要求客人再检查一遍，确认客人已经满意。如果有必要，再检查一下客人信息的各项细节，这样你就会发现他们是不是刚刚入境，是否需要帮助识别本地的货币。不能认为有些客人经常旅行，他们就会很熟悉一种新的货币。

如果客人看起来需要一些帮助，应向他介绍货币知识，对货币纸张的大小以及对应的面值给出一些建议，告诉客人有些商人可能不愿意收大票找零钱。建议客人把一些大面值的货币换成小面值的，花的时候会方便一些。清点货币的时候尽量把动作放慢，保证客人可以看清楚并确认得到了等值的货币，只是面值不同而已。当和客人就此进行交谈时，需要把嗓音压低，但要让对方听清楚。在忙碌的大堂或前台，这一点非常重要，因为你不能确认是否有“某些人”正好在听着你们的对话。

对于所有员工来说，保证客人的人身和财产安全是极为重要的。在这种事情上，认真和理解显得尤为必要，因为许多客人或旅行者对于兑换外汇总是感到不安，也不愿多问问题，你可以从他们的身体语言和表情中看到这一点。

可以提醒客人他们的房间有保险箱，或者介绍一下本酒店的安全系统，这样他们就会对自己的贵重物品和现金感到放心了。

培训练习：对世界各国了如指掌

这是一个分组练习。从字母表中随便选几个字母，说出以这些字母开头的国家及其货币。或者，准备一些卡片，上面写一些国家或者货币的名称，每组抽取一张卡片，给出相应的答案，再根据答案的正确性累计各组的积分。另外，也可以展示一张世界地图，要求参加练习的人指出各个国家的位置。这个练习可以巩固我们在第二章中学到的知识。

客人历史资料

掌握客人历史资料的目的是确保并提高客人的满意度。历史资料可以帮助员工在客人到来前准备房间和提供相关设施。收集客人的历史资料需要一定的技巧，但也有一些简单易行的方法。虽然客人的历史资料是无形的，但收集工作对你来说仍然是一项比较重要的职责。这可以让客人在再次光临时有到家的感觉，因为很多他们喜欢的东西已经摆在那里，不需要再次提出要求。

尽管几乎所有的部门都可以接触这些资料，并加上他们自己的注解，但一般来讲，只有某些指定的员工才有权查阅这些信息。应该记住，这些信息是保密的，为了客人的安全，应该谨慎处理。

如果客人历史资料中显示某些客人有大量的需求，那么在他们到来之前房间就会被填得满满的。这意味着我们的对客服务人员要提前几个小时开始为客人布置房间，“塞满”他们喜欢的东西和需要的设施。当带客人参观房间时，客房服务人员可能会说：“我记得您上次来的时候要求在床上多加一条毯子，我们已经加了；但如果不需要或者您需要点什么别的，请现在告诉我，或者打这个分机，号码是……”

客人历史资料可以包括下面一些内容：

姓名	喜爱的东西
国籍	性格

好恶	需用的设施
旅行目的	是否需要全程管家服务
宗教	前任管家
喜欢的称呼	光顾过的食品店或餐厅
喜欢的报纸	喜爱的餐厅
喜爱的水果	家庭情况
个人爱好	遇到过的问题
特殊要求	生日
参加过的活动	单位
房间偏好:无烟？景观？	来访目的

培训练习:答题游戏

这个有趣的练习可以加强你对客人历史资料的熟悉程度,小组练习的效果会更好。

小组中的每个人都需要一张 A4 答题纸,在纸张的上部留一些空白,纵向标注上答案的号码,每个号码之间留下足够的空间写答案。第一个答案写完后,把上面留下的空白折叠过来盖住,然后再写第二个答案,同样折叠过来盖住,直至所有问题都回答完毕。回答问题时不要太严肃,应该加上一些幽默感。把每个人的答题纸收上来并装进一个盒子里,然后随机抽取并当场读出来,丰富的联想总会让大家乐不可支。幽默往往是掌握知识的最佳方式。

(1)姓名

(2)年龄

(3)婚否？是否有小孩？

(4)他们的常住地在哪里？

(5)他们从事什么工作？

(6)他们的业余生活如何安排？

(7)他们喜欢什么食品？

(8)他们喜欢什么饮料？

(9)他们喜爱的歌星或者影星是谁？

(10)他们的梦想是什么？

(11)他们经常谈论什么？
(12)他们喜欢什么电影？
(13)去年情人节他们干什么了？
(14)他们的昵称叫什么？
(15)在……(选出一个城市或者地方)，他们喜欢做什么？
(16)他们喜欢到哪里度假？
(17)他们经常带着什么？
(18)他们长得什么样？(头发或眼睛的颜色，高矮胖瘦等)
(19)他们的穿着如何？时髦？休闲？邋遢？粗犷？别致？
(20)你建议他们今晚去哪里？去干些什么？

机票

如果你不是一个经常外出的人，一张机票可能就会把你搞糊涂。但是，为确认机票，你需要知道机票上的信息。列有航空公司预订及确认电话号码的清单是必不可少的。有些目录或者清单还列出国家和航空公司的缩写。了解一下机票的信息是非常值得的，你应该学会识别以下细节：

- 航空公司名称
- 旅客姓名
- 旅行日期
- 航班号
- 目的地/始发地
- 舱位等级：Y = 经济舱；J = 公务舱；F/P = 头等舱；C = 公务舱(仅限于英国航空公司)；D = 打折票
- 起飞时间
- 返程目的地/出发地
- 返程航班号
- 返程日期
- 机票号码

当客人要求你再确认他们下一个行程的航班预订时，所有这些信息可能不一定都需要。但是，当你被问到时，你应该知道怎样找到这些相关信息。当

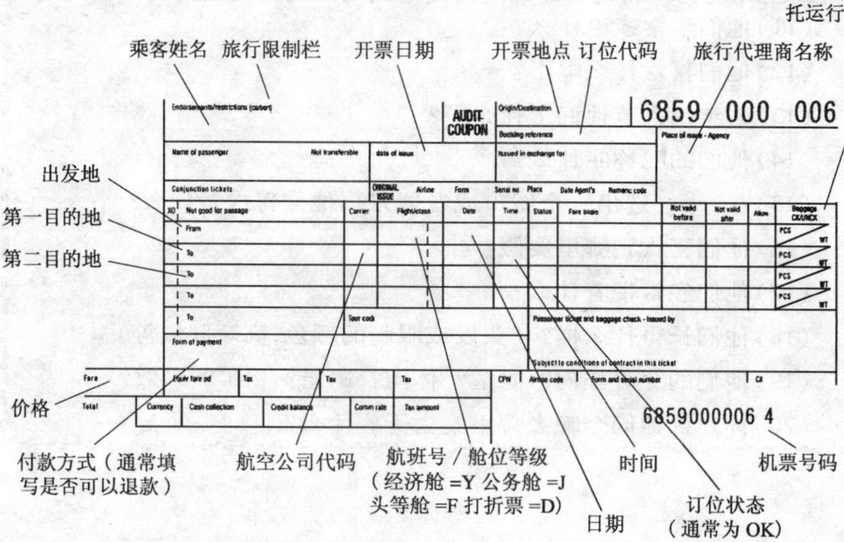

做完再确认后，你最好记住订位记录编号，如果可能的话，再问一问负责本次确认的航空公司工作人员的姓名。如果以后客人因为某些原因和航空公司再次联系时，这些信息会有一定的作用。

培训练习：讨论机票

如果条件允许，与另一个人一起设计一个角色扮演游戏，增强一下给航空公司打电话进行机票再确认时的信心。如果大家一起做这个练习，每个组设计一个情节，把它写下来交给另一个组，这样每个组都可以练习一个新的情节。

在机场接客人

大多数国际酒店都有接机代表，单独负责迎接刚刚入境的客人。这个特殊的工作需要有极强的理解能力和机敏灵活的处事风格。多数客人在长途旅行后都会感到疲劳（有必要的话，你可以重新看一下 23 页的那个故事），他们只是希望接机代表有一个令人愉快的态度，因此，我们在这个时候没有必要过分展现自己的个性。客人到达时都知道会有人来接机，因此会主动寻找一些标志。当接到客人后，接机人员应该像下面这样欢迎客人的到来：

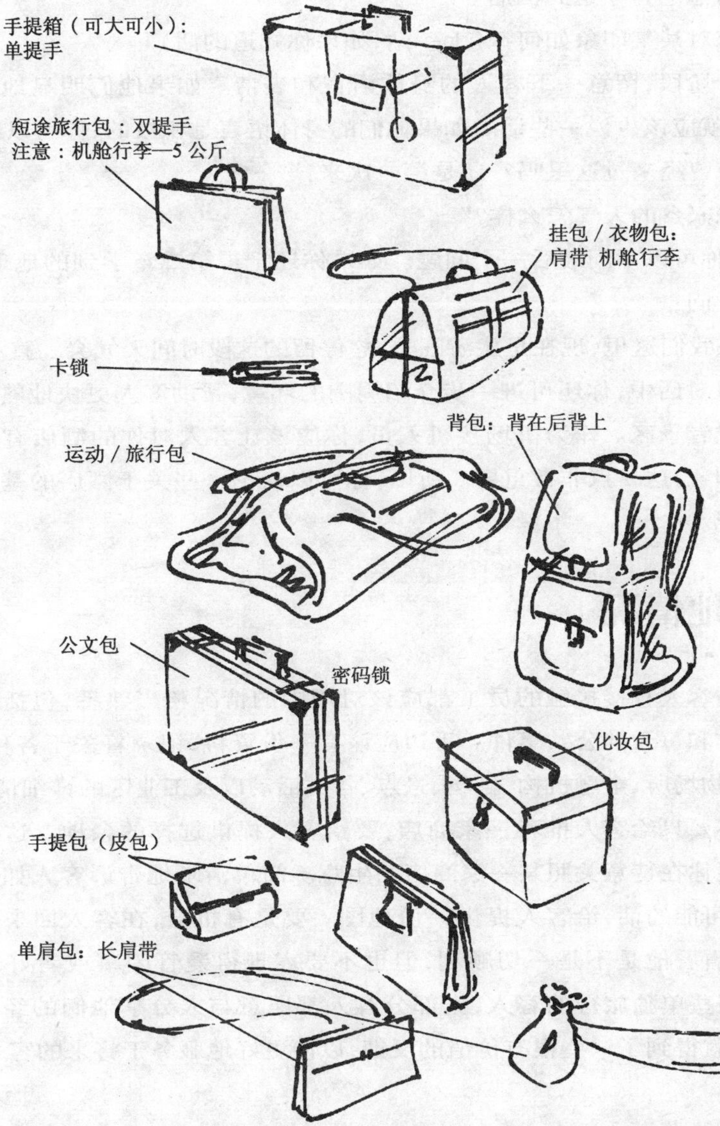

不同类型的行李

- “某某先生/太太/小姐，欢迎来到……（天堂岛/世界上最令人兴奋的城市等等）”
- “您从某某过来，一路是否顺利？”
- “您的酒店某某，酒店离机场大约……分钟，先生，请您跟我走，我会尽快把您还有您的行李送到酒店。”

- “您对某某印象如何？（上一站，如果你知道的话）”

在这个阶段，留意一下客人的身体语言和表情。如果他们明显地希望安静一下，你就应该少说一些话。如果他们的身体语言是积极的，你可以继续：

- “您曾经来过这里吗？还是第一次来？”
- “您家乡的天气怎么样？”

也许，你可以不问最后一个问题。如果你还记得第二章学到的地理差别，你可以这样问：

- “在我们这里，现在是旅游旺季，您停留的这段时间天气会一直不错。”

在这段对话中，你还可进一步介绍周围的环境，帮助客人更快地熟悉这个新的城市或者景区。作为机场接机人员，你应该让客人对你的酒店有一个很好的第一印象，这一点非常重要。所以，你可以谈论一些关于酒店的基本信息和设施情况。

熟悉当地情况

所有与客人直接接触的员工都应该对周围的情况相当熟悉，包括令人感兴趣的地方和每天的公共事件。手边应该有一份资料，记录着关于各种餐馆、博物馆、购物场所、金融机构、剧场、景点、各类活动以及工业区的详细情况。

永远不要只给客人推荐一家商店，要给客人提供选择的余地。这样不至于让人怀疑你在特意关照某一家商店的生意。简单清晰地告诉客人如何到达那里，如果可能的话，给客人提供一份地图。要是有机会，在客人回来的时候问上几句，看看他是不是一切顺利，但也不要表现得爱管闲事或者好奇心太强。除了某些单独旅行的客人，大部分客人都愿意与人分享他们的经历。这样一来，你就得到了一些很有价值的反馈，以便更好地服务于将来的客人。

培训练习：熟悉当地情况

下面是一些客人可能提出的问题，根据这些问题建立一份自己的问题清单。

1. 下列地方的电话和地址：

- 当地外事机构

- 当地国民托管组织的办事处或者历史性建筑
- 国会大厦

2. 活动场所的开放时间。
3. 在剧场正在上演什么节目，举三个例子。
4. 哪个电影院正在上演哪部电影。
5. 著名的某某餐馆在哪里？
6. 推荐两家比较好的日本（或者其他风格）餐馆。
7. 去本市哪家商店可以购买到下列物品：

- 食品礼盒或者食品篮
- 当地生产的礼品
- 高档礼品
- 各种各样的好酒
- 著名品牌的服装

8. 找出下列地方的电话号码和地址：

- 日本大使馆或者领事馆
- 德国大使馆或者领事馆
- 美国大使馆或者领事馆

9. 推荐两处城市外围的观光地点，客人可以玩上一整天的。
10. 分别推荐两种：

- 澳大利亚汽酒
- 法国香槟酒
- 澳大利亚夏敦埃酒
- 澳大利亚博若莱红葡萄酒
- 葡萄牙波尔图葡萄酒
- 澳大利亚波尔图葡萄酒
- 雷司令
- 法国红葡萄酒
- 加州葡萄酒

11. 提供剧院订票电话。
12. 告诉一个海外客人如何找到旅游信息咨询处。
13. 在某某大街的哪一侧，有哪两条街道是平行走向的？

14. 乘哪趟列车可以到某处(举两个例子)?

15. 到某处应乘几路公共汽车或者几路电车?

16. 走哪条高速路可以到机场?

17. 列出到机场的公共交通工具。

18. 如果一个客人想让你推荐一家餐馆来招待自己的客户,你会推荐哪里呢?

19. 推荐几家不错的新开张的餐馆,客人看完演出后可以去的。

20. 了解某市场的开放时间。

21. 某证券交易所在哪里?

22. 向客人介绍一下某购物中心。

23. 客人想去某植物园,他们怎样去那里?

24. 到某地(本地有特色的地方)怎样走?

培训练习:购物中心

当旅行需要补充必需用品时,客人会去购物中心购物。但是购物中心在哪里? 我们对于本地主要的大商场或购物中心了解多少?

你应该知道本地可以买到什么以及去哪里买最好,这个练习的目的是加强你在这方面的知识。每个服务生、礼宾员、管家或者专业服务人员都应该按普通人的消费习惯给出这一类的建议,不能假定客人有花不完的钱。同时,应该对客人可能熟悉或正在使用的品牌及相关术语了然于胸。

编辑一份购物中心和大型商场的基本资料供自己参考,应包括以下信息:

- 商场名称
- 地址
- 购物类型,比如,时尚小店/常规商场/食品店/有餐厅/有电影院
- 专卖店的数量
- 如何到达
- 营业时间

有时候你可能需要找商场经理要一份他们的宣传小册子。

剧场票务预订

对你来讲，提前熟悉一下剧场票务预订的工作是很明智的。要是能够帮助客人搞到演出票，他们会感激你的。

首先，你应该熟悉本地有哪些演出正在上演。当地报纸会有演出剧目的清单，剧场也会散发他们的宣传材料。一般来说，剧场不能确定酒店员工是否知道他们即将上演的节目，所以他们有时会向你提供一些打折票或赠票。如此一来，他们就会确保酒店服务人员知道正在演什么而且演出是多么精彩，这样你才有可能推荐你的客人去观看。

演出票应该尽早订。但是，在开演前几个小时，票价可能会比较便宜，因为经常会有临时取消的票，剧场可以再次出售。票务代理会从剧场挣到一些佣金，但是一般来说，十人以上的团体票才会有折扣。

当客人想让你帮他们预订演出票时，一开始就要问好客人能接受多高的票价。票价会根据座位的位置、视野和舒适程度的不同而有很大差别。客人不会感激你为他们节省了一点钱而坐在一个不舒服的位置。最贵的座位一般是在最前面的贵宾席，随着座位的后移和上移，票价会越来越便宜。所有的剧场都会提供一张座位图，你可以很容易地向客人解释他们能够坐在哪里。顺便提一下，大多数体育场以及公共娱乐场所也提供这样的座位图。

当你打电话订票时，你应该已经很了解客人的需求以及他们愿意出多少钱。客人可以用信用卡支付票价。他们可以提前取票或者到剧场的时候再取票，酒店也可以安排人去剧场取票。

剧场在出票时就要求付款。这样，你需要填写借款单从酒店借款。付款后，填写报销单据，附上剧场收据或明细单，并让值班经理签字。当客人办理离店手续时再要求客人结账。如果票是邮寄的，剧场售票处会要求付邮费。

有些客人外出看演出是为了度过一个特别的夜晚，他们通常比较讲究排场。如果是这样，你应该为他们往返酒店和剧场订一辆豪华轿车。另外，应该问一下客人是否需要为演出前或演出后的晚餐预订餐厅，可以推荐酒店内的餐厅，也可以帮他们预订剧场附近的餐馆。

预订机票和火车票

客人会经常要求你为他们预订国内国际机票、国内火车票或者汽车票。

在大多数情况下，最好通过一家旅行社来做预订，因为这对客人来说比直接向航空公司订票更划算，而且付款也比较容易一些。

商务中心的设施和要求

对于旅行的商人来说，商务中心会提供很多他们需要的服务和设施，包括收发传真、互联网接入、文字处理、复印、提供小型会议室、处理信件、文件和包裹快递服务等等。

商务中心工作人员需要熟悉相关设备的操作，并且了解世界主要大城市的情况。他们应该清楚客人的企业类型——理解有关业务的性质对于他们提供服务会有所帮助。商务中心还提供一些其他服务，比如帮客人接通海外电话会议或者拨打国际长途电话，因此，不同国家的相关信息和国际长途区号对商务中心员工来说是最基本的业务知识。

处理客人的机密文件需格外小心，要以尊重他们的隐私为前提。客人的文件资料应该放在别人看不见的地方。

客人经常会像要求自己的秘书一样要求商务中心员工。我们从一开始就要告知客人相关的收费情况。客人对于商务中心的费用是比较在意的，因为这里的收费通常比其他提供办公服务的地方要高很多。

处理邮件时，信件和包裹的重量一定要让客人当面看清楚，这样他们才能确认我们收取了正确的费用。

当客人要求使用小型办公室时，注意准备灯光设施以便给客人提供一个专业的环境。商务中心工作人员要确认所有设施工作正常，比如幻灯投影机。白板要擦干净，炭素笔要好用，活动图表挂板要干净整洁，还要给予会者每人提供一个记事本和一枝铅笔或钢笔，再准备几壶纯净水和干净的杯子。还要安排会间饮用的茶水和咖啡，这些饮料应该严格按照客人要求的时间送到会议室。

商务中心员工的表现关乎酒店的形象，因为有些客人会从商务中心的专业与否来判断酒店的经营水准。

关于技术方面的要求

很多客人希望技术装备应该比他们家里的更好，至少不比家里差。然而，故障总会出现，我们需要特别重视。如果有一支能有效处理复杂设备故障的服务人员队伍，那么传真机卡纸、互联网接入问题、调制解调器连接、给客房配备笔记本电脑、安装合适的电源适配器、连接线以及接口故障等等技术问题都会得到有效的处理，客人的工作和生活就会轻松很多。一些酒店已经意识到有些客人入住酒店后会遇到技术方面的问题，而他们自己对技术丝毫不感兴趣也不愿意自己动手解决，所以开始聘请一些受过专业训练的技术管家或者专业技术人员。

带着自己的"办公室"外出旅行的公司管理人员，如果在酒店遇到技术上的小麻烦而又找不到一个了解当地系统、掌握不同设备的运行情况并且熟悉各种软件系统的专家，他们会感到相当失望。如今，帮助客人解决技术方面的问题变得越来越重要。当客人入住时，如果我们能预见他们在技术方面的需求，并主动问一问他们是否需要诸如电脑调试方面的帮助，就可以减少很多投诉。

如果客人打电话询问技术问题，我们解释起来会有很大的难度，当面解决问题会容易一些。电话交谈中缺乏语言技巧可能会激怒客人，因此，接线员或其他可能接到类似电话的员工应该准备好更加详细的信息。

接到这样的要求后，应向客人保证技术支持马上就到。客人碰到技术问题或者设备出现故障的时候通常会表现得很着急，这是可以理解的。可能他们完成工作的最后期限就要到了，因此需要知道技术人员是不是很快就能过来。一般来讲，要是没有真正看到设备的运行情况，电话里不要多谈技术问题，因为在不了解具体问题的时候我们很难给出合理的建议。

一位技术管家

你可以设法找到两三家信誉不错的电脑商店，这样一来，在有必要的时候你就能够很有把握地把它们推荐给客人。酒店也应该知道当地互联网提供商的服务电话。

如果客人投诉或者咨询房间内的设备，应及时作出反馈。记下一些基本的信息,然后到房间里进一步了解情况。去的时候,带一些常用工具,比如适配器、连接线、一卷新的传真纸等等。如果问题比你想象的要复杂,就需要联系酒店的工程师,但你至少应该熟悉房间内任何设备的故障检查和维修技术。

也许客人要求你介绍一下如何设置电话语音信箱以及怎样创建一个个人留言。当处理这些要求时,要非常耐心,讲话要清晰。如果有必要的话,建议客人记下指导的要点,或者你自己写下来交给客人。

客人的移动电话可以通过其所属国的基础电信提供商连接到全球漫游网,这样他们就可以在世界范围内使用移动电话了。但是,在网络选择和本地接入方面,问题是不可避免的。你值得花时间从本地电话提供商那里了解一些信息,以便帮助客人解决打电话方面的问题。客人经常会用到充电器,而他们有时不是弄丢了就是落在家里或其他酒店了。我们不可能为所有类型的手机提供一种临时充电器,但可以联系一家厂商,让他们随时通过快递的方式提供给客人一个可替代的充电器,相关费用可通过客人的信用卡支付。

客人的技术问题如果得到顺畅快捷的解决,他们的心情会非常愉快。假如你需要把问题交给另外的同事来处理,记着做一些跟踪调查,确保问题已经解决,客人已经满意。

对负责解决电脑问题的技术人员来说有一点非常重要,就是在事情解决以后不要记着客人的密码。技术人员还应该建议客人更换密码,免得为此而担心。

客人行李保管

如果有物品需要暂存,把它们拿到礼宾部(通常是这个部门负责处理此事)。应把这些物品放进袋子或者盒子里面并且锁起来。记着填写保管清单,并登记到电脑系统或者暂存物品记录本以及客户档案上。完整的暂存物品记录应该包括物品的精确存放位置,比如"货架 A2"。

这种给客人提供方便的服务一般是不收费的。如果客人要去其他城市的酒店或者度假村,这项服务就会派上用场。服务台或者礼宾部应把行李存放在一个安全的房间里并锁上房门,只有用钥匙卡才能打开。任何获准进入这个房间的人的身份都会被自动登记到酒店管理系统中。行李进入保管系统后,应给客人开

一张收据。在系统中，还应该记录客人预计的返回日期。这样，客人回酒店时就不必等待提取行李，在他们回来之前行李就被送到房间了，他们回到房间后还会接到一个电话，确认行李是否全部送到而且原封未动。

各种各样的要求

当然，你总有机会向客人推荐本地的一日游或者其他短途游览的相关信息，包括租车出游、餐馆信息和游艇和包船信息等等。既然预料到客人会提出这样的要求，你就应该做些准备工作，找到提供这些活动项目的信誉最好的公司。

冷热毛巾

当客人经过长途旅行刚刚抵达时或者在餐前餐后，我们有时需要给他们提供有消除疲劳和振作精神作用的冷热毛巾或者法兰绒面巾。毛巾应该保持适度的湿润，拧出多余的水，再喷一些科隆香水。

毛巾在不用的时候应整齐地卷好并存放在适当的地方。冷毛巾通常放在专用冰箱里，热毛巾可以用微波炉加热。要用的时候，把毛巾分别装进塑料袋中并放在铝箔托盘上，随时准备提供给客人使用。

提供冷毛巾还是热毛巾需根据具体的天气情况而定。在客人刚刚抵达并办理入住手续时奉上一条湿润和有香味的毛巾会给他们带来清爽的感觉；在客人用餐的前后提供这项服务也会增加他们的舒适度。

提供毛巾的技巧

当你向刚刚到来的客人提供毛巾时，应检查毛巾的冷热程度是否符合要求，不冷不热是不允许的。当然，有多少客人就应准备多少条毛巾。毛巾要装进塑料袋中以保证卫生，还应该把毛巾放在托盘或者篮子里，不要直接用手拿毛巾，要用夹子来夹。

把卷起来的毛巾整齐地码放在托盘或者篮子中，再准备一个夹子或者其他类似的服务工具。如果你有些创意，可以放一枝鲜花装饰一下托盘，比如素馨花或者兰花。

在客人就餐的场合提供这项服务时，应该用左手平托着托盘，从客人的右手边递上。请记住：动作要轻，不能太生硬。

给客人递毛巾时，用右手拿着夹子，夹起毛巾的一边，这样，当你提起来的时候，毛巾就会自然打开。

沿着桌子按顺时针方向把毛巾依次递给客人，最后再给主人。然后把托盘放在桌子中央，以便客人用完后再放回托盘中。尽快把托盘连同用过的毛巾一起取走。

一般来说，洗衣房会收走并处理客人用过的毛巾。尽量不要直接接触这些毛巾，以避免传染病菌。

提供别致的客房用品

在客人到来之前，我们要把他们喜欢的东西放在房间里。特别设计一下，争取给客人留下一个好印象。当然，这些东西显然也应该具有一定的实用性。我们在做这项工作的时候一定要给予足够的重视，确保每样东西都能适应客人的需求。

酒店管理系统中应该存有客人的历史资料，其中有客人的偏好这一项。这些信息可以指导我们更好地满足客人的需求，比如，史密斯先生喜欢脆的绿苹果，或者珀金斯小姐不喜欢在房间见到任何水果。计算机系统中一旦建立了客史档案，我们就能从这些林林总总的信息中找到我们需要的内容，这些历史信息包括客人的文化背景、停留天数、对房间的要求（是否需要无烟房间、要不要增加枕头或者毯子），还包括客人的个人情况比如生日啦，纪念日啦，等等。

我们可以把这些物品分成五大类：

- 食品：巧克力、开胃饼干、花式小甜饼、小点心、节日蛋糕和水果。
- 酒水：香槟、葡萄酒、水果鸡尾酒、果汁、矿泉水、茶或者咖啡。
- 鲜花：一束或者一枝均可，如果可能，尽量挑选客人喜欢的花。
- 文具：个性化的信纸、信封和明信片。
- 其他：礼品（可能来自大堂商店），比如T恤衫、棒球帽、高尔夫球托、当地特产，还有介绍酒店、当地文化或者所在城市的书籍。

在放置这些东西时，别忘了交流的重要性。在客人到来之前完成这项工作并在旁边放一张小纸条会给客人留下更深刻的印象，因此，确认客人的准确到达时间是必不可少的。这些物品需要提前准备好，可以把相关信息记录在客房部主配餐室的白板上，以便所有的员工都能看到这些需求和他们未完成的工作。

物品的创新性可能受到预算的限制，但是正确的信息和一点点想象力就会给客人留下深刻印象。比如，从客人的历史记录中看到，客人到来的前两天刚刚过完生日，我们是忽视这条信息呢，还是把它看作是一次机会？

我的基本观点是站在对方的角度考虑问题，你现在也肯定意识到了这一点的重要性。某个客人可能连续几天或者几周奔波在外，要是直到现在也没人注意到他（她）的生日，你站在客人的立场上会有什么感觉？如果当这个客人走进房间，看到精致的生日礼物和贺卡，肯定会大受感动。这件轻而易举就能办到的小事对公关工作来说却是意义重大，客人一定会把这件事告诉其他人。

记住生日！

几年前，当我在曼谷的东方酒店办理入住手续时，前台接待人员明显注意到了我的生日刚过。然后，他们带我参观了新装修的侧楼，并请我在作家酒廊里享受了一杯咖啡。参观完毕后，当他们领我进入套房时，我发现了一束巨大的鲜花和一张"迟来"的生日贺卡，我当时的感动可想而知！从那以后，每年他们都会想起我的生日，寄给我一张贺卡。小礼物的作用之大可能超出了你的想象——不要错过这么宝贵的机会。

培训练习：特别时机

有很多特别时机我们应该用心记住。留意客史档案，发挥你的想象力，列出可能会给客人留下好印象的时机。下面是一些好建议：

- 生日
- 结婚典礼及蜜月
- 周年纪念日
- 不同国家的节日，比如感恩节（美国）、澳大利亚国庆日、马来西亚独立日等等

- 宗教节日，比如复活节、圣诞节以及其他不同宗教的主要节日
- 客人在本酒店入住达到了一定的天数

一旦找到了这些时机，下一步就是把小礼品放进客人的房间。很显然，这些小礼品应该放在客人能看到的地方，当然，出其不意的惊喜也会令客人非常难忘。

点燃壁炉

有些酒店在公共区域和客房里均配备了真正烧柴的壁炉。点燃壁炉不是一件容易的事情，我想大多数人都会有这样的感觉。下面是一些基本的提示，可以让炉火熊熊燃烧！

壁炉的表面和炉膛一定要清洁，应清除上次使用后留下的灰烬。点火前备齐所有要用到的东西，包括报纸、引火柴、引火物、圆木劈柴、煤和火柴等。

- 报纸：应把报纸卷起来并打一个松散的节（可以燃烧得慢一些）。
- 引火柴：引火柴是非常干燥的小块木柴，用来引火。
- 引火物：引火物有以下几种选择：
  - —人造的：高度易燃的木块，用于快速引火（这种东西燃烧起来会轻微释放一些有害的气味）。
  - —天然的：松塔或杉塔是很好的天然引火物，因为它们含有树脂并且可以燃烧较长时间。
  - —回收再利用的：比如酒店餐厅的蜡烛头，非常好用。
- 圆木劈柴：大的圆木劈柴应纵向劈开，以便安全地放在壁炉里面。劈柴要放在干燥的地方，确保可以随时取用。
- 硬木：和软木相比，硬木烧起来更清洁，热量更大而且灰烬更少。
- 煤：煤是一种很硬的黑色矿石。一般做成球状，烧起来热量非常高，通常储存在煤桶里。
- 火柴：如果可能，使用长火柴以避免烧到你的手指。

点火

1. 把报纸卷起并打结或者揉成松散的一团，放进壁炉的炉箅（特殊形状

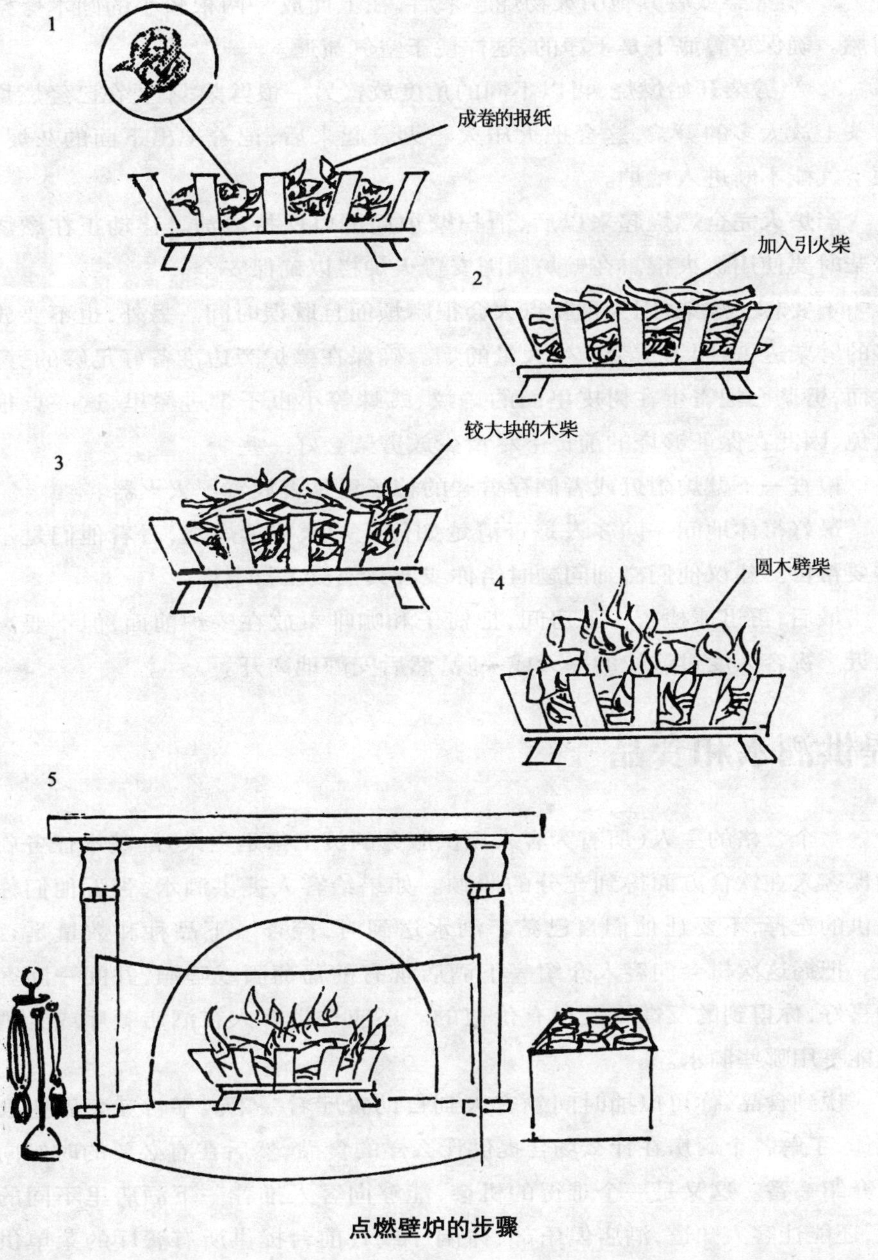

点燃壁炉的步骤

的铁制篮筐,劈柴在上面燃烧),然后放上引火柴或者其他引火物。划着火柴点燃报纸或引火物。点火时不要戴手套,因为如有意外,手套可能会烧着并加重烧伤程度。

2. 引火柴或者其他引火物烧起来后，在上面放一两根较小的圆木劈柴来引燃。确保炉箅底下是干净的，这样便于空气流通。

3. 当劈柴开始燃烧，再以不同的角度放置另一根劈柴，不要在已经燃烧的劈柴上放太多的劈柴，这会把火压灭。火着起来后，记着耙出下面的灰烬，以便空气能不断进入壁炉。

当炉火完全燃烧起来以后，清扫壁炉周围以保持清洁。移动正在燃烧的劈柴时要使用拨火棍。在壁炉周围安置火炉栏以确保安全。

不要忘了添柴，因为重新点火会很麻烦而且耽误时间。另外，也不要放太多的劈柴进去，因为这会产生大量的烟。确保在壁炉旁边准备好足够的劈柴。然而，劈柴会把寄生在树皮里面的蚂蚁、蜘蛛等小虫子带进屋里，这一点很难避免，因此在保证够烧的前提下尽量少放劈柴会好一些。

检查一下壁炉附近或者储存劈柴的箱子里是否放置了灭火器。

最好得体地问一问客人是否清楚如何让炉火持续燃烧，看看他们是不是需要帮忙。建议他们碰到问题时给你或者其他员工打电话。

最后，再迅速检查一下房间，把椅子和咖啡桌放在壁炉前面，但不要离得太近。祝客人度过愉快的一天或一晚，然后安静地离开。

提供酒水和食品

一个合格的主人（所有为客人提供服务的员工都是主人）的基本任务就是确保客人在饮食方面得到充分的照顾。如果给客人提供酒水，告诉他们你能提供的选择，不要让他们自己猜。酒水送到时，检查一下品种和数量是否正确。把握这次机会向客人介绍一下酒店现有的葡萄酒或啤酒，并问一问客人的喜好，你得到的反馈将是很有价值的。还应告诉客人在酒店餐厅或者酒吧里能享用哪些酒水。

说到食品，你可以抽时间领客人到自助餐厅看一下。平常就要做些准备工作，了解各个厨房在什么场合提供什么样的食品，然后在有必要的时候向客人介绍一番。这又是一个难得的机会，能够向客人推荐一下酒店里不同的餐厅，还能让客人知道，酒店俱乐部、休闲厅或者前台提供所有餐厅的菜单供他们仔细研究。

提供起床后饮品

起床后饮品是客人一天中的第一个要求，所以，提供这项服务时要做到专业、谨慎和准时，而且送上的饮料必须完全符合客人的需求。

这个时候要是服务不到位会影响客人一整天的心情，也会影响到客人对其他服务人员的态度。如果客人向总机或管家要求了叫早服务，我们就可以在叫醒他们后送上一杯茶或者咖啡(饮料的冲泡方法见第八章)。起床后饮品应该由管家或者送餐服务员根据总机接线员记录的具体叫早时间来安排。

如客人有特殊要求，比如要橙汁、新月形面包或者松饼，订单应送交客房送餐服务部，除非客人指定要管家亲自服务。有些客人会要一杯香槟——他们可能有些什么事情需要庆祝一下。

放好起床后饮品用具的托盘

把起床后饮品准备好，放在托盘上再送到房间里，记住饮品应该放在客人方便的地方，而不是你自己方便的地方。如果你觉得合适，可以提供一些小甜点。假如你发现客人经常不动这些甜点，下次换点别的什么东西，或者只提供饮品。

拿托盘的手应离身体远一点，这样便于保持平衡而且可以干净利落地送到客人面前。注意所有的杯子把儿和壶把儿都要朝向同一方向，这不单单是为了客人方便，也使托盘显得比较整洁。热饮要最后准备并放在托盘的适当位置，以确保交给客人时还是滚烫的。记住要在叫醒服务几分钟前到达客人房间门前，以免因等电梯耽误时间而不能准时送达。

捡起客房门前的报纸并整理好，然后按门铃或者敲门，至少等待 30 秒才能再敲。仔细倾听房间里的动静,如果没有任何反应,那么说明客人可能正在盥洗室,也许听不到。这种情况下,回到配餐室给客人打电话,轻声询问客人何时需要提供饮品。

进入客人房间后,问候"……先生/夫人,早上好",叫出客人的名字,尽量做到语言简洁、嗓音柔和。如果客人不回话,不要再说什么别的。进入房间时脚步要轻,然后把报纸放在桌子上或者床上,具体放在什么地方合适要看客人即将坐在哪里。记住,你的身体语言要让客人明显地看到,特别是当客人已经回到床上的时候。

把托盘(或托盘里的饮品)放在主桌上,合适的话,也可放在床边的桌上,然后给客人倒上一杯。如果看到桌子上有公务文件,一定不要把饮品放在上面。服务完毕,马上离开,不要在屋子里逗留,否则客人会觉得不自在。

在这个过程中,你可以询问是否需要打开窗帘。开窗帘时动作要非常轻柔,不要把窗帘开得太大,也不要谈论天气,除非你已经开始和客人闲谈。

细心观察一下洗衣袋里是否有要洗的衣服,如果有,询问客人是否需要送到洗衣房。要是鞋子已经放在鞋篮中待擦,同时把鞋取走。

走的时候问问客人是否需要其他服务,然后祝客人度过愉快的一天,轻轻地走出房间,最后小心翼翼地把门带上。

照顾醉酒客人

过多的饮酒后需要补充水分,这一点很重要。所以要给客人准备大量的纯净水。他们在睡觉前至少要喝两大杯,起床后再喝两大杯。

可以给醉酒的客人提供一些醒酒的药物,比如 Berocca(维生素 B 群药片),或者添加了专用盐的苏打水与萝卜汁和番茄汁的混合物。如果头疼,可以服用兑热水的蜂蜜或者直接服用蜂蜜。

不要提供咖啡,因为咖啡因有脱水作用。应该提供一些易于消化的食物,比如谷类、牛奶或黄油烤面包等。

轻声建议客人到街上散散步,呼吸一下新鲜空气,或者到游泳池泡上一泡。

培训练习:服务演练

如果你想在提供服务的时候显得更加熟练,在培训阶段做一些角色扮演的练习是必不可少的。尽可能精确地演练服务的每一个步骤。如果你把全部可能遇到的场景都演习一遍,比如你可以呆在浴室里把淋浴喷头打开,或者开着电视在房间里体会一下,甚至躺在床上休息一会儿,你就会亲身感受到良好的服务会是什么样子。实际上,回到自己的位置上,你就会发现,自己的服务方式、口头语言和身体语言可能都需要作出一些改进,这样才能变得更加实用,更加符合客人的口味。

房间内就餐服务

很多酒店对房间内就餐服务没有给以应有的重视。对于客人来说,通过这项服务他们可以得到一个不受外界干扰的就餐环境,并且能够在房间内连续工作。另外,很多客人不愿意在餐厅里独自用餐。如果了解这些,你就会感到完善这种特殊的服务是一种挑战。不要认为客人要求在房间内就餐是因为他们太懒惰,真实的原因往往恰恰相反。

如果客人预订了客房送餐服务,他们通常是想创造一种家一般的舒适环境。假如有机会提前把桌子布置好,那就提前布置。要是客人直接要求在房间内用餐,你就要考虑当你推着餐车进入房间时,客人会有何感觉。不要问客人应该把餐车放在哪里,在此之前你就应该对房间的布局有所了解,这样你就能够主动给客人一些建议。

也许客人正在桌前埋头工作,不希望被一些冒失的问题打断。然而,一个合理的建议可以帮助客人享受这一餐。也许他们愿意在咖啡桌上用餐,或者想把桌子搬到阳台上。所有这些都可以让客人的这一餐变得很有特色。如果你能给客人提出这些建议,工作也会成为一种享受。要是客人喜欢坐在床上吃，这时,你就要把餐车推到方便用餐的地方,这需要一定的技巧。

如果提前做一些练习,比如角色扮演练习,你就能够轻松地将想象力和实用性结合起来,形成最佳的服务风格。在客人得到了一次不错的经历之后,他们随时愿意再次接受你的服务。

小组讨论:具有想象力的房间送餐服务

分成小组(可大可小)来讨论一下房间送餐服务的不同方式,要把想象力和创造性融入其中。把这些创意写下来,设计成角色扮演情景短剧。表演完之后,让其他参与者从实用性和经济性的角度分析一下这些想法或者创意的可行性。

客房送餐服务的质量检查

尽可能保证同一楼层由固定的服务人员或管家负责提供各种服务,包括早餐或其他送餐服务、迷你酒吧服务以及其他客人要求的服务,但这种方式也不是对所有的酒店都适用。无论如何,检查所有下列细节,如果都能做到正常有序,服务工作才能顺利完成。

托盘和餐车

在使用前把托盘和餐车擦干净,保证一尘不染。托盘的正反两面都应该擦干净,上面不能留有水渍,因为托盘会留在客房里,任何问题都逃不过客人的眼睛。餐车表面、把手、支架和轮子都应保持干净和干燥。在提供送餐服务的时候,托盘上面经常会垫上一块盖布,餐车上面也要有盖布。

托盘需要用清洗并熨烫过的托盘布盖上,同时附上一张折叠好的餐巾纸。餐车也应该用几块大小合适的盖布盖上,每块盖布都应该配一张折叠好的餐巾纸。盖布必须经常检查,确保没有污点、破洞和漂白痕迹,如果发现有问题,就要及时更换。不要使用不干净或者破损的服务用具。

检查清单一例

早餐托盘或餐车上应摆放:

- 花瓶和花(无需盛水)
- 盐和胡椒(检查是否满瓶)
- 糖罐、糖勺
- 牛奶壶

小精灵的鞋子

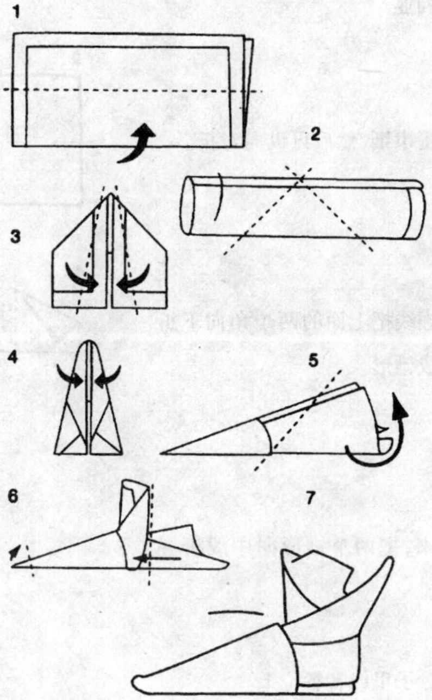

对折餐巾纸，然后再纵向对折。

沿上边中点把两边向下对角折叠，再这样折一下，然后向里对折，这样就形成了两个“翅膀”。

把一个“翅膀”向中间卷，让它竖起来，然后把另一个“翅膀”从后面绕过来插到侧面的缝里。最后，把叠好的餐巾纸摆在餐位上。

把竖着的“翅膀”调整一下，像袖口一样就可以了。

百合花

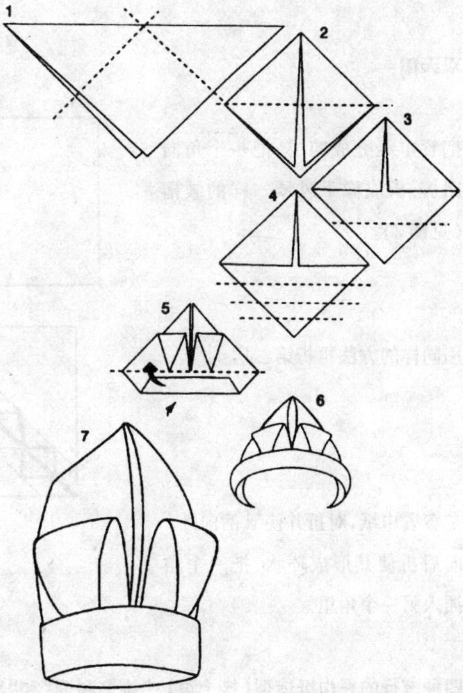

对角折叠餐巾纸，把外角折向底部中心。
把下面的角向上对折，使两个角在顶部相遇。
把底角向中线对折，然后再对折一下。
沿中线再向上折一次。
把顶端的两个角向下折并插进刚刚形成的“领口”。

紧紧抓住底部，向后折成一个环，把一个角插在另一个角里。

四种流行的餐巾纸造型。本页图解的是“小精灵的鞋子”和“百合花”。要想提高这方面的技巧，可参考笔者的另一本书《餐巾折花：一项雅致的艺术》(*Table Napkin Folding: An Elegant Art*，见参考书目)

维多利亚

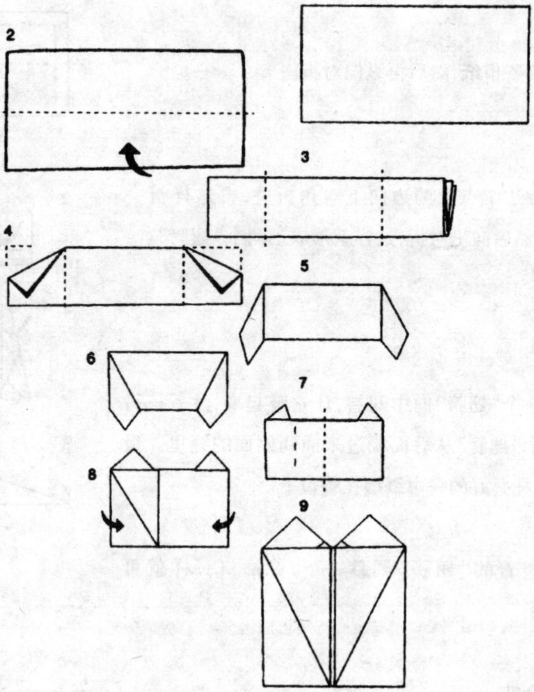

对折餐巾纸,然后再纵向对折。

沿着虚线把上面的两个角向下折并形成锥形。

翻过来,把两个锥形向中线折并对上。

摆在盘子里或者餐位上

双天鹅

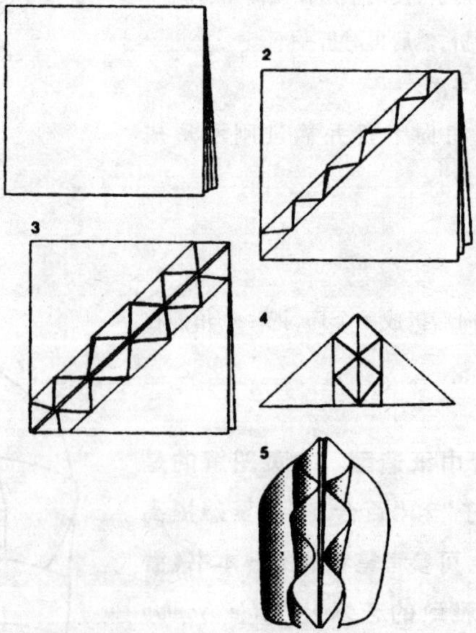

把餐巾纸叠成四层,把一个角向回折,折成像手风琴一样的皱褶(见图2)。

用同样的方法再折第二层

拿着餐巾纸,对折并使皱褶向外。向后折使其形成环状,把一个角插入另一个角里。

四种流行的餐巾纸造型(接上页):“维多利亚”和“双天鹅”

- 果酱碟
- 黄油碟和餐刀
- 茶壶/咖啡壶/热水壶
- 盛烤制糕点的容器
- 果汁杯
- 小盘子和餐刀
- 杯子、杯碟和调羹
- 碗和勺子(谷类食品、水果或酸乳酪)
- 说明托盘和餐车清洁方法的卡片
- 所有相关餐具
- 牙签

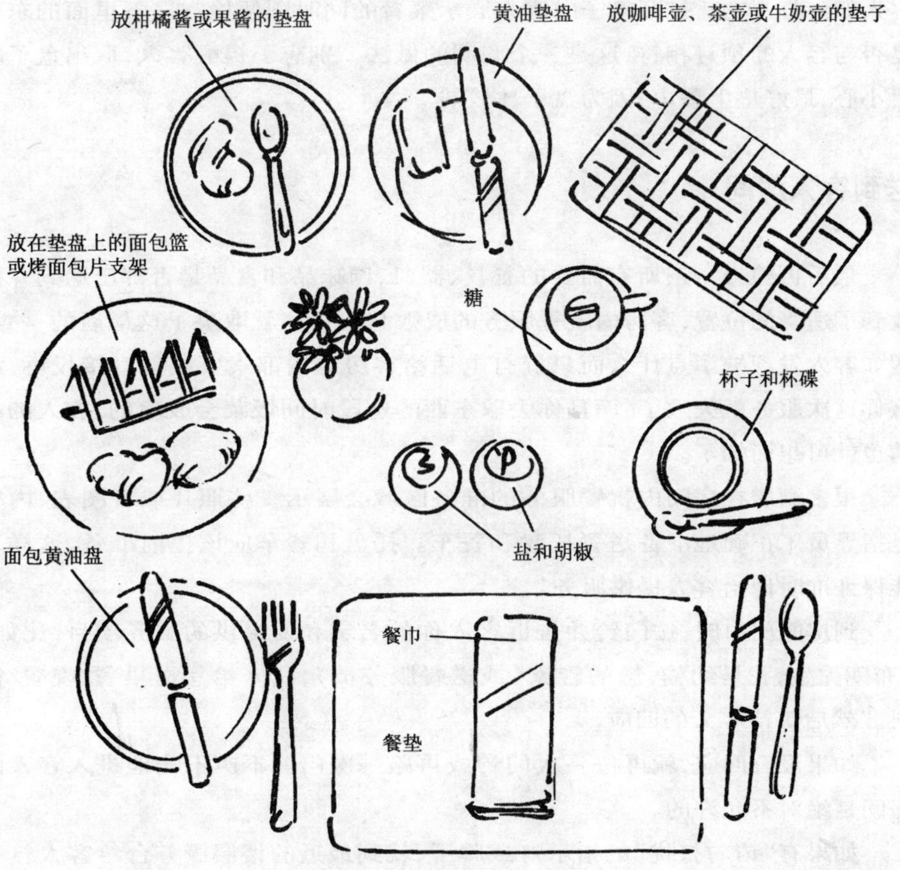

客房内早餐餐具的摆放

早餐还需要如下器皿：

- 主菜刀叉
- 加热过的主菜盘
- 银罩(盖在盘子上)，干净而且闪亮

"保温箱"客房送餐服务

"保温箱"是指置于送餐车台面下的具有加热装置的箱子。如果食品需要保温，那么客房送餐服务部员工先要在厨房把这种箱子加热到设定的温度，再把食品放进箱子，然后送到客人的房间里。

当把客人点的东西送到房间后，有一点值得注意，那就是安置好餐车后给客人讲解一下保温箱的使用。当你掀去盖布让客人看到保温箱后，应该告诉客人如何打开它。打开箱子向客人展示菜肴的同时顺便检查一下里面的东西是否与客人的预订相符，这是一个聪明的做法。别忘了提醒客人，取出盘子时要小心，最好垫上餐巾，因为盘子比较热。

送到客人房间

最后再检查一遍所有需要的餐具、器皿、调味品和食品是否都已送到并摆放到了适当的位置，客房内就餐服务的成败与否往往就取决于这最后的一查。假如客人发现缺了点什么而只好打电话给客房送餐部索要或者直接投诉，那么你这次服务就失败了，而且你去取东西的这段时间饭菜会放凉的，客人的心情也就可想而知了。

很多酒店在房间内就餐服务的准备区域会展示一些照片或者图表，内容是指导员工正确地准备送餐托盘和餐车。托盘和餐车应该提前准备，这样才能保证准时地给客人提供服务。

到房间门口时，按门铃并告诉客人你的名字和要提供的服务项目，比如："布朗先生，我是约翰，您的管家(或送餐服务员)，我来给您送早餐/晚餐/饮料。"然后等待客人的回应。

如果没有回应，就再按一次门铃或再敲一次门。不声不响地进入客人的房间是绝对不允许的。

如果有"请勿打扰"的指示灯或牌子，就到最近的楼层服务台给客人打电话，提醒他们你已经到了。

得到允许后，进入房间，对客人说："布朗先生，早上/下午/晚上好，您的早餐/午餐/晚餐。"然后，问客人准备在哪里用餐，或者根据你自己的经验给客人一些建议。

培训练习：针对酒店的普通房间做个策划

画一张酒店普通房间的布局图，家具、设施、浴室和阳台等等都要包括在内。然后考虑一下，关于用餐或者喝饮料的具体位置，你能向客人提供哪些选择。记住你的建议一定要实用才行。这时，有一点创造性会给客人留下深刻印象，要是能给客人创造一个宁静、放松的氛围，效果就更好了。我们总说要给客人家一般的感觉，此时此刻，你的实际行动对此起着关键的作用。

仔细安置好餐车。如果场合允许，就把餐车的活动挡板掀起来，把餐具和食品摆在桌上。不要有太大的响动，也不要多说话。客人的身体语言可能会传达出不耐烦的情绪，希望你放下餐车赶快走人，也可能表示他们正在专心致志地工作或者看电视，不希望任何人打断他的思路，你一定要注意观察客人的这些身体语言。摆放完毕，询问客人是否需要其他服务，然后轻轻地离开房间。

推销

如果你真的很想把服务搞好的话，除了推餐车进房间服务以外，可以另找些机会和客人接触，你可能会从中发现一些"推销"的好时机。你需要了解一些特色菜或者每日特餐，并向客人作出有说服力的推荐。巧妙地组织你的问题，以弄清客人的真正需求。

想做好这些，你需要有丰富的业务知识，包括菜的配料、烹制过程以及菜单上每道菜的价格。仔细研究一下客房送餐服务的菜单，有问题就提出来，餐饮部经理或者厨师会回答你的问题，你能用这些学到的知识更好地为客人服务对他们来说也是件好事。菜单并不能完全准确地反映菜的实际情况，但是你可以用你的语言来描述某些菜肴，帮助客人作出选择，可用的词汇包括"美味"、"新鲜"、"家常"、"健康"以及"松脆"等等。

培训练习:“广告语言”

根据菜单上的提示和你自己的调研结果,设计一些“广告语言”,使用更吸引人的词语来描述某一道菜肴。注意不能过分夸大其词,不然客人可能反而会失去兴趣或者对你的动机生出疑心。

有的客人只订了一个主菜,你在送餐的时候可以建议客人再加一份餐后甜点。这时,劝说性的推销可能不会很顺利,但这正是你实践一下上一个培训练习的好机会。同时,向客人提议你可以立即接受订单,免得他们再给客房送餐服务部打电话了。如果让他们在你走后单独做决定,那就意味着你可能因为一个分散客人注意力的电话或者一个有趣的电视节目而失去这份订单。

你也可以这样说:“酒单上有很多品牌的葡萄酒,可以按杯或者按瓶点,如果您在这方面有什么问题,我很乐意帮助您。”平时积累的这方面知识在此时此刻就能发挥作用了。或者,你也可以用提示性的销售方式建议客人:“先生,我给您上一壶鲜咖啡好吗?这只需要30分钟。”

如果客人要的东西没有了,就直接说:“对不起先生,我们不能提供……了,或许您可以尝试一下……味道一样不错。”应该记住的是,客人并不是对菜单上所有的菜都了解,所以你可以给一些建议或者推荐一些配菜,这样会使客人更好地享用这一餐。在客人身上多花一些时间,确保他们作出满意的选择。有时,你甚至可以在客人发问之前就给他们一些建议。

花时间做一些角色扮演练习是值得的。这样做的好处是,你在服务时会更有自信,而且很有可能创造更多的效益。

撤走客房服务餐桌

撤走房间服务餐桌时应该尽量小心和及时,不要忙乱,也不要打扰客人。一般来讲,这项工作应该由客房服务人员负责,有时客人也会要求管家来做。

首先,如果门外有“请勿打扰”的标志,就不要敲门、按门铃或直接进入房间。很多客人餐后喜欢休息一会儿。有些客人把盘子或餐车放在走廊里,希望能有人收走。然而,如果客人打电话要求清理餐车,你就去按门铃,然后等在门口,给客人一些时间,让他们不慌不忙地出来给你开门,如果屋里没有反应,不要着急,耐心等待三十到四十秒,然后再敲门。

客人开门后，你先自我介绍一下，然后问他们现在撤走餐桌是否方便，并真诚地询问客人饭菜是否符合他们的口味。把客人的评价记在心上，如果有必要的话向厨房反映一下情况。假如客人不满意，就应该尽快采取行动，解决问题。

整齐利落地收拾好餐盘，不要弄出太大的噪音。小心折叠好餐桌，用桌布盖住餐具，把客人的椅子挪回原处。

当准备取走餐桌时，你可以问问客人是否需要茶或者咖啡。同时，还可以借机问一下客人是否需要打扫房间。

尽量不要背对着客人。如果客人站在门口等你收拾，告诉他们这需要一点时间，记着一定要谢谢他们的配合。

再次询问客人是否需要帮忙。把餐桌推出房间后，祝客人度过愉快的一天或一晚，并提醒他们如果需要任何帮助，请打电话。

当你回到厨房或者配餐室后，如果客人对某一单送餐服务有意见，立刻反馈给相关部门。记住所有的同事或员工都是我们的“内部客人”，他们有着与客人同样的感觉。

所以，你要考虑应该如何转述客人的意见。想一想如果你是接受者，你希望听到什么，照着做就好了。一句刺耳的“2016 的客人说蔬菜根本就没熟！”听起来就很刻薄。而如果你这样说：“师傅，2016 的客人说，他很喜欢大蒜鸡肉、香草酱汁和土豆，只是觉着蔬菜对他们来说欠点火候。”这样听起来就完全不同了。

提供含酒精饮料

有时，客人为了在房间招待别的客人，会点一些含酒精饮料或者鸡尾酒。通常，这些含酒精饮料可以在房间里准备，但如果要得比较多，最好让客房送餐服务部提前安排。在记下被邀请的客人都喜欢喝什么酒水之前，问一下主人大概需要多少杯，以及他们有什么特别的要求。最好提前问好这些问题，否则要是客人们正喝到兴头上，你告诉他们酒准备得不够，这种场面就太令人难堪了。在帮客人点单时按照一定的顺序会让你显得更有条理而且也更加专业。如果有必要，用笔记本做一下记录，无论客人是坐着还是站着，按照顺时针方向记下每位客人所点的酒水，这样一来，你就可以把每个人点的酒水按照同样的顺序摆放在托盘上，上酒水的时候就容易多了。

当你托着一个托盘,上面放了二三十杯酒水时,你走起路来就很难显得那么从容了。但是,如果经过训练,你就会找到自信。给客人上酒时,要使用正确的酒水托盘,而且不要一次送太多,以免应付不过来。用左手托盘(如果你是左撇子,就用右手),托盘的中心对着你的掌心。而且,只能用一只手托盘,另一只手随时准备扶一下。按照顺时针或者逆时针上酒,从礼节上讲,应该最后给主人服务,除非主人是国王或者王后,这时应该先为他们服务。

给客人上酒水时,要注意他们的身体位置,尽可能让客人取用时比较方便。让托盘保持适当的高度,示意客人取走自己的酒水,或者小心地递给客人。有时需要先在桌上放一个杯垫,这个工作最好提前做,以免手忙脚乱时酒水溢出杯子和托盘。

当酒水放好后,让客人慢慢享用,不要再打搅客人,除非他们需要更多的照顾。人们在喝酒的时候很放松,任何打扰都会令他们不快。随时检查烟灰缸是不是干净,小点心盘是不是满着,但不要总是回到桌边,不然客人会认为你是在故意分散他们的注意力。

如果需要添加酒水,在能够保证供应的基础上尽可能地考虑主人的要求。客人们同时要求添酒时,你一次能记住多少就记多少,免得上错了。当取走杯子时,不要拿杯口,而且尽量使用新杯子给客人添酒。

添酒时,如果一次只端上来几杯酒水,你应该记住每个客人需要哪种酒水,不要再问客人哪一杯是他们的。

提供烈性酒

当提供烈性酒时,客人最后可能自己付款,所以最好能以比较得体的方式告知客人该酒的价钱。聪明的办法是给客人拿一份酒水单,让他们自己看一下各种酒水的价格和品质。这经常会改变他们的选择,有时还会使他们花更多的钱。关于烈性酒的服务,下一章(172 - 173 页)有更详细的介绍。

自助餐服务

自助餐服务,有点像瑞典式自助餐厅的服务,客人从陈列的凉菜或者热菜中直接挑选自己爱吃的,然后由服务员帮他们盛好并送到餐位上。而在瑞典式自助餐厅,客人是自己把选好的饭菜拿到餐位上的。

自助餐布置

管家或者服务人员站在餐台的后面，帮助客人把他们挑选的菜肴放到盘子里。他们会用“银器服务”的技巧把菜盛到客人的盘子里。

所谓银器服务，就是用左手端着客人的空盘子，用右手拿着服务用的餐勺或餐叉，把客人选择的食品放到他们的盘子里。就像在餐桌前提供的银器服务一样，你一定要小心摆放食品，有一定的条理，让客人吃起来比较方便。

准备野餐篮

当客人享受假期或者在工作之余能休息几天的时候，有时他们会到外面去野餐。这可能是一天的旅行，比如一整天呆在跑马场，或者在公园吃一顿简单的午餐，也可能在海滩享受一顿浪漫的午餐或者晚餐。野餐篮里面可以放几样很简单的食品，也可以准备得非常丰盛，具体的情况要看客人的要求以及他们的预算。

准备野餐篮的具体方式要根据什么时候用餐以及什么时间带着它出发而定。野餐篮应该用编织物或者轻木质材料制成，内部结构要合理而且要有盖子。但现在很多酒店为了方便，使用涂蜡纸板做成的一次性野餐篮。野餐篮里面一般有几个隔间，用于存放餐具和杯盘之类的东西。

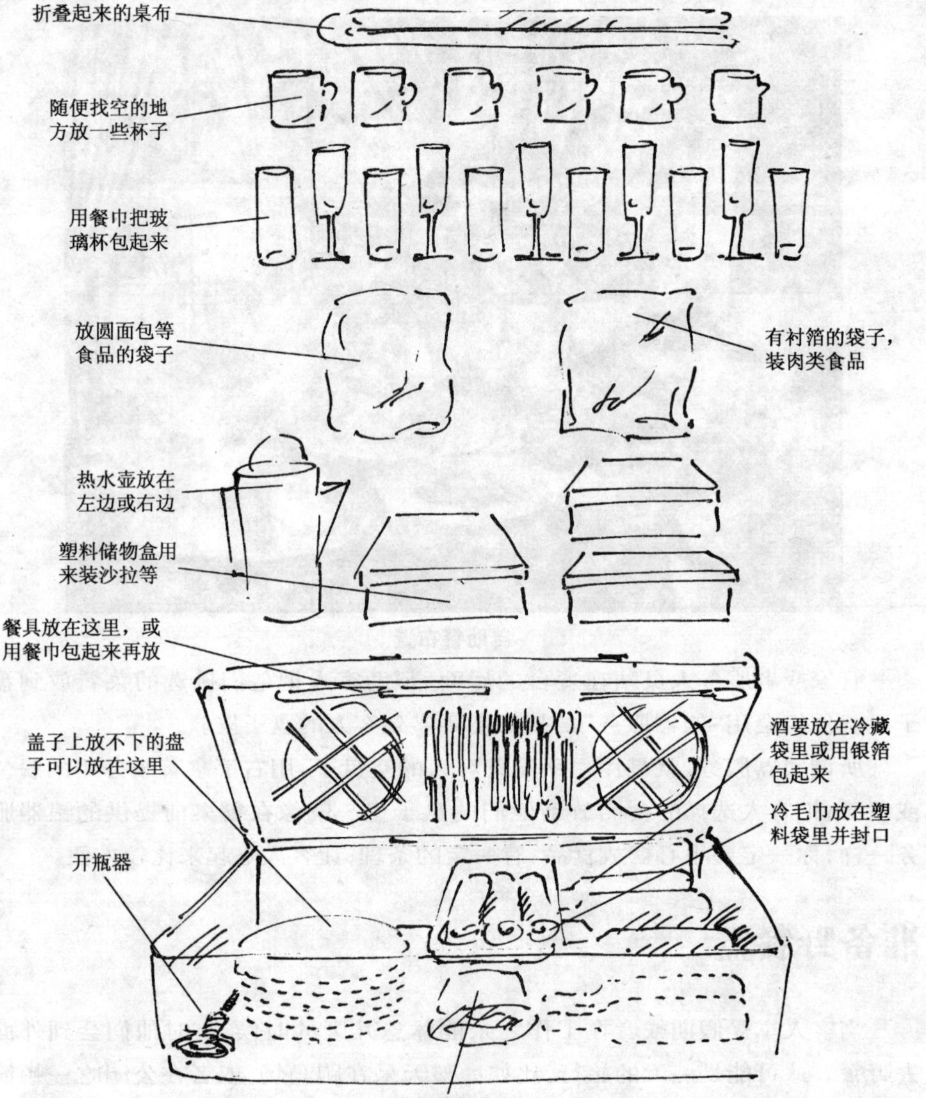

如何准备野餐篮

一个装备好的野餐篮应该既实用又新颖，这样才能达到客人的期望值。篮子里的饭菜是客人根据客房送餐服务的菜单或者厨师特别准备的菜单预订的。当客人作出预订之后，应该立刻通知厨房进行准备，讲清楚包装方式和具体的用餐时间。野餐篮要准时送交客人，因为一般都会有车在外面等着，他们不希望耽搁时间。

冷餐食物应该装在适当的容器中，比如塑料盒或者泡沫塑料隔热盒。大小合适的冷藏袋对于存放需要冷藏的食品是十分必要的，特别是在炎热的季节。如果储藏温度不符合要求，食品的味道就会大打折扣，甚至有可能变质。

相反地，如果食物是汤或者热菜，那就需要放在保温的容器中并拧紧盖子。如果某种食品在途中可能会溢出，最好重新考虑一下，换一种更适合携带的食品。

因为野餐是一种特殊场合，所以可以选择熏鲑鱼、鱼子酱、馅饼、陶罐装的肉或鱼、配以酸辣酱或蛋黄酱的肉片，以及一些分开包装的调味品（除非鸡肉、猪肉或鱼肉在烹调时已经加了调料）。

沙拉最好也分开包装，用密封的袋子或者小的塑料盒，这样沙拉才会保持鲜脆可口。新出炉的圆面包应该用干净的餐巾纸包起来，黄油也包起来，然后放到冷藏袋中。

餐后甜品可以是新鲜的水果、酥皮糕点或小蛋糕，比较方便食用。如果要带乳酪，一定要冷藏好。除非你能确信冷藏袋的效果，否则不要带冰淇淋。当然，如果你的酒店和野餐的地点在南极或北极就另当别论了。

酒水可以包括最昂贵的香槟、好葡萄酒或者冰啤酒。在炎热的季节，或者带着孩子一起去野餐的时候，最好再带一些不含酒精的软饮料或矿泉水。

厨房准备好食品之后，在把它们装入野餐篮之前还应该准备桌布和餐巾纸（要准备大量餐巾纸，野餐时用的餐巾纸比平时吃饭时要多得多！）。餐具应多准备一套，以备餐具丢失或者掉在地上弄脏。其他需要的东西包括开瓶器和大量的盘子，瓷盘比较好，但纸盘要轻一些，更容易携带。至于杯子，玻璃杯当然好，但是塑料杯更安全。额外带一些杯子，因为有时候客人会和其他人结伴同游，希望喝酒的时候给别人也来一杯。

调味品是必需的，比如胡椒粉和盐。对某些人来说，如果没有这些，整个野餐可能就被毁了。准备一个大塑料袋来装用过的盘子和餐具，这会让你在收拾野餐篮时，工作变得轻松一些。为客人准备一些湿毛巾，至少每人两条。毛巾最好是布类的，装进那种可以重新封口的塑料袋里，然后放进冷藏袋。

香槟、葡萄酒和啤酒应该提前冷藏好。为了保持冷藏状态，可以使用冷冻套封包装机进行封装，或者用几层报纸或餐巾纸包起来。如果客人有时间（以及精力），他们很愿意向酒店租借隔热储酒箱。但是，酒店为了确保物品完好地归还，通常要收取一定数额的押金，而且客人带着这种箱子上路也会有些行动不便。

往野餐篮中摆放物品的顺序应该和客人取用的顺序相反，这才是聪明的做法。当然，与装行李箱一样，较重的东西最好放在下面，以方便野餐篮的携带和取用。例如，桌布应该放在最上面，这样的话，在野餐现场，可以首先取出来铺好。

为了使野餐更特别一些，可以带上蜡烛（别忘了带火柴），蜡烛有驱蚊的作用，还可以带上喷雾灭蚊剂、防晒服、防晒霜、毯子和垫子（这些对于自己开车外出野餐的客人来说是非常有用的）。另外，可以准备一些餐前脆饼和开胃食品、冷冻的巧克力和糖果、包装好的奶酪以及草莓巧克力。如果你有充足的时间，而且知道客人的这次野餐是为了庆祝些什么，那么在野餐篮里放进一张贺卡是个不错的主意。上面介绍的内容是有限的，你还应该发挥自己的想象力，客人会因为你的周密计划和精心准备而度过一段难忘的快乐时光。

当客人要你帮忙照相时，你该怎么办

也许你认为这是一个幼稚的问题，但是帮客人照相也需要一定的技巧，而且同时还要照顾其他客人。当需要给一大群人照相时，如果你不小心的话，周围的其他人可能都会受到影响。在你拿着相机准备照相前，让客人们自己摆好姿势。

当客人们准备好后，迅速看一下周围环境，确认酒店景物已被合理地安排在取景框内。如果正好有其他客人闯入镜头，问问他们是否介意先让一让。一个简单的询问会让无关的客人有机会决定他们是否愿意被摄入别人的照片。出于安全和隐私的考虑，很多人不愿意被拍照，应该尊重他们的想法。

当客人要把你摄入镜头时，要表现得非常高兴。注意一下自己的形象，特别是表情和肢体语言，要绝对专业。

礼品包装

经过专业包装的礼品会令人印象深刻。如果客人要包装纸，而你正好有时间，可以利用这个机会帮客人包装。

- 当取走客人的礼物去包装的时候，问一下客人需要何时完成。
- 拿礼物时要小心。
- 包装礼物时要干净利落，包装纸应足够大，把纸边整齐地叠在包装的

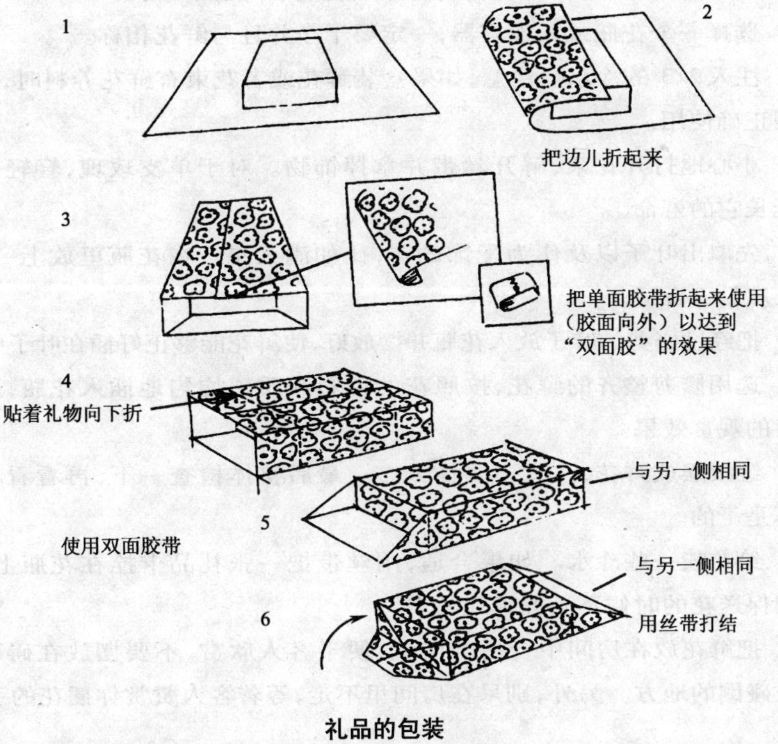

礼品的包装

里面。使用双面胶带来粘贴，不要让人看到粘贴的痕迹。

- 丝带的颜色和包装纸颜色应尽可能地相配。
- 包装好后立刻把礼物交还给客人，问一下客人是否需要礼品卡，如果需要，建议客人到酒店的大堂商店购买，并告诉他们商店的营业时间。

经过练习，包装礼物会成为一项非常有用的技能。有时你可能需要给不太满意的客人送上一些小礼品，也可能送礼祝贺某个客人的生日或者周年纪念，包装的技巧就有用武之地了。每个人，特别是客人，都喜欢收到一份精心包装的礼物。

布置鲜花

当有人给客人送来鲜切花或花束时，管家或者其他客房服务人员务必安排好并把鲜花交给客人，要表现出专业素质。

把鲜花拿到配餐室或者其他方便的地方，从客人那里了解一下他希望如何摆放。但如果送花人希望能给客人一个惊喜，一定要照办。

- 选择一个花瓶或其他容器，一定要干净并且与鲜花相称。
- 注入 2/3 的冷水。注意，如果盒装鲜花或者花束有鲜花养料时，应该根据说明正确使用。
- 小心地打开花束，解开丝带并拿掉饰物。对于单支玫瑰，轻轻压扁枝干以延长它的寿命。
- 先取出叶子以及作为配饰的花，比如满天星。在花瓶里放上一枝，看一下长度是否合适。
- 把经过修剪的叶子放入花瓶并摆放好，使鲜花能够正好插在叶子中间。
- 选用修剪整齐的鲜花，按照花的色彩和质感均匀地插入花瓶，达到赏心悦目的观赏效果。
- 继续摆放鲜花，注意不要插太多。最后整体检查一下，再看看花瓶底部是不是干的。
- 给花喷一些冷水。如果合适，用丝带把一张礼品卡拴在花瓶上，这样可以确保送花的时候不会漏掉礼品卡。
- 把鲜花放在房间中合适的位置，便于客人欣赏，不要摆放在碍事或者容易被碰倒的地方。另外，别呆在房间里不走，等着客人赞赏你插花的手艺！

周年纪念日的礼物

如果客人要求你替他们选一份周年纪念日的礼物，下面的表格会有一些帮助。

周年	传统礼物	现代礼物
1	纸制品	时钟
2	棉制品	瓷器
3	皮革制品	玻璃或水晶制品
4	水果、鲜花	各种用具
5	木制品	银具
6	糖果、铁制品	木制品
7	羊毛制品、铜制品	桌上的小摆设
8	青铜制品、陶器	亚麻制品、针织品

续表

周年	传统礼物	现代礼物
9	陶器、柳木制品	皮革制品
10	锡制品或铝制品	钻石、珠宝
11	铁制品	时尚珠宝
12	丝绸或亚麻制品	珍珠
13	针织品	纺织品或毛皮制品
14	象牙制品	黄金饰物
15	水晶制品	手表
20	瓷器	白金饰物
25	银饰	银饰
30	珍珠	钻石
35	珊瑚	翡翠
40	红宝石	红宝石
50	黄金饰品	黄金饰品
55	绿宝石	绿宝石
60	钻石	钻石
75	钻石	钻石

第八章

酒水

酒店的档次无论高低，良好的服务都是成功的关键。这一章主要讲的是准备食品和酒水的基本技巧。虽然你可能对此有一定的了解，但是这里要讲到的一些观点和建议还是非常值得一读的。例如，你可能认为没有必要了解如何调制鸡尾酒，但是至少在突然碰到这方面的事情时，你知道在哪儿能够找到可供参考的资料。

热饮

以下所讲的内容将会帮助你掌握如何准备各种咖啡、茶以及其他客人经常点的热饮。

咖啡

咖啡是由咖啡豆制成的。世界上有14个国家生产咖啡豆并将其出口到其他国家,它们是:巴西、哥伦比亚、肯尼亚、印度尼西亚、巴布亚新几内亚以及象牙海岸等。不同品种的咖啡豆根据它们的产地命名,例如:迈索尔 、肯尼亚、巴西、摩卡和爪哇等。

咖啡被制成各种口味,以迎合人们的不同需求。花样繁多的咖啡豆和速溶咖啡经不同类型的咖啡壶以及各种各样的特殊方法煮制,就形成了各种独特的口味。然而,即使抛开咖啡的种类、咖啡豆烘烤的时间以及磨制与混合的工艺不谈,还有一些基本的要领需要掌握,这样才能泡出一杯上好的咖啡。

咖啡的类型

常见的咖啡种类如下:

- Long black, 用大杯装的过滤后的清咖啡,不加牛奶或奶精。
- Short black, 一般是用小咖啡杯装的浓咖啡。
- Cafe au lait, 欧雷咖啡即加奶的咖啡,也叫白咖啡。牛奶咖啡一般加热牛奶(au lait 是法语加奶的意思)。然而,平常的白咖啡需加冷牛奶,有时也用奶油替代牛奶。
- Espresso coffee, 意大利浓咖啡,这种浓咖啡一般是指用蒸汽压力咖啡机制作的"short black"。意大利浓咖啡上面应该有一层金黄色的泡沫,这是采用品质优良的咖啡机,用适量现场研磨的咖啡粉煮制的意大利浓咖啡的标志。
- Cappuccino coffee, 卡布奇诺咖啡是由意大利浓咖啡加入蒸汽发泡的牛奶而制成。它的味道浓郁,奶香四溢,上面有一层尖尖的奶泡,再撒上一些巧克力粉或可可粉加以装饰。此时,咖啡呈现出的状态就像卡布奇诺教会的修士在深褐色的外衣上覆上一条头巾一样,咖啡因此得名。
- Caffe latte(flat white coffee), 拿铁咖啡,或称淡白咖啡, 这种咖啡也是

由蒸汽压力咖啡机制成的，但它比卡布奇诺加了更多的牛奶（“拿铁”意大利语的意思是牛奶），牛奶是不发泡的。拿铁咖啡其实是法国牛奶咖啡的意大利翻版。它是一种非常普遍的早餐咖啡，提供给客人时通常是盛在玻璃杯里的，而不是咖啡杯。

- Macchiato，玛奇朵咖啡是一种非常浓郁的意大利咖啡，用玻璃杯盛装并配送少许凉牛奶。玛奇朵在意大利语中的意思是“染色”，一杯玛奇朵就是一杯被牛奶染色的意大利浓咖啡，牛奶非常少，少到刚刚可以改变咖啡的颜色。
- Vienna coffee，维也纳咖啡上面覆盖着厚厚的奶油，味道非常醇厚。

正在晾晒的咖啡豆，巴布亚新几内亚

如何煮制出优质的咖啡

只有冲泡出优质的咖啡，才能让客人得到充分的享受。以下是一些冲泡优质咖啡的基本要领：

- 采用烘焙后的现磨咖啡粉。
- 一定要用新接出的凉水加热，等到水一开，立刻停止加热。
- 掌握好咖啡的用量。
- 记住一定要在 30 分钟内过滤咖啡，否则咖啡就会有苦焦味道。
- 经过人工软化的水不能冲泡咖啡或茶，这会影响最终的味道。

采用滤压壶的泡制方法

目前最流行的泡咖啡的方法是滤压壶。我们把一种带有活塞式过滤器的咖啡壶叫做滤压壶。它的独特设计可以有效地防止咖啡残渣倒入杯子。滤压壶的使用方法非常简单：

1. 首先将滤压壶加热，然后加入适量研磨好的咖啡粉——通常每半升水加入4汤匙磨好的咖啡粉。

2. 刚烧开的水应冷却10秒钟再倒入咖啡壶，这样可以避免将咖啡煮焦，煮焦的咖啡会比较苦。

3. 将咖啡壶里加满水，然后拉起活塞式过滤器。

4. 将咖啡泡上4~6分钟。

5. 小心地压下活塞式过滤器，然后将咖啡倒入杯中，过滤器会把咖啡渣压在壶的底部。

采用普通咖啡壶的冲泡方法

所谓普通咖啡壶，是指冲泡咖啡用的瓷壶、陶壶或者珐琅壶。

1. 在冲泡咖啡前，用开水烫洗咖啡壶然后弄干，这一步叫做烫壶。

2. 加入中度研磨的咖啡粉，加入量参照采用滤压壶的泡制方法，然后加入少量刚刚烧开的水（记住：沸腾的水需冷却10秒钟再加入），将研磨好的咖啡粉弄湿即可。

3. 一分钟后加入其余的水，然后进行搅拌。

4. 保持壶的温度，大约10分钟后倒出咖啡，一般来讲咖啡渣会沉淀在壶底，但如果需要的话，也可以用滤网过滤一下。

采用蒸汽壶的冲泡方法

另一种冲泡咖啡的方法是采用蒸汽壶，这种壶使蒸汽和水在压力下与咖啡粉混合在一起。这种方法冲泡出来的咖啡有点像从自动售咖啡机里买到的咖啡。最好采用经过烘焙并且研磨得非常精细的咖啡粉，这样泡出来的咖啡带有独特的苦味，具有意大利特浓咖啡的风味。

牛奶、奶油和糖

如果客人需要在咖啡里加奶，最好加热牛奶，但一定不要把牛奶煮开。把牛奶单独放在一个罐子里再提供给客人，奶油也是一样。糖可以根据个人口味加以选择。德麦拉拉红糖或咖啡糖有独特的风味，精制白糖或方糖也可以，但是最普遍的选择还是非精制的红糖。

服务

给客人上咖啡时，你需要下列设备：

- 盘子或托盘
- 盘垫或纸垫
- 杯子和杯托
- 茶匙
- 糖罐（根据糖的种类选择夹子或茶匙）
- 咖啡壶
- 装热牛奶和凉奶油的罐子
- 放咖啡壶或牛奶罐的架子或垫子

摆放托盘时，应将各种东西放在客人方便的地方。记住你要托着托盘走上一段路，所以上面的东西应摆放均匀。确保所有的茶杯、壶和罐子的把手朝向同一个方向，这样不仅方便客人使用，同时可以让托盘看起来更整洁。一定要最后准备热饮——这样才可以保证客人品尝到热气腾腾的饮料。

茶

中国茶

中国茶分类如下：

- 正山小种　这是一种产自中国福建省的大叶茶，具有醇馥的烟香。这种独特的香味来源于一个特别的工艺流程，即将茶放在吊架上，下面用橡木熏焙。
- 茉莉花茶　传统的中国茶叶品种。上茉莉花茶时还须搭配几样小点心。它是一种产自中国福建并经过茉莉花窨香的绿茶，和其他茶叶相比，在茶叶和水量的配比上，你需要不断实践才能找到最佳口味。
- 乌龙茶　著名的绿茶，* 同样产自福建，是一种半发酵的大叶茶，咖啡因含量比红茶低。它像大部分中国茶一样雅致，其醇香更是受到广泛的青睐。
- 祁门红茶（中国红茶）　产自中国安徽省，是一种非常传统的红茶，如果你吃中国菜，那么它是非常理想的佐餐茶。
- 传统珠茶　产自浙江省东部地区，茶汤醇和，呈淡黄绿色，咖啡因含量最低，由于珠茶为大叶茶，所以无法制成袋茶，只能散装。同样，你也需要不断

---

* 原书如此。在我国乌龙茶为单独的茶叶种类，并不属于绿茶。绿茶为不发酵茶。——译者注。

实践才能找到你最喜欢的口味，不过有一点值得注意，就是泡珠茶时放的茶叶比其他品种要少。

• 眉茶　产自浙江省的上等绿茶，在中国有广泛的市场，这种茶非常适合吃完中国菜后饮用。

• 滇红　产自中国大西南的云南省，号称茶中之王，滇茶外形条索紧结，金毫显露，香气鲜郁高长，滋味浓厚鲜爽，汤色艳亮。唐宁英国茶中有一种“中国”袋泡茶就是滇红茶。

• 荔枝茶　产自中国南部的广东省，荔枝茶的制作过程是将荔枝与茶叶一同熏制，最后将荔枝去除，但荔枝的香味已经渗入茶叶之中。

• 玫瑰茶或玫瑰包种茶　此种茶源于广东，由传统中国茶叶加入玫瑰花瓣窨制而成。

• 川茶　产自中国四川省的红茶，香气醇爽，汤色金黄。

混合中国茶

混合中国茶有很多种：

• 俄国商队　这种茶由古老的俄国贵族所拥有，传说中是由往返于亚洲和俄罗斯之间的驼队带去的，它也因此而得名。

• 格雷伯爵　这是一种风靡世界的混合茶，由唐宁英国茶公司出品。据传，格雷伯爵二世(曾任英国首相)从中国回来后，一名外交使节送给他一样礼物，正是这种茶的配方。此茶加入了佛手柑的风味，适合在一天里的任何时候饮用。

• 威尔士亲王　这种茶里含有中国安徽省出产的鲜亮的大叶茶，它最初是在1921年为前威尔士亲王(即后来的英王爱德华八世，后逊位为温莎公爵)特制的。时至今日，由于它的皇室背景及关于皇室授权的严格限制，这种茶只能在英国以外的地区才能买到。

• 柠檬茶　另外一种传统的果味茶就是柠檬茶，它将传统的东方茶叶和天然柠檬的味道混合在一起，茶汤色泽黄亮，口味浓淡适中。

印度和锡兰混合茶

印度和锡兰混合茶有以下几种：

• 大吉岭茶　这种茶叶生长在喜马拉雅山麓，叶面圆润，香气醇美，可以在一天里的任何时候饮用。

• 极品大吉岭茶　这种茶是给内行人准备的，被誉为“茶中香槟”，极品大吉岭茶是大吉岭橙黄白毫红茶中的上品，由初摘茶和二摘茶混合而成，有一种类似麝香葡萄酒的味道。

• 玛丽王后　它由优质大吉岭橙黄白毫红茶混合特制而成，由唐宁茶叶公司在1916年专供英国玛丽王后。

• 英国早餐茶　系精选印度、锡兰各地红茶调制而成，气味浓郁，适合在一天里任何时候享用，早晨饮用更佳。

• 爱尔兰早餐茶　选用一种产自印度阿萨姆邦的浓茶，最适合在寒冷、潮湿的早晨配合丰盛的早餐享用。

• 阿萨姆茶　顾名思义，这种茶叶产自阿萨姆邦，茶汤红艳鲜亮，滋味甘鲜醇厚，带有明显的麦芽香，世界上爱喝浓茶的人都非常喜欢阿萨姆茶。

茶乡，斯里兰卡

• 锡兰早餐茶　产自斯里兰卡（原锡兰）高地，是一种精致的上等红茶末，汤色黄亮，气味芳香。这种茶凉了之后也不会浑浊，是最棒的冰茶。

• 锡兰上等红茶　一种中叶茶，味道平和，产自斯里兰卡高地。

其他茶

• 柠檬香茶　柠檬香茶是一种生长在高地的中叶茶，自身就有柠檬的香气，清爽宜人，最适合在天气炎热时享用，可以热饮也可以冷饮。

• 黑醋栗茶　这是一种选用中国茶或大吉岭茶并加入黑醋栗味道的混合茶，可冷饮亦可热饮，可加奶也可不加奶。

药茶

药茶也叫药汤,法语称之为“tisanes”。药茶已经在欧洲流行了很长时间了,一直以来都是搭配传统的茶和咖啡提供的。药茶里面并没有真正的茶叶!它完全是一种基于传统配方的天然饮品,不含防腐剂和人造色素,也不含咖啡因。为什么有这么多注重健康的人士更喜爱药茶而非一般意义上的茶叶,这也许就是真正的原因吧。

虽然药茶并不是真正的茶,但是泡制方法却是一样的,用新烧开的水,根据个人口味将药茶袋浸泡 3 ~5 分钟,即可饮用。我们也可以加糖或蜂蜜让它的口味变甜。药茶应该用密闭的容器放置,以避免受到厨房或周围环境的气味影响。大部分的药茶是不加奶的,但也有一些例外,人各有所好嘛。有些人喝药茶的时候不取出杯中的茶袋,这样味道更浓。

- 黄春菊　黄春菊是最古老的草药之一,早在 2000 年前,古罗马人就开始使用。这是一种遍地生长的低矮植物,开花貌似雏菊。黄春菊也可用于配制化妆品、肥皂和洗发水。然而,因其具有缓解偏头痛和其他各种头痛的功效,而且还可用于降压安神,很多人更愿意将这种植物制成药茶来饮用。

- 胡椒薄荷　古埃及人用胡椒薄荷入药。这种植物叶子宽阔,花形长而尖。薄荷油中含有薄荷醇,用来治疗伤风感冒效果非常好,也可用于治疗痉挛,缓解胃痛,帮助消化。加一些蜂蜜或者一片柠檬可以使其味道变甜。

- 野玫瑰果　野玫瑰果茶由犬蔷薇制成,犬蔷薇花的颜色为白色或粉红色。人们都知道野玫瑰果有解热和缓解咳嗽的功效,在欧洲更是家喻户晓。因此,野玫瑰果茶成为一种解决呼吸道问题的药茶。这种茶如今非常流行,而且人们还在茶中加入了更有异国情调的木槿,茶汤即呈亮红色。

- 混合果茶　将草药与水果混合在一起可制成混合果茶,例如苹果、橘皮、胡椒薄荷和野玫瑰果。

如何冲泡一杯好茶

下面介绍沏茶的基本技巧,按照这些步骤冲泡出来的茶肯定不会令人失望。

- 使用新接的冷水加热。

- 不要用铝制茶壶和有破损的珐琅茶壶,因为这会影响茶的味道。表面光滑的陶壶和精美的瓷壶最适宜沏茶。

- 茶壶要干净，不必理睬无需清洗茶壶的老传统。但是，不能用洗涤液清洗，因为有酸性物质。正确的方法是在茶壶中放入两勺小苏打再加入热水，等待3小时后再彻底清洗一遍。
- 倒入少量热水把茶壶烫一下，然后把水倒掉。
- 加入多少茶叶视饮茶人数而定，每人一茶匙（或一包袋泡茶），最后再加上一茶匙（一包）为好。
- 把茶壶拿到烧水壶的旁边，等水一开，马上倒入茶壶。不要让沸腾的状态延续太长时间，因为这样的水携氧量降低，沏出来的茶就会变得平淡乏味。
- 让茶叶在壶里泡一会，搅拌一次再给客人上茶。泡茶有个原则，就是小叶茶大致需要冲泡3分钟，大叶茶需要5~7分钟，如果茶的味道不够浓，多加点茶叶而不要延长冲泡的时间。
- 永远选用最好的茶叶。不要用茶壶保温套，那样的话，茶就会泡“过”了，除非按规定的时间冲泡后，将茶水倒入另一个烫过的壶里或者把茶包拿出来。用滤网把茶水过滤一下是允许的，而绿茶可以不用过滤，因为即使时间泡长了，绿茶也不会变苦。
- 用不同散装茶叶甚至袋泡茶调制出你自己的混合茶，这种做法不算太出格，尽管放手去尝试。比如用两茶匙英国早餐茶加一茶匙格雷伯爵茶（或者两袋英国早餐茶和一袋格雷伯爵茶）泡出的混合茶味道非常不错，这种方法可以有无穷的组合！
- 最后：泡茶不必非要使用茶壶！只要你根据上面所讲的原则，不论你用茶杯，大杯子，水壶甚至一个干净的咖啡壶，你都能泡出味道不错的茶。

“要加牛奶和糖吗，夫人？”

是否在茶里加牛奶和糖纯粹根据个人口味而定。严格来说，糖有麻木味蕾的作用，从而影响茶的味道。有一些茶加奶后味道会变得更好，也有一些茶不加牛奶而加上一片柠檬可能更好喝。但是，千万别往茶里加奶油。

如果在茶里加奶，那就要先加。从前，当陶瓷开始使用时，人们为了防止精致的茶碗因为水太热而炸裂，就在沏茶之前先把奶加到茶碗里。另外，如果奶不是非常新鲜，那么等茶沏好后再加奶的话，就会产生很多油珠浮在茶上。下面是两条简单的原则：

- 最适合加奶的茶：英国早餐茶、爱尔兰早餐茶、阿萨姆茶。

• 最不适合加奶的茶:正山小种、玫瑰包种、茉莉花茶、传统珠茶、眉茶、荔枝茶、川茶、极品大吉岭茶、药茶和果味茶。

其他热饮

热巧克力和麦芽乳饮料是两种比较典型的热饮。热巧克力一般采用预先准备好的速溶巧克力粉冲制。在杯子里加入巧克力粉再对上热奶(奶不要煮开)搅拌均匀,就可以提供给客人了,当然,客人比较多的时候也可用冲上一壶。麦芽乳饮料的冲制方法也大致相同,不过在冲制之前,最好还是先看看包装上的用法说明。欧洲人喜欢较浓的热巧克力,主要原料是高品质的可可粉,先加入少量凉奶,再加热奶,这样就冲成了一杯味道极佳的热巧克力。最奢侈的热巧克力还需加入蜀葵糖和科纳克白兰地,再撒上一些纯可可粉。

含酒精饮料

前一章介绍了客房内提供含酒精饮料的相关知识。现在,我们来更深入地探讨一下这方面的技巧。

开胃酒

开胃酒是一种用来增进胃口的餐前饮料。由于非甜性的酒能刺激食欲,而甜酒可能会破坏胃口,所以大多数开胃酒都是无甜味的(或称干性)。尽管如此,还是会有一些客人愿意在餐前来一杯甜酒。

客人在选用开胃酒上可能选择不当,而此时合格的管家或主人不能有任何使客人感到不快的言行。一般的开胃酒包括:

• 郁金香香槟酒杯盛装的干香槟
• 形状合适的酒杯盛装的餐前鸡尾酒(酸性或干性的,而非奶性的)
• 雪利酒杯盛装的干雪利酒
• 高玻杯或高脚杯盛装的干苦艾酒(法国)
• 平底杯、高玻杯或高脚杯盛装的原装开胃酒(如堪培利开胃酒、福奈特·布兰卡开胃酒、杜博尼开胃酒、罗索·安提克开胃酒)

烈性酒

下面简要介绍一下提供烈性酒服务的常见方式。当然,还有很多没有涉及的其他烈性酒,相关的详细资料可以从酒吧服务的专业书籍中得到。

威士忌酒(Whisky)

苏格兰威士忌经常用平底杯或一种"老式"酒杯盛装。由于大多数喝威士忌的人在饮用方式上都有自己的偏好,所以在招待时应当注意饮用者的个人习惯。现在介绍一个很好的服务方式:先提供定量的威士忌(标准是30毫升),再把其他备选用品摆在旁边供客人自己选用,例如桶装或盘装的冰块、瓶装的苏打水、罐装的水,所有其他调酒饮料都可以用瓶子提供。如果客人需要的是加冰块的威士忌,则在杯中放入大量的冰块,然后将威士忌倒在上面使其充分冷却。如果客人说的是"一杯威士忌",通常指的是一杯苏格兰调和威士忌。麦芽威士忌通常是不加水的纯威士忌,一般用矮脚宽口杯盛装。

杜松子酒(Gin)

杜松子酒是采用大麦、麦芽、玉米、稞麦等谷物为原料,经糖化、发酵后,放入单式蒸馏酒器中蒸馏,然后再将各种香草,特别是杜松子果加入蒸馏酒器中经第二次蒸馏而成的一种烈性酒。英语中的单词"Gin"是从法语单词"genievre"衍化而来,意思是"杜松"。杜松子酒通常用平底杯盛装(有时也可以用高脚杯),并加入冰块、柠檬或苏打水。然而,也有些客人喜欢放入苦味柠檬或是其他多泡沫的饮料,如奎宁水。

朗姆酒(Rum)

像杜松子酒一样,朗姆酒也是经过蒸馏的,不同的是,朗姆酒的原料是稀释的蔗糖蜜,酿制于盛产甘蔗的国家和地区。白朗姆酒只用一年就可以酿就,而金朗姆酒则需要三年,棕朗姆酒由于更长的酿制期以及加入了糖蜜焦糖而显得更加有味道。人们很少饮用纯朗姆酒,通常的情况是用其他饮料(如可口可乐)稀释后饮用。朗姆酒常常被用作潘趣酒或鸡尾酒的基酒。而且,朗姆酒应当用平底杯或高玻杯盛装,并放入冰块及一片柠檬。

伏特加酒(Vodka)

伏特加酒是一种在东欧很流行的烈性酒，它是用捣碎的谷物经过蒸馏而酿成的。最优质的伏特加酒是经过活性炭过滤的，这样才能保证它的纯度。由于其无异香、无异味、无色以及醇和等特点，伏特加酒非常适宜配制混合酒。它酒劲很大味道却不很重，这对没有经验的饮用者来说可能是一个不利因素。

年轻人喜欢喝伏特加酒加橘汁。

鸡尾酒(Cocktails)

尽管鸡尾酒的调制工作显得十分专业，但下面的内容还是会对你有所帮助。鸡尾酒是一种大约 75 到 100 毫升的混合酒，人们通常在晚餐之前的一段时间饮用。它可以含酒精，也可以不含酒精，后者常常被称为"mocktail(仿鸡尾酒)"。大多数鸡尾酒调酒师穿着艳丽，他们非常享受这份有魅力的工作。做好这份工作的确需要一定的天赋，但是出色的客户关系技巧也必不可少。一名调酒师应该学会判断客人需求，并鼓励客人换换口味，选择一杯鸡尾酒。即使在别的部门工作，你也同样可以为客人们提出很有见地的建议，鼓励他们去品尝一杯口味不错的鸡尾酒。

鸡尾酒的调制和服务需要很多器具及设备：

标准摇酒器	调酒匙
波士顿摇酒器	各种形状和大小的玻璃杯
过滤器	洁净透明的冰块
调酒杯	搅拌棒
酒吧专用搅拌机	各种装饰物

鸡尾酒的外观应当令人赏心悦目，这是基本原则。行内有一个说法，即"愉悦了视觉就等于愉悦了味觉"。鸡尾酒的各种成分应该配比均衡，而不是将几种液体随机混合。时刻要留心的是，酒杯和所有其他器具都要洁净、光亮。下面列出的一些配料必须在手边常备：

橄榄	安古斯图拉苦汁
珍珠洋葱	方糖
酒浸樱桃	奶油
伍斯特沙司	果品

塔巴斯科辣沙司　　　　　　　薄荷

盐和胡椒　　　　　　　　　　糖浆

肉豆蔻

詹姆斯·邦德的影迷们都会记得，他总是强调干马提尼酒要搅拌，不要摇晃。但是，由于大多数鸡尾酒是摇混而成的，所以摇酒器是调制鸡尾酒最基本的器具。摇酒器大小各异，形状和材质也是五花八门，但内置的过滤器是必不可少的。这个装置的作用是防止倒酒的时候把只起冷却作用的冰块也一同倒进酒杯。一定要用双手握住摇酒器，快速而剧烈地摇晃，只有这样才能制成真正的鸡尾酒。另外，每次调制都要加入新鲜的冰块。

无论是摇酒时使用的冰块，还是上酒时为客人准备的冰块，都要挑选大块的，不要使用碎冰块，因为这样会令酒过度稀释。在开始调制鸡尾酒之前，一定要把调制区域布置妥当。重要的一点是：最便宜的成分应当最先加入器皿，这样一来，即使发生错误也不会造成太大的浪费。酒不要倒得太满，要为装饰物留下足够的空间，而且满至杯沿的饮料也不方便饮用。大多数鸡尾酒都会加入一些装饰物，这些装饰物应当与鸡尾酒的主体协调一致。

有用的鸡尾酒术语

搅和法(Blend)　将所有的调酒原料都放入容器内，并搅拌至适当的程度。倒出时无需过滤。

直调法(Build) 将配方中的酒水直接倒入酒杯,加入冰块并放进一支搅拌棒。

杯口加霜(Frosting) 用柠檬片把玻璃杯的杯口沾湿,然后再将杯口轻轻蘸入精白糖或细盐中。

混合法(Mix) 将所有的成分原料都放入酒吧专用混合器。混合至要求的程度,倒出时可过滤也可不过滤。

摇和法(Shake) 先将适量冰块放到摇酒器中,依次倒入所需原料,然后快速、剧烈地摇晃,最后经过滤倒入酒杯。

螺旋状果皮(Spiral) 削成螺旋形的完整果皮。

拧绞柠檬皮(Twist) 将长条形柠檬皮拧绞,使其呈螺旋状,装饰于鸡尾酒中。

柠檬油调香(Zest) 取一小块柠檬皮(去掉木髓),把皮中的汁液挤入鸡尾酒中。

鸡尾酒的配方

鸡尾酒的配方有很多种,下面列出的是最常见的配方。我建议你根据自己的需要了解一下。参考书目中推荐了一本相关的书籍。

Between the Sheets 床第之间

Black Russian 黑色俄罗斯

Bloody Mary 血玛丽酒

Brandy Alexander 亚历山大白兰地

Buck's Fizz 巴克鸡尾酒

Champagne Cocktail 香槟鸡尾酒

Daiquiri, Frozen 冰冻戴克利鸡尾酒

Daiquiri, Frozen Fruit 冰冻水果戴克利鸡尾酒

Dry Martini 干马提尼

Golden Dream 金梦

Harlequin 小丑

Harvey Wallbanger 哈维·沃鲁班卡伏特加鸡尾酒

Kir 基尔鸡尾酒

Kir Royale 皇家基尔鸡尾酒

Mai Tai　迈泰鸡尾酒

Manhattan　曼哈顿鸡尾酒

Margarita　玛格丽塔酒

Pina Colada　冰镇果汁朗姆酒

Rusty Nail　锈钉子鸡尾酒

Screwdriver　螺丝刀鸡尾酒

Singapore Sling　新加坡斯林酒

Tequila Sunrise　日出龙舌兰酒

Collins/John Collins　汤姆柯林斯/约翰克林斯冰镇果汁酒

Whisky Sour　柠檬威士忌酒

打开一瓶香槟酒

要把每一瓶香槟酒都当作是一万元一瓶来对待，香槟酒配得上这种待遇。

不要将瓶口指向自己的身体，也不要对着其他人。撕开锡箔瓶口封套，小心地将金属丝封口拆下，并一直用手压住瓶塞。

一只手稳稳地捏住瓶塞，用另一只手握住酒瓶的中下部，轻轻转动瓶身，而不是转动瓶塞，并将酒瓶保持 45 度倾斜。通过这样的转动将瓶塞变松后，再慢慢将其拔出。在这个过程中要一直捏住瓶塞，倾斜角度也应始终保持不变。

由于香槟酒的泡沫比较多，所以慢慢地在每个酒杯中倒入一点香槟酒，等泡沫稳定之后再继续添加，加至半杯为止。

1 用干净的玻璃杯（有时需要冷冻）

2 开始倒酒

3 在每一个杯子里面慢慢倒上一点儿

4 刚好倒到半杯为止，然后马上递给客人

斟香槟酒

有些时候,您可能会遇上瓶塞很紧的情况。这可能是由于不恰当的储存造成的。当遇上这种情况时,试试在瓶塞上垫一块布巾再紧紧地捏住,其余的步骤同上所述。

过酒(Decanting)

一些葡萄酒(尤其是那些陈年的优质红葡萄酒)会产生一些沉淀物。这些沉淀物是瓶中酒石酸盐结晶而形成的一层泥灰样的东西。据一位葡萄酒专家介绍,沉淀是葡萄酒弃除自身多余成分的一个自然过程。现代的制酒工艺可以在白葡萄酒出售之前去除这种沉淀。但是,由于红葡萄酒的酿制过程不易控制,沉淀物无法去除。

过酒就是将葡萄酒倒入醒酒瓶,借此将沉淀物去除。如果少了这个过程,那么从第一杯到最后一杯,口味和质地都会有所不同。越接近瓶底,红葡萄酒的味道就会越粗糙,质地也越浑浊。杯中的红葡萄酒清澈透明才算完美,因此过酒的过程必不可少。

尽管过酒的主要目的是除去红葡萄酒的沉淀,但也有其他一些原因。有一个传统习俗(尤其在英格兰),人们整批购买红葡萄酒并将其储藏在地窖中,这意味着过一段时间后那些酒瓶就会蒙满灰垢了。于是,人们就把葡萄酒倒入水晶容器内,以展示其本来面目。

另外,过酒的过程可以使年份较短的葡萄酒接触一下空气,让它"从沉睡中苏醒过来"。把葡萄酒倒进醒酒瓶时动作要慢,细"水"长流,这样才能使葡萄酒接触到更多的空气,从而改善它的口味。所谓陈年好酒并没有一个严格时间规定,这取决于葡萄酒的类型及其随年头而改善品质的潜能。

为了更好地过酒,首先需要知道沉淀在哪里。让酒瓶保持在一个位置上不动,仔细观察,例如标签一直向上,那么你就能看到沉淀将附着在标签对面的瓶壁上。

如果预先知道某一瓶酒会在什么时间饮用,那么在饮用的几天之前就将这瓶酒拿到餐厅,并将其竖直摆放在酒橱上,这样可以使沉淀沉降到瓶底。竖立摆放的酒比水平放在篮架中的酒更容易开启。

在过酒之前半小时将瓶塞拔出,动作要尽可能地轻,以免搅动沉淀物。过酒的具体步骤如下:

- 在给客人上红葡萄酒之前大约一个小时开始过酒,要对着光倒酒,这样可以看清楚沉淀物在瓶中的位置。应尽量使酒瓶保持稳定,同时不要让任何沉淀物流入醒酒瓶,因此,过酒以后酒瓶中还会剩下一些酒。

• 或者,你可以通过一个过滤器将葡萄酒慢慢地倒入一个圆形玻璃醒酒瓶(顺便说一句,方形醒酒瓶是专用于烈性酒的)。如果你愿意的话,可以用清水把原来的酒瓶冲洗干净,再将葡萄酒倒回到瓶中。

葡萄酒的年份越久,在饮用之前需要接触空气的时间就越短。一些优质的陈年红葡萄酒只需 3 ~5 分钟,而年份相对短一些的酒可能需要 1 个小时才能"苏醒"。

冷酒器和冰桶

冰桶的作用是使白葡萄酒和气泡葡萄酒冷却,一般用在比较正规和比较昂贵的餐馆里。而低档次一些的地方则使用简单的隔热冷酒器,有时就摆在桌面上。

当需要使用冰桶时,应当用 2/3 的碎冰和 1/3 的冷水将冰块桶填充至半桶。冰水的作用是让酒瓶沉到冰块上,而不是直接摆在冰块上面。冰桶可以放在一个三脚架上。

冷却香槟酒和白葡萄酒的小窍门

有些情况下,客人需要饮用时,香槟酒或白葡萄酒尚未充分冷却,虽然可以使用冰桶或冰水,但还是不够快速和有效。此时可以用一块干净的茶巾,将其充分沾湿后再用力拧干,然后把湿茶巾裹在酒瓶上,放入冰箱的冷冻室。10 ~15 分钟后,茶巾就会开始冻结,酒瓶以及瓶中的酒也就充分冷却了。

波尔图葡萄酒和利口酒

波尔图葡萄酒和利口酒一般是在餐后同咖啡一起提供的。波尔图葡萄酒的名称来自位于葡萄牙北部多罗河河口的一座名叫欧波尔图的小镇。人们在享用波尔图葡萄酒时总是喜欢加入一种甜味红酒。酒店通常会提供不止一种品牌的波尔图葡萄酒,常见的波尔图葡萄酒大致包括以下品种:

宝石红波尔图酒(Ruby) 这种酒的酒龄较短,通常经桶储 3 ~5 年后装瓶。其色泽红艳似红宝石，有水果味和甜味。

茶色波尔图酒（Tawny） 这种酒在橡木桶中存储，颜色便由红宝石色转变为茶褐色。其酒香及味道反映了橡木的树龄，因此，味道是甜的，但是糖度较低，还有一种坚果口味。

白波尔图葡萄酒（White port） 只有很少的一部分波尔图葡萄酒为白葡萄酒。这是一种干性的加烈葡萄酒，用白葡萄酿成，通常像雪利酒一样作为开胃酒饮用。

佳酿波尔图酒（Vintage port） 这种酒须先在橡木桶中存储一段时间，然后在杂质沉积前将酒从桶中取出装瓶，让酒在瓶中自然老熟。较硬的沉淀物会在酒瓶中形成“硬壳”，这意味着几乎所有的佳酿波尔图酒必须在饮用前去除沉积物。尽管这是一种混合葡萄酒，但其中80%的酒出于同一年份。由于装瓶之前的成熟期比较短，所以佳酿波尔图葡萄酒保持了它的深红色。这种酒应当平放储藏，并且要像其他红葡萄酒一样，在开瓶后尽快饮用。

波尔图葡萄酒的饮用

波尔图葡萄酒是在室温下提供给客人饮用的。传统上，在大型正式聚会的场合，侍者以顺时针的方向分别给每一位客人斟上波尔图酒，也就是说，上酒的顺序是从右向左的。中途停止斟酒是不礼貌的，要是弄错了方向甚至会更加失礼。但是，在有些非正式场合，侍者把波尔图葡萄酒倒在容量通常为60毫升的玻璃杯中并放在托盘里，然后再围着餐桌端给每一位客人。一般来说，波尔图葡萄酒和雪利酒都使用这种类型的酒杯。

利口酒的饮用

由于许多类型的利口酒是用草本植物酿造的，所以这种酒当初是以其药用价值而出名的。利口酒是一种在餐后饮用的助消化饮品。享用利口酒需慢慢品味，这主要是因为其中的一些品种有着很高的酒精含量。

可将纯利口酒斟入小利口酒杯，上面加上奶油，再倒入咖啡中饮用。也可将不同的利口酒按次序慢慢倒入一个很高很细的玻璃杯中，这样就形成了彩色分层（层数应为奇数，一般是五层）。利口酒之所以可以形成层次，是因为不同的品种有着不同的密度。另一种方式是将利口酒倒在装有碎冰的广底玻璃杯中饮用，例如球形白兰地酒杯或是碟状的香槟酒杯，再配上一支吸管。

柯纳克白兰地酒和阿马尼亚克酒

柯纳克白兰地酒是最著名的白兰地酒之一，它是在法国的柯纳克酒庄酿制的。柯纳克白兰地酒瓶上面有如下传统标记：

☆ —— 一星

☆☆ —— 两星

☆☆☆ —— 三星

VO——"very old"的缩写，老陈

VOP——"very old pale"的缩写，特陈

VSP——"very superior"的缩写，特优

VSOP——"very superior old pale"的缩写，特优老陈

XO——"extra old"的缩写，超陈

柯纳克白兰地酒是用产自法国格兰德以及皮泰特香槟地区的白兰地酒混合而成的。阿马尼亚克酒是另外一种类型的法国白兰地酒，它产自法国南部靠近西班牙边界的阿马尼亚克地区。阿马尼亚克酒的酿制与柯纳克白兰地酒非常类似，但前者更为浓郁且更偏于干性。因为优质的阿马尼亚克酒在阿马尼亚克地区出产的深色蒙莱尊橡木桶中成熟，所以口感更加厚重，果味十足。大部分的阿马尼亚克酒是盛装在一种称作"巴斯凯丝"的外观独特的扁状酒瓶里出售的。

柯纳克白兰地酒和阿马尼亚克酒的一杯供应量通常是 30 毫升。上等白兰地酒是用广底白兰地酒杯或球形白兰地酒杯饮用的。有些时候，可用一种特殊的加热灯把酒杯烘热后再斟酒，另外，客人也可将球形大白兰地酒杯握在手里，暖一下杯中的酒再慢慢享用。

酒杯

用什么样的酒杯来饮用什么样的酒的确是一个令人头疼的问题。其实，规矩也不是一成不变的，例如，香槟酒杯就有好几种类型。下面的图示可以帮助你正确选择不同类型的酒杯：

常用的玻璃杯。波尔图葡萄酒和雪利酒经常使用同样大小的玻璃杯；白葡萄酒和红葡萄酒也经常使用同样大小的酒杯

玻璃杯的清洗与擦拭

尽管玻璃杯在洗碗机里已经清洗干净并经过高温消毒，但在把它们摆上桌或用它们盛饮料之前，我们还是有必要自己动手把它们再清洗一遍并将其擦亮。

- 应该用无尘布做的擦拭巾或者抛光布擦拭玻璃杯，使之一尘不染。
- 将玻璃杯放在开水上方，使蒸汽附着在杯壁上，再将杯子放在手掌上，用拇指和食指捏住杯脚，小心地把抹布的一角放进杯中，沿着杯子内壁旋转擦拭。
- 最后擦亮玻璃杯的底部，然后捏着杯脚将玻璃杯放下。

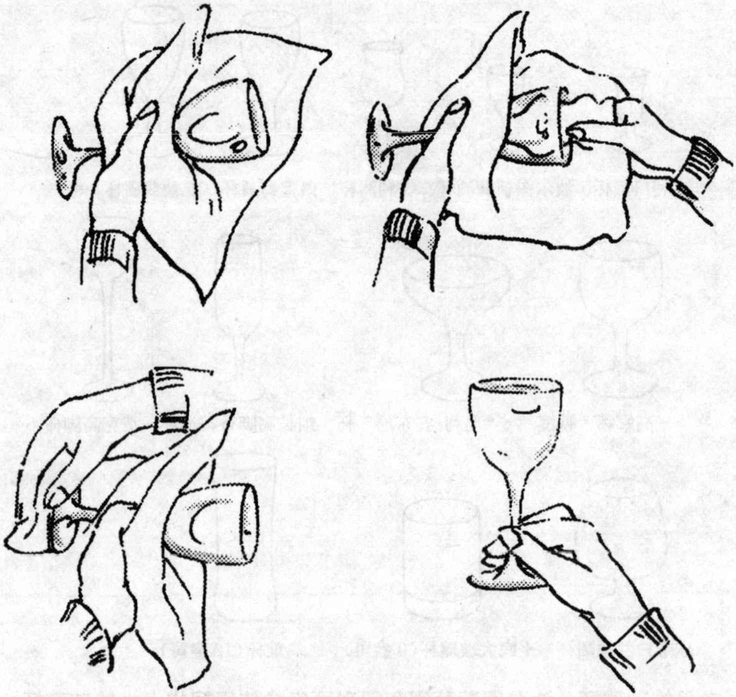

擦拭玻璃杯

第九章

超常规服务

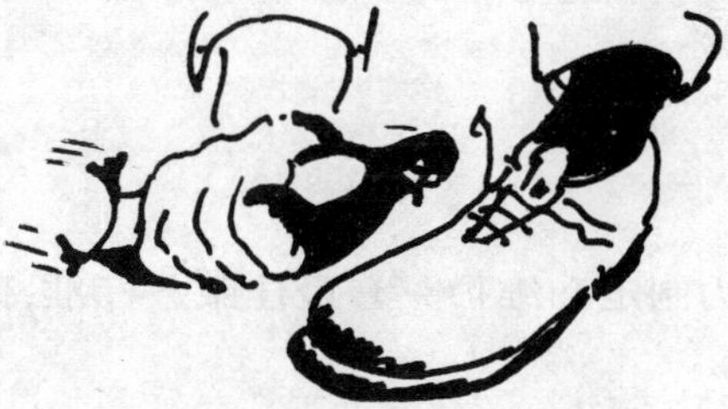

贴身管家

由于认识到酒店客人不同层次的需求，很多国际五星级酒店提供贴身管家服务。这种超出客人期望值的个性化的服务为酒店增添了特色。贴身管家既可以是男性也可以是女性。

贴身管家经常扮演“小经理”的角色，他们从事的大部分工作属于客房部门，但有时也会涉及餐饮部的业务。他们在自信地提供服务的同时也不断激励着其他员工。贴身管家的主要职责是私人助理，这就要求他们能够提前预见到客人的需求而不必等待客人的传唤。除了客房部和餐饮部的服务工作以外，贴身管家还要精心照料客人的日常起居。

这个职位的要求很高，勤快、礼貌、低调、有条理、衣着整洁、诚实可信都是必不可少的。

贴身管家是谦逊的酒店专业人士，致力于提供最高标准的服务。作为"大使"，他们始终不离客人左右，酒店能为客人做到的莫过于此。对客人无微不至的关怀，预见客人需求的能力，加上对美好事物的出色鉴赏力，使贴身管家成为出色的酒店专业人士。

酒店须要花费大量的时间和精力去设计贴身管家服务的模式。每一位管家都担任着在本部门乃至整个酒店提升和保持整体质量的重要职责。由于管家的职责事无巨细并且要提供个性化服务，所以很难针对每样工作制定出详细的计划。

大多数情况下，如果客人有需求，呼叫中心系统会以传呼、短信的方式通知管家与总机或客房部联系。在了解到客人的具体要求之后，管家就会全力以赴，尽快完成工作。

注重质量

每个酒店都会努力制定和维护一套最佳服务标准，因为成功来自于对完美的追求。

通常，客房主管或管家会在客人入住前检查房间。管理层也会随时抽查，有时也会让别的部门的人进行检查。

为了保证质量，检查人员会按照查房清单上的项目进行检查。其间，检查人员须不停地问自己："我是否愿意入住这个房间?"检查过程应尽可能细致，直到达到最高标准为止。以客人的视角去审视这个房间，对检查工作很有帮助。为了更加细致，检查人员应该在房间不同的位置进行观察：躺在床上看，坐在马桶上看，背对窗户看，坐在椅子或者沙发上看。不要一扫而过，要细致观察！做到了这些，相信客人一定会满意！

为了保持一贯的高标准，你需要一份查房清单。每个房间都会有不同的布局，但查房清单上各个检查项目的排列顺序是有讲究的，你只需沿顺时针方向在房间内走一圈，就完成了所有的检查项目。要是没有任何问题，这个房间就可以出租了。每个房间应检查如下项目：

浴室

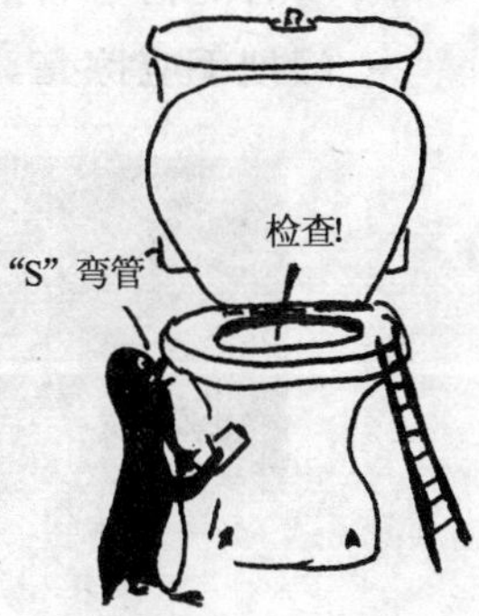

- 检查浴缸的前面、侧面、后面以及下水口。
- 检查淋浴喷头和水龙头。
- 检查挂帘和淋浴喷头底座。
- 检查面巾、浴巾的数量和摆放情况。
- 检查洗面台台面、架子、镜子是否清洁。
- 检查洗面台底部。
- 检查面盆、下水口、小配件。
- 检查金属配件表面清洁度和光亮度。
- 检查水杯。
- 检查洗浴用品是否齐全。
- 检查面巾纸、卫生纸的摆放。卫生纸末端要折成三角形。
- 检查马桶、马桶坐垫、马桶盖是否清洁以及是否消毒。
- 检查电器开关、墙壁、挂件、地面等。
- 检查浴室门后的角落和门的背面有无头发和灰尘。

卧室

- 检查床时要掀起被褥查看做床情况,并检查是否有东西遗留在床面上。
- 检查床头灯是否正常工作,有没有灰尘。
- 检查墙壁、天花板、地毯有无污渍或痕迹。
- 检查衣橱、储藏室时要注意:墙上不能贴着行李标签;隔板和地面要干净;挂衣杆要清洁;衣架要够数;备用枕头、毯子不能缺;由于保险箱通常在衣橱里,应检查保险箱内有无遗留物品,箱门应在开启状态。
- 检查洗衣袋、洗衣单是否齐全;擦鞋用具、鞋筐的摆放是否正确;衣刷和衣物刷毛器是否齐备;拖鞋和浴袍是否齐全。
- 检查书桌:桌面是否整洁;记事本、笔、早餐卡是否齐全;电话是否工作正常,话筒是否清洁;收音机是否工作正常;关掉闹钟的闹铃设置。
- 检查茶几和书桌时要看台灯是否清洁,工作是否正常;电话簿是否需要更换；文具夹是否需要更换；烟灰缸是否需要清洁。

- 检查废纸篓。
- 所有的椅子、行李架、落地灯应清洁、无灰尘。
- 门把手应擦亮。

墨尔本温莎酒店的皇家套房

- 检查窗帘的打开和关闭是否顺畅。
- 检查电视柜、电视屏幕、CD 播放机、遥控器、电冰箱、迷你酒吧、茶具、咖啡具是否清洁，是否正常工作。
- 检查火警及安全警示卡；“请勿打扰”标牌应挂在房门内侧的把手上；检查房门上猫眼；检查门灯和房门的工作状态。

客厅

除了床和衣橱之外，客厅的各个检查项目与卧室基本相同。

最终检查

检查花篮、果篮;当期杂志应干净、平整,不能出现因翻看或空调吹过而出现的卷页现象。

下面的一段精选自杰弗里·鲁宾逊所著的《酒店》一书。

现在他[值班经理]开始进行当晚的例行"挑错"工作(对房间的系统性检查),他希望这是最后一项的工作。

他检查了镜子后面,看看是否有灰尘,然后翻开茶几上的杂志看看插图上的人物有没有被顽童涂黑牙齿,画上眼镜。收音机的一个预设频道需要重新调整(他做了重新调整),而电视机的频道没有问题。他在灯罩上找到了一处墨水印,又看了看文具并点了点明信片张数。有一扇窗户像是卡住了,他使劲推了推就开了,看来没问题。然后他打开迷你酒吧看看雪碧瓶子有没有开封,是否有人喝了伏特加之后又把瓶子灌满了清水,或者喝了苏格兰威士忌又把瓶子灌满了茶水。他也检查了装干果的罐子,什么也不少。

一间客房不可能总是处于良好的状态,这就需要有人时常来查看:床铺状态、浴室情况、服务员传唤按钮是否工作、房间是否漏风、家具是否需要修理等等。按计划,值班经理每晚会入住一间不同的房间。也就是说,在六七个月的时间里,高级员工将对每一间客房进行"挑错"式的检查。每一间重新装饰过的房间都会在一星期内经受一次这样的考验。值班经理的要求越苛刻,就越容易发现错误。陶森先生[酒店总经理]认为:如果错误是由员工发现的而不是由客人发现的,那么客房就会总能达到既定的标准。

找到了刚才的错误之后,佩隆[值班经理]又检查了其他项目。他发现衣橱门的油漆有些开裂,浴室的墙漆也脱落了,而且毛巾架子缺少零件。

所有的情况都被记录到陶森要过目的日志中。总经理会把小问题部署给工程部和客房部总监;在晨会中会讨论重大问题的解决办法。陶森会跟踪每件事情的处理结果,从不会放过任何问题。

如果客人发现暖气没有打开,空调有问题,浴室挂帘挡不住水,镜子上边的灯光不够明亮,电话离书桌太远,梳妆台下面没有废纸篓,电话边没有记事本,陶森就认为相关部门总监没有尽责。

陶森坚信:客人付钱住店就有权享受最好的设施和服务;酒店的义务就是

提供最好的设施和服务。

这段文字充分说明了每一位员工都应注重细节。如果每一间客房都通过了这样的检查，那么员工就很容易回答客人的询问。所有的员工都应该充分理解酒店的服务标准。让客人满意是质量意识的主要宗旨。

做床

客人最基本的享受就是一张干净整洁的床。最好由两个人合作整理一张床铺。一个人做床时，应该每次做一边，以免顾此失彼，耽误时间。

撤下床单之后，检查一下有没有上一位客人落下的东西。最好把床垫也翻一下，但注意不要用力过猛以免扭伤背部。翻床垫要有一定之规，要么从左到右，要么从头到脚，而且每次都要遵照同一个旋转原则，比如顺时针方向。

使用护床垫是一个好办法，可以使床垫更加整齐。把床单（底单）搭在床上，铺平整。先从床头开始，把床单的边儿掖在床垫底下，再把两个角叠成信封状或叠成整齐的斜角。

以同样的方法把床尾也搞好，然后把床单的侧面掖进去。底单铺好后，把顶单搭在底单上，铺平。站在床尾，把顶单打一个 10～15 厘米的褶，这样可以

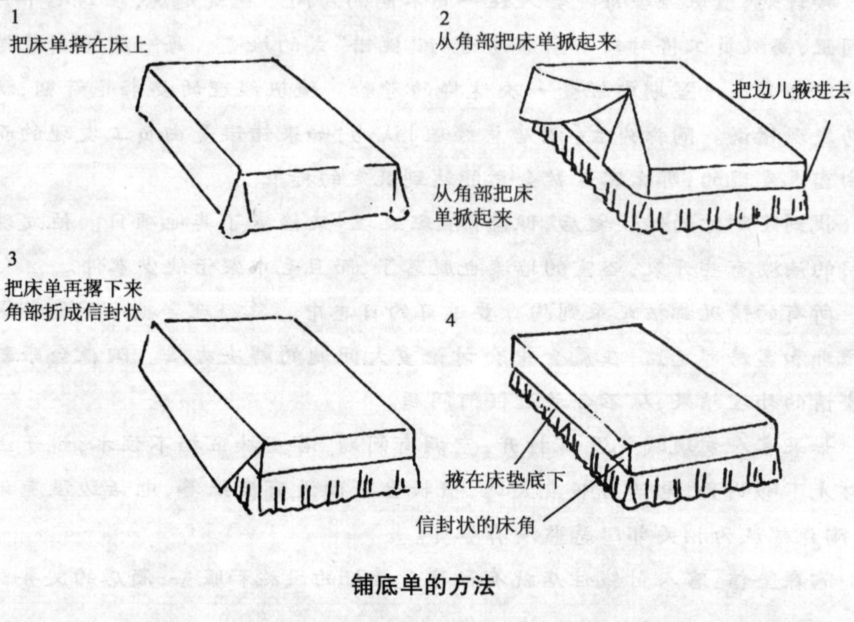

铺底单的方法

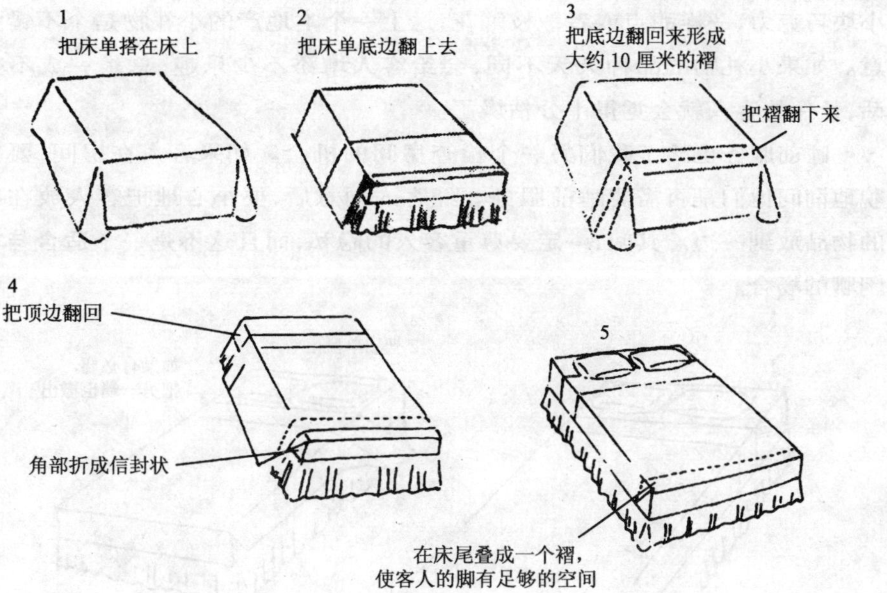

顶单

保证高个子客人的脚能有足够的空间。

把床尾的顶单也掖成信封状，然后把毯子或羽绒被铺到顶单上，再把床尾的部分掖起来成信封状。

把床头的顶单和毯子整齐地折回来，再把床两侧所有的床单、毯子、被子掖进去，然后把枕头放在床头。最后把床罩盖在最上层，在枕头底下折一道再翻上去盖住枕头，用手把床罩整理平整。

重新调整床的位置时，当心不要碰到电线和电话线。最后检查一下床的四周是否平整，做床的整个过程就结束了。要是床铺得不够平整，客人很容易发现，因此最后的检查十分必要。

睡前服务

酒店会通过睡前服务把舒适的享受带给客人。不要忘记酒店的第一商品就是一晚的安眠。毫无疑问，如果客人能舒舒服服、不受打扰地睡上一个好觉，第二天他们就会高高兴兴，而且易于相处。你不是也有一样的感觉吗？

好的睡前做床服务能够创造一个让客人倍加舒适的环境，效果立竿见影。

换句话说，就是要让客人有“回到家的感觉”。晚间做床时通常为客人准备一小块巧克力、一样甜点或者一枝鲜花，送上一个本地产的小礼物是个不错的创意。如果小礼物的品种天天不同，会给客人增添不少乐趣；总是一成不变的话，长住的客人就会觉得十分枯燥了。

睡前服务也给了我们另一个检查房间的机会。如果客人在房间，要有礼貌地询问他们是否需要睡前服务。经客人同意后，要小心地把客人放在床上的物品放到一边。其间，一定要尊重客人的隐私，而且这不是一个适合与客人闲聊的场合。

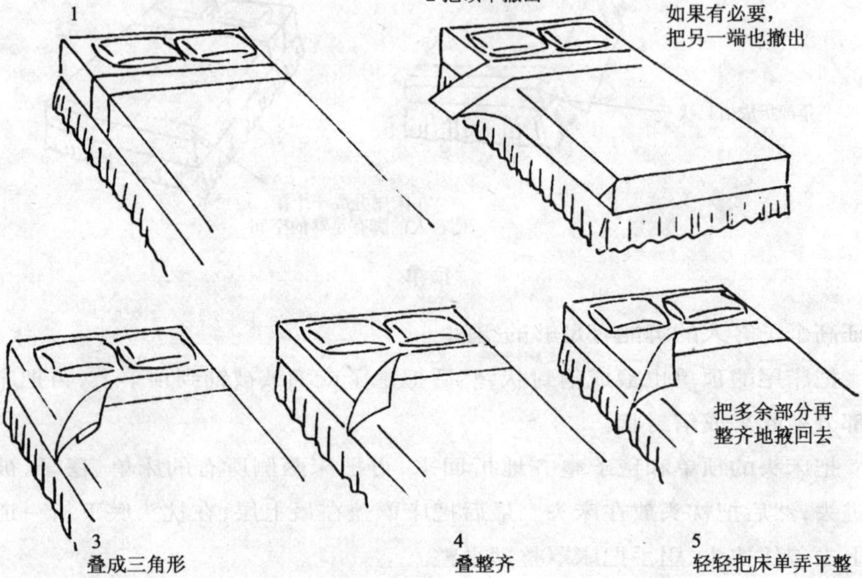

睡前服务

问客人是否需要撤掉床上的床罩。如果他们愿意，把床罩撤下来，让枕头露出来。然后分三步把床罩叠好，从头到尾对折，再从尾到头对折，然后从左到右折三折。把折好的床罩暂时存放在一个合适的地方。

把顶单、毯子、羽绒被掖着的部分撤出来，但仍然要显得很整齐，让客人觉得在这样的床上睡觉会很舒服。把枕头拿起来，双手轻轻拍打几下，使其更蓬松，然后放回到床头位置或靠着床头挡板放置。问客人是否需要再加枕头或毯子。

把“晚安”小礼品放在合适的地方：连同早餐菜单和笔一起放在床边的桌

子上，或放在枕头上。

除非经客人同意，否则不要动房间内的任何其他物品。

查看房间内的花是否需要更换。有些客人可能要求你在晚间暂时把鲜花拿走。虽然鲜花好看，但是它们在夜间会消耗室内的氧气，这样会影响客人休息。

轻声地把废物篓清空，再把用过的杯子换成新的，摆放好。把椅子上的坐垫拍松软，摆回原位。问客人是否需要拉上窗帘，有些客人喜欢打开窗帘以便观看窗外的景色。

把床头灯打开，调整到中等的亮度。检查浴室，更换面巾、浴巾和卫生纸，把缺少的洗浴用品配置齐全。

最后检查一下房间布置，看有无遗漏之处。然后再询问客人有没有其他要求。离开房间的时候，轻轻把门带上。

小组讨论："有灵感"的睡前服务

讨论一下如何提供高水准的睡前服务，想一想送客人一些什么样的小礼品显得更加有趣。

沐浴服务

这项服务的重点是谨慎和真诚，必须让客人感到舒适和放松。通常来说，这是贴身管家的职责，而且要以非常简单自然的方式来完成，不能妨碍客人的隐私。

首先要确保浴缸的清洁，不能有化学清洁剂的残留。把浴缸的下水口堵严，然后放5厘米深的冷水。这个工作的窍门是：先加冷水再加热水，因为加满热水以后还要等待水温降低，这个过程很费时间。

问客人喜欢什么样的水温，他们的喜好可能是非常热、热、温或者微温，这取决于他们的习惯和天气的情况。再问问客人是不是喜欢往浴缸里加一点酒店提供的洗浴用品。

然后放热水与冷水混合，洗澡水的温度应略高于体温，但具体的温度还是客人说了算。这时，浴盐或浴液应该随着水流逐渐加入，以便完全溶解。

再次检查水温，不合适的话再相应地加入冷水或热水，水平面距浴缸内沿要有至少20厘米的富余。水量应根据客人的体形作相应调整，以免洗澡水溢出浴缸。再检查一遍水温。

把浴室防滑垫放在适当的位置。你不能穿着鞋踩在上面，因此防滑垫应在放完洗澡水后放置。如果需要的话，在水面上撒一些玫瑰花瓣或者素馨花。

检查浴衣和毛巾，看看够不够数。礼貌地问客人还有没有其他需要，例如，用不用送一瓶香槟酒到客房。最后，轻声离开。

取出旅行箱内的物品

对旅途劳顿的客人来说，这项服务等于帮了他们一个大忙。在取出客人行李箱内的物品时要做到专业、快捷和有序，同时不要侵犯客人的隐私。这样才能使客人满意。

作为一名贴身管家，做这项工作时一定要细心。你可以以建议的方式向客人询问："先生/女士，如果您愿意的话，我可以帮您取出行李箱内的物品，您走的时候，我再帮您把行李打包，您不用支付任何费用。"

如果客人同意，数一下有多少行李需要打开，计算一下大概的时间。如果有很多需要折叠或吊挂的衣物，就把时间计划得充裕一些，另外，看看是否需

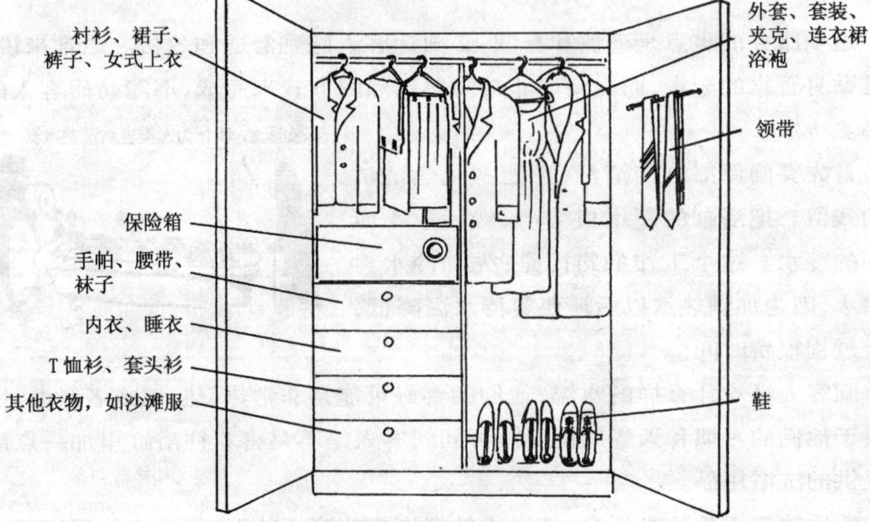

把衣服挂在衣橱里

要更多的衣架。把行李箱放在床边，这样便于整理。不要把行李箱放在地上打开，因为那样既不省力也不专业。

如果客人在旁边，问他们："先生/女士，您有没有需要特殊处理的衣物?"要是客人不在旁边，那么就按照正常程序有条不紊地收拾行李，下面的图解可以帮助你更好地完成工作。

客人通常都需要洗衣服务，记得主动询问他们是否需要洗涤熨烫衣服："先生/女士，需不需要我把您的睡衣(或明天穿的套装)熨烫一下?"

小心地把衣物一件一件取出，分别挂在衣架上或放入抽屉中。不要一股脑把所有的衣物都拿出来。不要打开化妆品一类的私人物品。

放在衣橱中的衣物要吊挂正确：衣架要匹配，而且吊挂的方向应该一致。尽可能把女士和先生的衣物分开放置。衣物的吊挂要是不够得当，出现褶皱就不好向客人交代了。选择适合的衣架把套装的裤子挂好，再把上衣和外套裹在裤子外面挂起来。挂裤子时，平整的部分要靠着上衣的背部——这不仅是为了整齐，还可以保证衣服的纽扣、口袋和拉锁不会影响其他衣物的平整。挂裤子时不要在膝盖处对折，要在膝盖上方 15 厘米处打折。

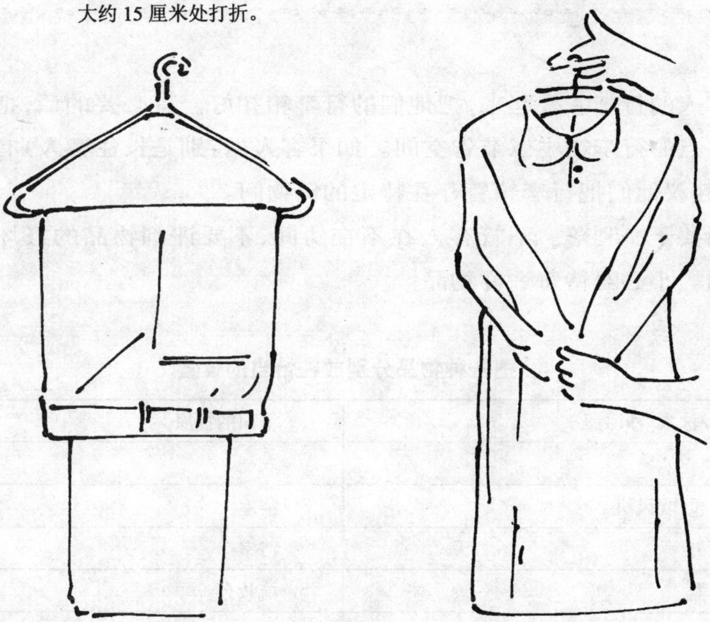

挂衣服

挂长袖的衣服时，要按图中所示把两只袖子拿到衣服前方再悬挂，挂好挂钩后再松开袖子，让它们自然复位，这样袖子就不会和其他衣服缠在一起了。

如果领带打着结，不要把结打开，按原样挂在挂钩上或者找个单独的衣架挂起来。把书籍或者杂志放在床头柜上。如果有些东西你无法确定是什么，请把它放在桌子或书桌上让客人自己整理。把鞋放在衣橱里或者放在离衣橱比较近的地方，并且把鞋擦亮，如果鞋子有坏的地方想办法修理好。

交谈可以使客人觉得比较放松，不要有什么不好意思的。但是要记住，只能和客人谈一些平常的话题，不要涉及他们的隐私，也不要问太多问题。

培训练习：收拾行李的同时与客人交谈

让我们从打开行李箱开始，然后一边整理东西一边和客人进行交谈。可以事先准备一些简单的谈话内容，但不要涉及私人问题。从客人的角度出发考虑一下他们此时的状态——刚刚在前台登记完毕，也许还略带疲倦。第二章提到过客人经过长途旅行后的感受，你不妨参考一下。假如你是客人，有人要把你出发前精心收拾好的行李打开，而且这个人还可能说三道四，你会不会觉得有些不自在？

把客人的行李袋叠起来，把他们的行李箱扣好。有必要的话，把小行李箱放到大一点的行李箱中以节省空间。如果客人（特别是长住客人）有很多行李箱，最好建议他们把行李箱暂存在特定的储物间。

干活要干净利落。不管客人在不在房间，不要评判物品的好坏以及行李箱的质量。小心对待每一件物品。

把各种物品分别放在恰当的位置

毛巾/泳衣/沙滩服	下面的抽屉
晚装	衣橱
化妆包/吹风机	浴室
剃须刀	浴室
卷发器	梳妆台
轻便的服装/女式衬衫	衣橱

续表

内衣/胸罩/长袜	上面的抽屉
晨衣	衣橱
腰带	上面的抽屉
T恤衫/衬衫/睡衣/背心	上面的抽屉
裤子/裙子	衣橱
短裤	上面的抽屉
夹克/外套	衣橱
鞋	鞋架/衣橱底部
男女套装	衣橱
领带	领带架/衣架/卷好放在抽屉里
要洗的衣物	洗衣房/洗衣袋

衣服的刷扫和熨烫

把衣物挂到衣橱里或放到抽屉里以后，可以提出帮客人熨烫衣服或刷扫衣服上灰尘或线头。

刷扫

刷扫是日常维护衣服的第一步，定期刷扫可以省去很多干洗衣服的费用。所有的衣服在刷扫过后都会显得焕然一新。刷子可以扫去衣服上的灰尘、衣服纤维中的沙砾。灰尘、沙砾可以损坏衣服纤维表面，不知不觉地磨损衣服。

天然猪鬃刷是最好的工具，但也有人喜欢用各种人工合成的毛刷。最常用的毛刷是一种单向刷。这种毛刷是对付绒毛、头发、黏着物的最好工具。还有一些附着物必须要用胶带把它们粘下来，具体的方法是，把胶带缠在手指上，带胶的一面向外，然后用手指轻轻拍打衣服表面。毛纺的衣服经常会起球，最好再预备一把专用的刷毛器。

刷扫灰尘时，毛刷的使用要得当。最好把衣物放在一张大桌子上刷扫。如果条件不允许，就在床上进行。当然，床的高度不太适合，容易造成腰酸背痛。

刷扫的幅度要大，一刷到底；不要来回刷，也不要做圆周运动。刷扫的方向要保持一致，否则衣物看起来就会像剪乱的草地一样！首先，把衣物表面的绒毛或纤维刷得竖立起来。

如果衣料容许的话，可以使用一把潮湿的刷子（把刷毛在冷水里稍稍浸一下，然后甩掉多余的水分至微微潮湿即可）。绒毛竖起之后，再把它刷平，或者将其压平并恢复原状。

刷扫毛线编织的衣物时要用软毛刷子轻轻刷。处理马海毛或羊绒质地的衣物时尤其要小心。

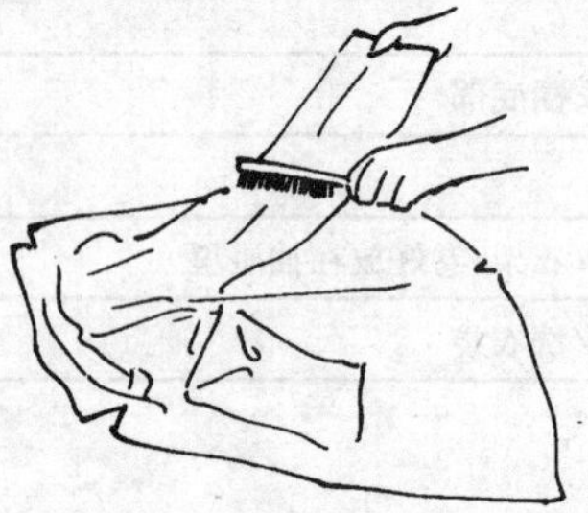
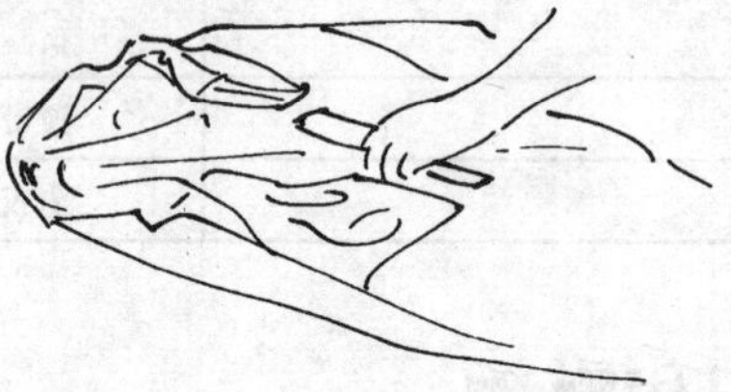
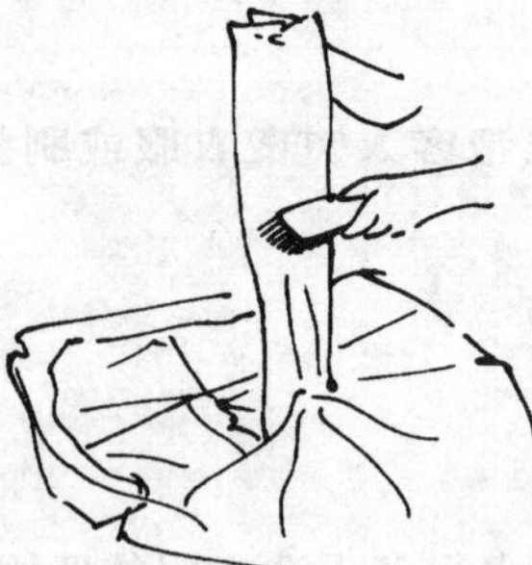
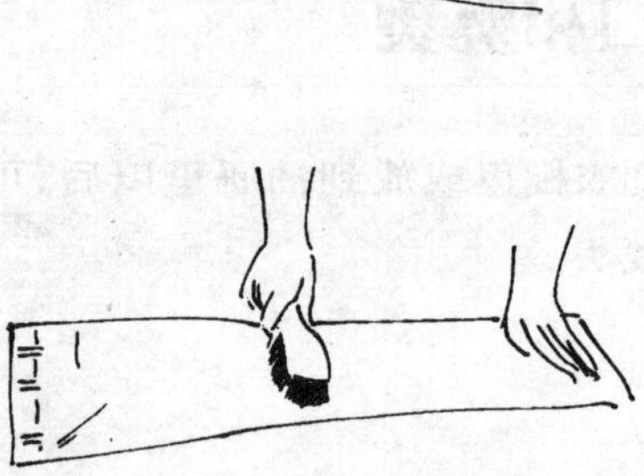
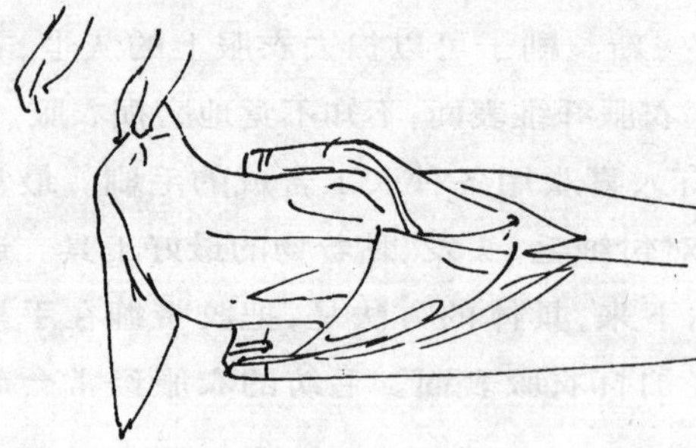

刷扫的幅度要大，从头至尾都要按同一方向刷。刷扫裤腿内侧时，要像图中所示的那样，把另一条裤腿叠起来。刷扫夹克时，要把袖子先叠起来，另外，衣服的口袋也要尽量先整理好，免得碍事

熨烫

客人刚到酒店时，我们通常要帮他们免费熨烫一两件衣物。如果你在客人的房间看到了需要熨烫的衣服，或者客人自己提出要求，你就应该尽早把这些衣物取走。

取走衣物的同时要向客人询问其中有没有需要特殊处理的衣物。做这项工作要有一定的条理性，这样才能保证工作效率。如果需要较长时间，要提前通知客人。要是客人有时间要求，那么只有在你确信能够准时完成的情况下再答应客人，否则一旦误时，客人会非常生气。把衣物拿到熨衣房之前最好在上面标明客人的房间号码。

事先查看衣服上的标签说明，熨斗温度不要高于衣料能承受的温度。用毛刷、胶带清除衣服上的头发、绒毛。

为了达到专业效果，记住要用熨衣布。熨衣布是一块60厘米见方的棉布。它主要用来防止衣服过热而且可以产生很好的效果，因为高温熨斗的直接接触会使衣料形成不正常的亮斑。

在熨衣布上喷一些水，或把熨衣布蘸水后拧干。熨烫时把潮湿的熨衣布盖在衣服上有助于把褶皱熨平。

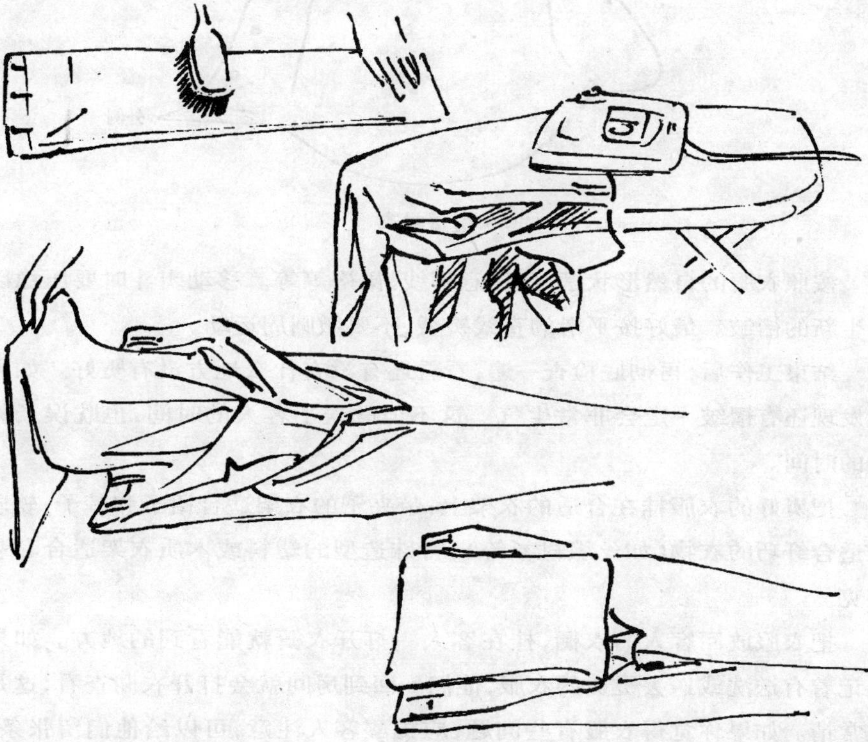

烫衣服

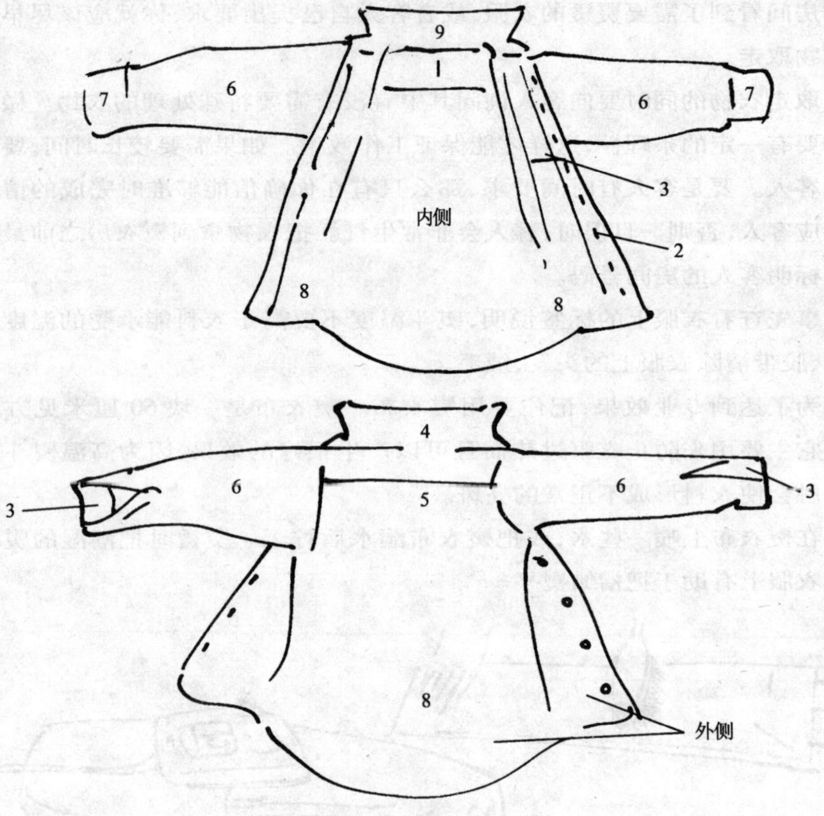

熨烫衬衣

按照衣服的自然形状摆好,注意裤线、裙褶等等。移动熨斗时要压稳以免产生新的褶皱。最好按平滑的直线熨烫,不要做圆周运动。

结束工作后,再彻底检查一遍,看看还有没有什么地方没有熨好。如果客人发现还有褶皱一定会非常生气。这不但耽误了客人的时间,也耽误了你自己的时间。

把熨好的衣服挂在合适的衣架上:带夹子的衣架适合裙子和裤子;软质衣架适合纤巧的衣物(如丝织衬衫等);特殊造型的塑料或木质衣架适合套装或夹克。

把衣服放回客人的衣橱,挂在客人一打开衣橱就能看到的地方。如果客人记着有送洗或送去熨烫的衣服,他们一回到房间就会打开衣橱查看,这是人之常情。如果你觉得衣服有些问题,应提醒客人注意,可以给他们留张条子。(比如:您裤子左口袋有个洞,要是方便的话,我可以帮您补上。)

不同衣料的建议熨烫温度

丝绸/雪纺绸(可使其微微潮湿)	低/冷/无蒸汽(除非很皱)
缎子	低/冷
尼龙	低/冷
聚酯	中/蒸汽
绉绸、羊毛/聚酯	中/高(垫布)/蒸汽
棉	高/蒸汽
亚麻	可熨烫内侧;高/蒸汽/垫布
斜纹粗棉布	湿垫布;高/蒸汽/垫布
微纤维	低/中/不垫布;热/湿垫布
细麻布/平纹细布/棉腈纱	中
羊毛(法兰绒、羊毛混纺)	湿垫布/热/蒸汽
马海毛	内侧熨烫;温
花边:棉/尼龙/聚酯	湿布或干布/中或冷
镶边装饰:皮革/小山羊皮	不可熨烫
衬里:乙酸酯/尼龙塔夫绸	冷/中
补饰	内侧熨烫;湿垫布/热

每次熨衣服的时候,你都应当首先查看衣服标签上面的提示。别忘了看看熨斗的底部是否干净以及温度是否合适。

男士领带和领结

打领结

有时客人会请你帮他们打领结。虽然"一拉得"式的领结方便省时,但是带一次打一次的老式领结看起来更漂亮。

1. 把领结套在衣领的外边。领结应平铺在衣领上,其中一端应比另一端长出 20 厘米。把长的一端交叉在短的一端之上。

2. 长端向后绕过短端,打一个简单的结,在短端最宽的部位折叠,形成一个横着的"沙漏",把它置于领口中间。

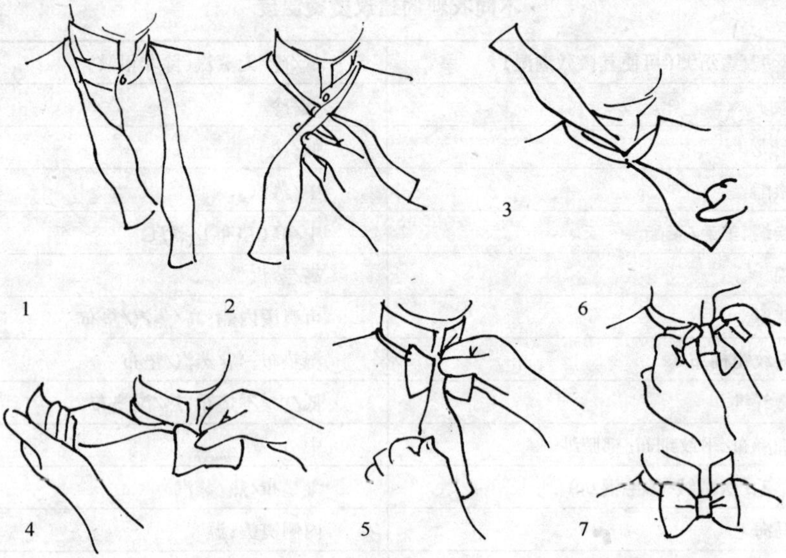

打领结

3. 把长端拉下来，像短端一样折叠，然后穿过短端后边的圈，形成一个蝴蝶结。把长端拉紧，再抓住两端向外拉一拉，让蝴蝶结结紧。

4. 有必要的话，把蝴蝶结松一松再拉紧，最后使中间的扣足够紧。这就打好了一个好看的领结。

打温莎结和四手结(单结)

按照下面的图示可以打出温莎结和四手结。相信大家都可以看出，温莎结显得更加丰满。不论是哪种结，完全凭个人爱好而定，自己觉得最舒服而且最符合自己品位的领带结才是最好的。

擦鞋

提供这项服务时，只有做到专业和快捷才能令客人满意。先检查自己的皮鞋，因为客人也许会通过你脚上的鞋来判断你擦鞋的水平。

在很多五星级国际酒店，客人只需把皮鞋放在指定的鞋筐里，晚间便有专人来提供擦鞋服务。这项工作一般是由值夜班的服务员来完成。当然，客人在白天也会要求擦鞋服务，这时贴身管家或客房部工作人员就会担负起这项工作。

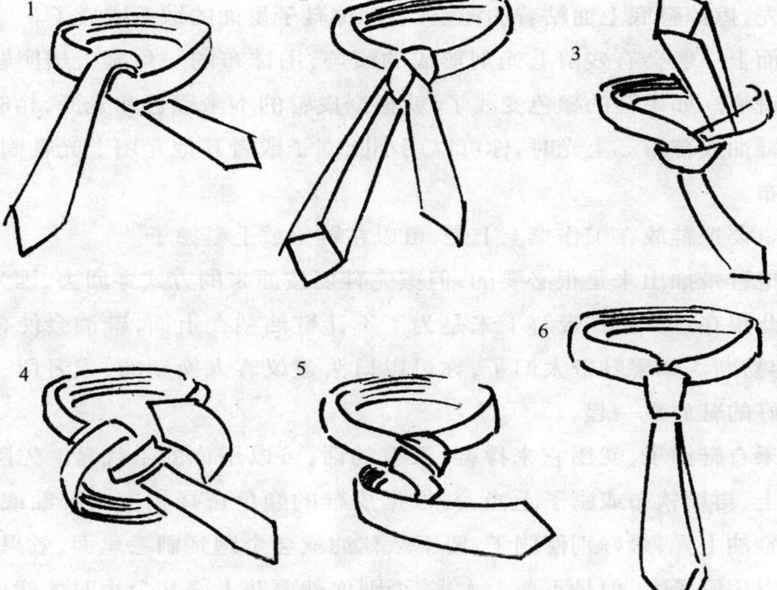

打温莎结

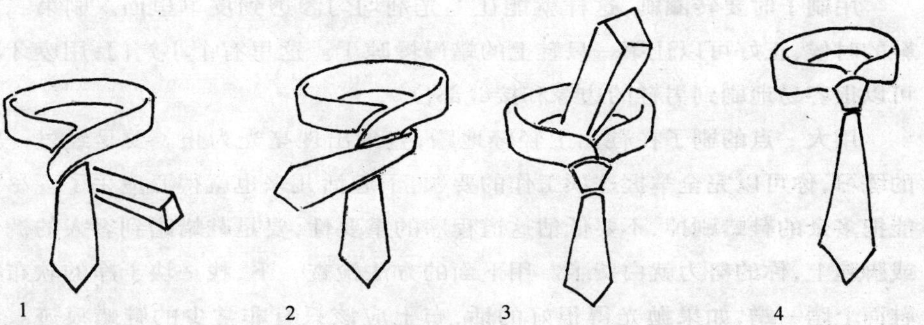

打四手结

基本步骤

在你掌握了基本技巧以后，擦一双鞋只需要四五分钟的时间。你需要两三把鞋刷或者一把多用鞋刷，一块抹布，一块麂皮或一小块软布。上光可以用鞋蜡或者鞋油。鞋油能够保护皮面并使其柔软，而鞋蜡可以产生一层防水的保护膜，选用其中的任意一种均可。

首先，擦掉鞋底上面粘着的泥土，清理掉鞋子里面的绒毛或渣子。

鞋面上一般会有残留上光剂形成的痕迹，用抹布的一角蘸上透明鞋蜡擦去这些斑痕。如果鞋的颜色变浅了，就根据皮鞋的本来颜色和光泽，相应地擦上一些鞋油或鞋蜡。上光时，你可以用小圆刷子或者其他专用上光鞋刷，也可以用软布。

一定要把鞋放在工作桌上上光，可以在鞋里放上鞋撑子。

先把鞋带抽出来是很必要的，但擦完鞋要按原来的方式穿回去，因为有的客人对此很在意。把鞋带解下来是为了不让鞋油粘在上面，鞋油会使鞋带变脆，很容易断。如果鞋带太旧了，你可以口头建议客人换新的，或者留一张便条与擦好的鞋放在一起。

如果有鞋撑子，就用它来撑鞋，没有的话，可以用你的手代替。先除去表面的尘土，再用软布或刷子上光，并根据皮鞋的颜色选择相应的鞋油或鞋蜡。要是用鞋油上光，最好别使刷子，要不然鞋油就会全跑到刷毛里面，效果不好。鞋蜡可以用刷子上，但是不要上太多，否则你就要花上好几个小时才能把活儿干完。擦完鞋之后，把刷子在金属鞋蜡盒的边缘上刮一刮，把毛上粘着的鞋蜡刮下来。

用刷子时要转圈刷，这样就能让上光剂均匀渗透到皮革里面。刷第二只鞋的时候，正好可以让第一只鞋上的蜡慢慢晾干。这里有个小窍门：用废牙刷可以很容易地刷到男鞋的边缘和接缝部位。

用大一点的刷子在鞋面上轻轻地蹭，直到出现亮光为止。要是经过一定的练习，你可以完全掌握这项工作的要领，干起活儿来也就得心应手了。尽可能把多余的鞋蜡刷掉，不要低估这道程序的重要性，要是鞋蜡蹭到客人的裤角或脚腕上，你的努力就白费了。用下面的方法检查一下，找一块干净的软布在鞋面上蹭一蹭，如果抛光得很好的话，布上应该只有非常少的鞋蜡痕迹。最后，用一块干净的软布再上光一次。

如果鞋是小山羊皮的，只能使用专用的喷剂，千万不能用任何鞋油或者鞋蜡，刷子也必须是专用的。具体方法是先喷一遍喷剂，而后刷一遍，然后再喷，再刷，工作就完成了。擦黑漆皮鞋要使用鞋油或凡士林，具体的擦鞋方法参照下面的表格。

鞋撑子

擦完鞋后，用清新剂或用布蘸一些消毒液给皮鞋除臭，小心一点，不要在鞋面上留下痕迹。最后，把鞋子放回到客房衣橱的显眼处。

擦鞋步骤

鞋的种类	准备工作	擦　鞋	结　束
皮鞋或皮靴	用软布或鞋刷除去灰尘；抽出鞋带	用高品质的鞋蜡上光，等几分钟让鞋蜡晾干，再刷第二遍	用干净的软布再上光。把鞋带按原来的方式穿起来，把鞋撑子放进鞋中，最后将鞋放进鞋篮、鞋盒或袋子，还给客人
皮鞋或皮靴：亮皮	同上	执行完上面的步骤，再擦上一点柠檬汁并擦亮	同上
小山羊皮鞋	用卷起的丝袜或者类似材料的布除去灰尘，或用小型真空吸尘器除尘	把鞋拿到开水上面让蒸汽把绒毛熏起来，再轻轻地刷	晾干后把鞋撑子放进鞋中，再将鞋放进鞋篮、鞋盒或袋子，还给客人
鹿皮鞋	轻轻把灰尘刷掉	用细砂纸擦鞋面	把鞋放进鞋篮、鞋盒或袋子，还给客人
布面胶底鞋	去除表面的泥土和灰尘	把鞋放进枕套或者洗衣袋里，再放进洗衣机，把洗衣机设置到柔和洗涤状态，倒半杯洗涤液	把报纸塞进鞋里，晾 24 小时，干了之后将鞋放进鞋篮、鞋盒或袋子，还给客人
网球鞋	同上	同上，或者打上肥皂，在水龙头下面用指甲刷边冲边刷；打上肥皂用钢丝绒刷，可以除掉顽固的污渍	同上
人造纤维材质的鞋	用软布掸掉泥土和灰尘	喷上高品质的喷雾上光剂，再擦干净	把鞋撑子放进鞋里，然后将鞋放进鞋篮、鞋盒或袋子，还给客人
黑色漆皮鞋	用软布轻轻掸去灰尘	使用专用清洁剂、喷雾上光剂，或者擦上薄薄一层凡士林，均可起到清洁和保养的作用	同上

续表

鞋的种类	准备工作	擦　鞋	结　束
有臭味的鞋	用高品质的杀菌消毒剂,如地特尔,稀释后轻轻擦拭鞋的内部 先要测试鞋子的衬里会不会因使用消毒剂而褪色,如果是这样的话,改用右边的方法	在鞋里面放一层苏打粉,过几个小时后再清理(时间越长越有效)	抖掉苏打粉,晾一晾。把鞋撑子放进鞋里,然后将鞋放进鞋篮、鞋盒或袋子,还给客人
严重磨损的皮鞋	用生土豆把鞋擦一遍,这会使磨损程度降低	和普通皮鞋一样	和普通皮鞋一样
有油污的鞋	如果是白鞋,用指甲油清洗剂擦拭,先在一小块不起眼的地方测试一下。其他颜色的鞋用软布蘸上清洗液擦拭	根据鞋的种类选择不同的方式上光	把鞋撑子放进鞋里,然后将鞋放进鞋篮、鞋盒或袋子,还给客人

其他管家服务

手工缝纫和紧急修补

少量的针线活通常是不收费的。但是,值得注意的是,有些缝纫工作看起来容易,但做起来却需要很长的时间。当客人要求这项服务时,建议你在答应他们之前好好估量一下。换拉链或补破洞需要很专业的技术,通常要收费。比较起来,修边或换纽扣就要容易得多。

修边

问客人何时需要把衣服送回来,记录下客人的名字和房间号、拿走衣服的时间、要求送回衣服的时间、衣服的类型和颜色以及需要修补的位置。使用相应颜色的线精心地缝补,修补过的地方就不容易被看出来。

用纫好线的针在主衣料上缝两股,再在折边上缝两股,重复这个过程直到缝完为止。

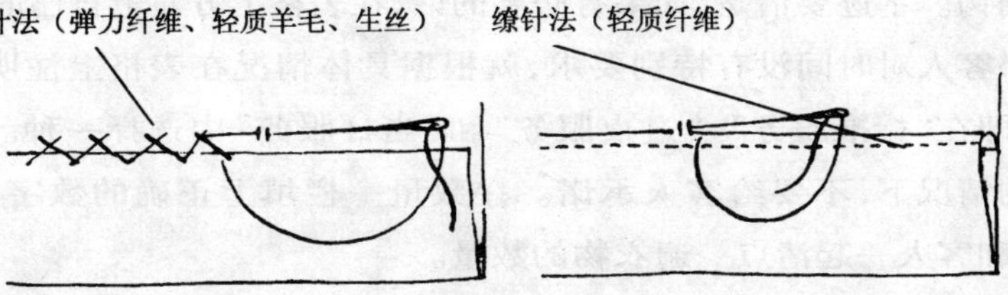

缝边

修边时，一定注意查看外面的针脚。如果满意的话，再用熨斗轻轻地在衣服的内侧熨一熨，就可以交还给客人了。把送还衣服时间记在你的工作日志上。

钉衣扣

换衣扣时，要用同样类型和大小的扣子。看看衣服上有没有备用扣子——通常会钉在接缝或边角的内侧。缝扣子要用双股线，而且线的末端要打个结儿。

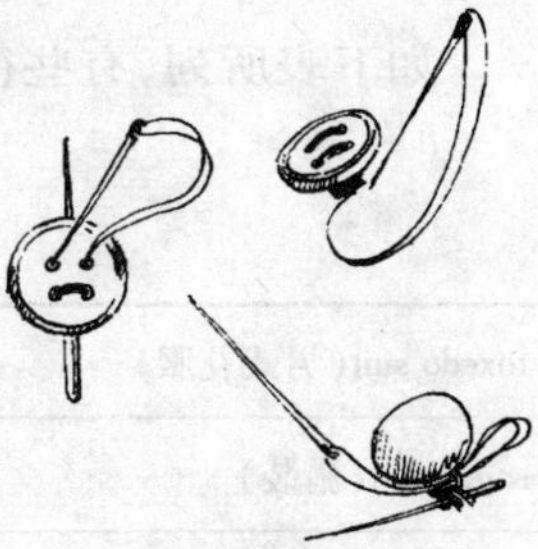
缝扣子

把针精确地穿过衣服原来钉扣的位置，再从扣子上的小孔中穿过，然后再次穿过衣料。不要把线拉得太紧，要留些空，衣料有一定的厚度，扣子钉得太紧不容易扣上。

多缝几针以使扣子固定住。最后一次把针从扣子上面穿过时不扎入衣服，把线在扣子和衣服之间的线上绕几圈，这样可以让针脚更结实。把线打个结儿，剪断。看看扣子与扣眼是不是匹配，扣上之后是否平整。扣上所有的扣子，如果有必要的话，熨一遍衣服（有时缝衣服会起褶皱）。把衣服挂在衣架上，还给客人。如果你没能找到合适的扣子，给客人留张条子以示歉意。

洗衣服务

干洗、熨烫以及整套洗衣服务应讲求效率，这样才能达到客人的期望值。洗衣部与客房部一样，都是酒店的重要部门，而且是重中之重。很多客人，特别是长住客人，都希望洗衣房能够提供有保障的服务，妥当地处理他们所有的衣物。

使用正确的表格（通常是三联单）填写客人的姓名、房间号和日期，并在可选项上划钩。字迹要清楚，如果有必要的话，在表格上方签上自己的名字。

如果客人对时间没有特别要求，就根据具体情况在表格上注明本次服务的性质，即在“标准服务”、“过夜服务”和“当日服务”中选择一种。在不能保证时间的情况下，不要给客人承诺。在数量一栏填上正确的数字，有可能的话，最好和客人一起清点一遍衣物的数量。

为避免混淆，注明每件衣服的颜色是个很明智的做法。如果衣物上有污渍，问问客人，看他们是否知道这些污渍是什么东西染上的，然后在表格中注明，以便作出适当的处理。

如果在检查衣物的时候发现有些地方需要进行修补，应为客人提供锁边、钉纽扣等服务。具体的方法可以参考前面“修边”、“钉衣扣”的内容。

如下表所列，有些待洗的衣物有好几个名称。

衣物名称

tuxedo suit(男式礼服)	formal suit, dinner suit
safari suit(猎装)	two - piece gentleman's suit with both pieces in the same colour
sweater(套头衫)	jumper
slacks(休闲裤)	trousers, pants
nightgown(女睡衣)	nightdress, nightie
underpants(内裤)	pants, shorts, jocks
singlet(汗衫)	vest, undershirt
waistcoat(背心)	vest
Pyjamas(睡衣裤)	two - piece nightwear
swimming trunks(泳裤)	swimsuit, costume, togs, bathers
long or knee - length pants(及膝短裤)	bermuda shorts, dress shorts
panties(短衬裤)	pants, knickers
Stockings(长筒袜)	pantyhose, tights

不同的标识及其含义

95	95	60	60	40	40	30		
正常	柔和	正常	柔和	正常	柔和	柔和	只能手洗	不能洗涤

标识(℃)	洗涤方式	标识(℃)	洗涤方式
95	正常的机洗模式 正常水温 正常甩干	40	正常的机洗模式 正常水温 正常甩干
95	柔和的机洗模式 降低水温 低速甩干	40	柔和的机洗模式 降低水温 低速甩干
60	正常的机洗模式 正常水温	30	极其柔和的机洗模式 正常水温 低速甩干
60	柔和的机洗模式 降低水温		只能手洗 小心、柔和

如果客人对不同的衣物在返还时间上有不同的要求,那么最好分别填写洗衣单。比如,客人有一袋子待洗衣物,他单独要求把套装先洗好送回,那就把套装放在另一个袋子中并附上另一张单子。

记得把这件套装从原来的单子中勾掉,要不然可能下一班的同事就会煞费苦心地去寻找已经送回的套装。把洗衣单的第三联贴在服务员办公室的告示板上,以便在需要的时候对照查看。

叠衣服和打包行李

有人能帮忙打包行李,客人会很高兴。对贴身管家来说,这是一项重要的工作,应经常练习。不然的话,要是客人"突然袭击",找你帮忙,那时你连跑去翻书的时间都没有!

与其他事情一样,这项工作也有正确和错误两种做法。接下来的几页中会有详细的说明和插图,讲解如何叠衣服。不管是为了存放衣物还是为了打包行李,这项技巧都需要掌握。

如果酒店可以提供包装纸或"泡泡包装",那么打包的结果就会大有改进。

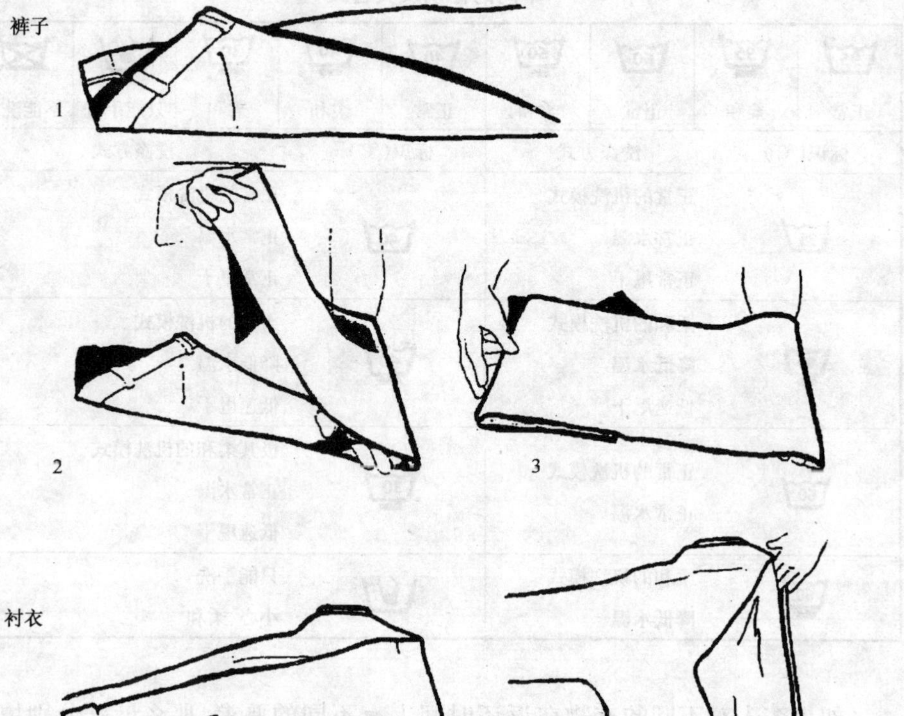

叠裤子和衬衣。女式衬衣和外套的叠法与男式衬衫基本相同

但是不管用不用包装纸，把衣服叠好还是非常必要的，这可以防止衣服出现一

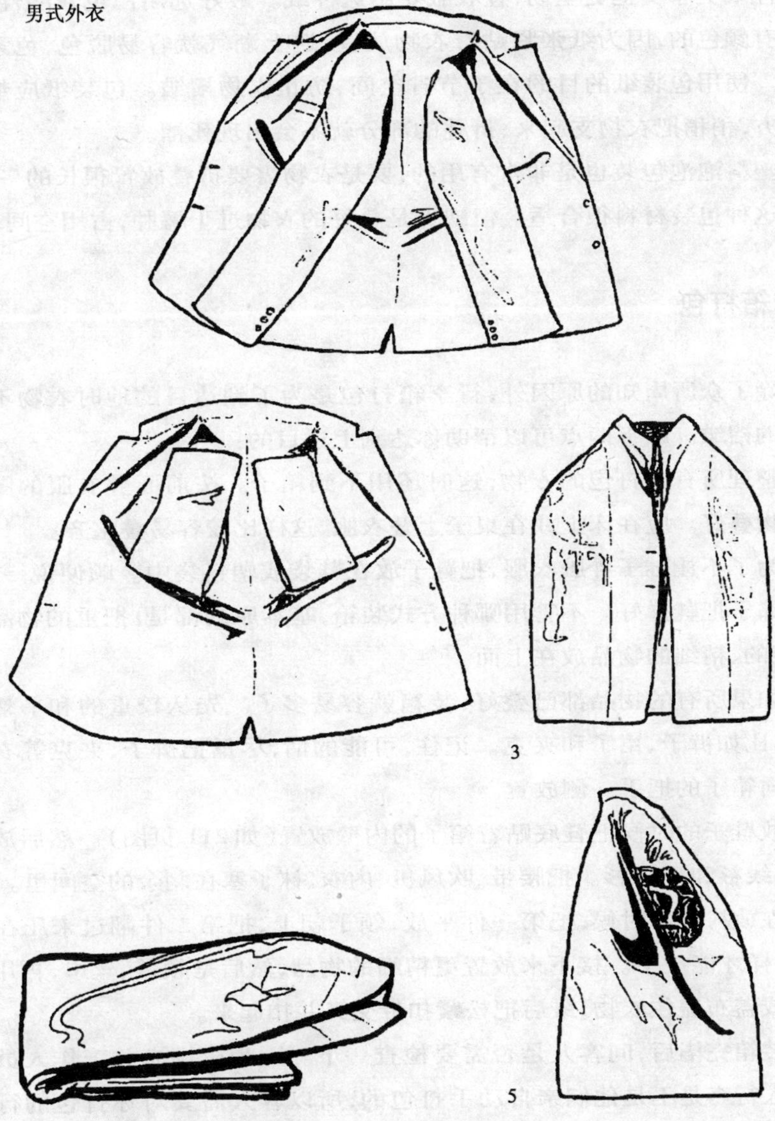

叠男式外衣。叠其他的衣物可以参照作者的另一本书
《理想的管家》(见参考书目,英文书名为"*by jeeves*")

些难看的皱褶。纸张比塑料泡泡包装要好用,因为节省空间。

包装纸有两种:酸性的和非酸性的。其中酸性包装纸比较常用,用来包面包的纸就是酸性的。但这种纸比较软而且易撕裂,不适于包裹衣物。另一种非酸性纸更厚实也更坚韧，叠衣服要用这种纸。最好选用白色非酸性纸，而不要用有颜色的，因为纸张紧贴着衣物放置，遇上潮气就容易脱色，色素会染花衣物。使用包装纸的目的在于节省空间，防止衣物褶皱。包装纸应垫在打折的地方，稍稍把衣物支起来，折叠的部分就不会出现死褶。

塑料泡泡包装也是非常有用的，要是衣物需要折叠放置很长的一段时间，使用这种包装材料很合适。但缺点是叠好的衣物过于臃肿，占用空间。

行李箱打包

除了众所周知的原因外，行李箱打包是为了到达目的地时衣物不会出现太多的褶皱。以下两点可以帮助你达到上述目的：

整理所有要打包的衣物，这时还用不到箱了。按前面叠衣服的图示把所有衣物叠好。应在床上或在桌子上叠衣服，这样比较容易叠整齐。

为了不让鞋子弄脏衣服，把鞋子放在鞋袋或塑料袋中。顺便说一下，最好用鞋撑子把鞋撑好。不管用哪种方式装箱，基本原则都是：把重的物品放在底下；轻的、精细的物品放在上面。

如果所有的物品都已叠好，装箱就容易多了。先从较重的和平整的物品开始，比如裤子、裙子和夹克。记住，可能的话，尽量把裤子、夹克等衣服的前身朝向箱子的把手一侧放置。

放鞋子的时候把鞋底贴着箱子的内壁放置（如211页图）。然后放洗浴用具、毛线衫和T恤衫。把腰带、吹风机、内衣、袜子塞在剩余的空间里。

在放衬衫的时候，把第一件平放，领子朝上，把第二件翻过来压在第一件上，这样才能放平。接下来放置更精细的物品，然后是领带、丝巾，再用一条大毛巾或盖布盖住衣物，最后把松紧扣带交叉并扣起来。

装箱完毕后，问客人是否需要检查一下。因为机场海关工作人员可能会问客人行李是不是他们亲自动手打包的，所以客人需要对你打包的行李做到心中有数。锁上行李箱之前，你可以在里面放上一个手写的字条，感谢客人光顾酒店，很荣幸为他们服务，希望他们能再次下榻。不管客人是在启程之前还是启程之后发现这个便条，他们都会很高兴的。

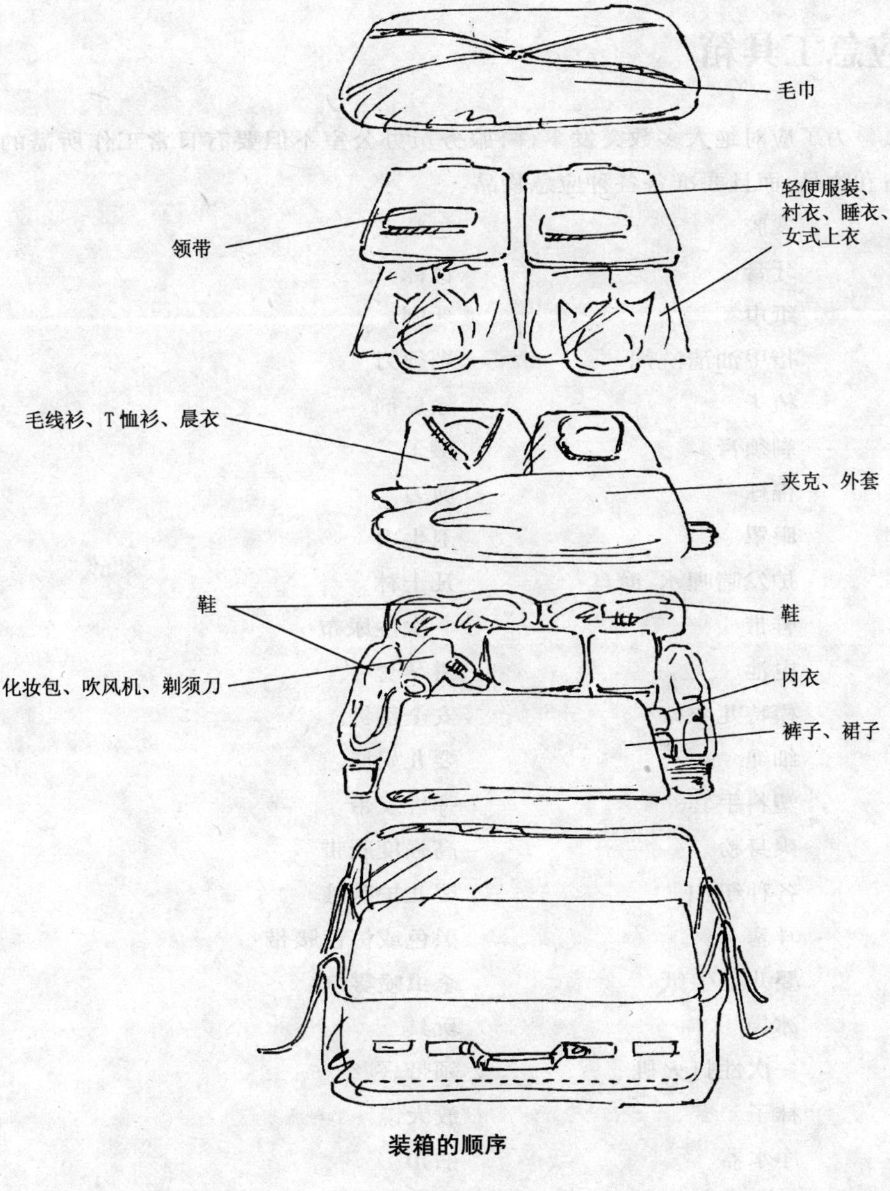

装箱的顺序

培训练习:打包行李

练习不同类型行李的打包工作,然后再把装好的行李打开,把物品拿出来整理好。这样,打包的程序和开箱的程序就都练习到了。

应急工具箱

为了应对绝大多数突发事件，服务员办公室不但要有日常工作所需的设备和物品，而且要准备各种应急物品。

发胶	包装纸
牙膏	长袜
纸巾	牙刷
指甲油清洗剂	剃须刀
梳子	除臭剂
剃须膏	镊子
棉球	剪刀
眼罩	卫生巾
护发啫哩水、摩丝	凡士林
鞋带	一次性尿布
电池	避孕套
模特儿衣架	安全别针
细绳	婴儿奶瓶
塑料手套	弹性发带
爽身粉	高强度胶带
各种纽扣	婴儿护肤液
耳塞	黑色或棕色腰带
婴儿卫生纸	杀虫喷雾剂
冰袋	玩具
一次性打火机	领带、领结
袜子	放大镜
净水器	袖扣
口腔清洁喷雾剂	卷发器
婴儿护具	指甲刀
白色衬衫：	垫肩
2 * 38	卷发棒
2 * 40	衣服夹子

2 * 42	黑色长筒袜
2 * XL	洗衣剂
连裤袜	热水瓶
鞋垫	棉手帕
胶带	

这些物品不需要一次准备齐全，通常，它们是在很长一段时间内积累出来的，这样就省去了巨大的一次性开支。每一件物品都应该详细记录下来，如客人使用了这些物品，有些情况下酒店需要适当地收取一定的费用。有些物品只能以租赁的形式提供给客人。但是，回收借出的物品需要一定的技巧和社交能力，而且管家的工作态度以及判断力在这中间也起着非常重要的作用。

第十章

“高级阶层”的奢华

“上流社会”的奢侈品

鉴别奢侈品或者高质量产品的能力，对我们更好地了解五星级酒店的客人来说是非常必要的，也是提供高质量服务的基础。通过第二章的学习，想必我们已经对来自各个阶层的客人有了一些了解。本章将从奢侈品入手对我们现有的知识进行必要的补充。这些产品已经成为某些客人日常生活的重要组成部分。

在日常交往中，我们很容易对这些奢侈品以及客人在使用这些奢侈品的方式上所传达出来的奢华之风产生畏惧心理。然而，一段时间之后，你会发现，这些奢侈品也不过如此，其中的很多产品甚至“出身卑微”。

当客人带着那种可以想象的奢华气质到来时，敏感细致的服务往往能够克服我们由此产生的紧张情绪。这样的客人很自然地希望其社会地位得到别人的认可，而且其中的很多人非常看重自己的财富对他人的影响力，这是人类的天性。这种情况下，我们只有全面掌握了这些奢侈品的背景知识，才能在提供服务的时候表现得更加自信。

你的第一反应应该是信心与认同的微妙组合，而不是畏惧。你也许对此已经司空见惯，但决不能表现出丝毫的厌烦情绪，而应该对客人的财富以及他们的奢华作风表示尊重。当然，做到这一点也许有一定的难度，但这却是通向完美服务的重要一步。

在服务行业的空间里容不下丝毫的嫉妒。如果你没有能力去拥有这么多的奢侈品，最好的办法就是与它们合作——而且这也并不像想象中的那么难。要知道，富有本身倒是容易成为富人们最头疼的事！

接近客人并给他们以良好的印象不是一件轻而易举的事。我们要从容地与他们目光接触，向他们微笑并亲切地与他们交谈，而不是在背地里说三道四。学着在你的声音中加进一些不带任何嫉妒成分的激动，这样的情绪可不是装出来的，而应做到有感而发。虽然这个职业有时像在做戏，但演戏也需要真诚，否则很快就会被客人揭穿。要知道，即使这些客人很富有，他们也像其他普通人一样寻求“人性”的元素，因此，沉着和自信在任何时候都非常必要。与这些客人打交道时，从财富的诱惑中转移你的注意力不失为一个消除紧张情绪的好方法，用你的知识和能力坦然地和这一阶层的客人相处，比如，可以与他们谈谈时事新闻，第二章介绍了这方面的技巧，值得参考。

获取关于奢侈品的信息并不乏味，对搞好客户关系也有很大的帮助。这本书上介绍的知识是有限的，除此之外，你可以亲自去逛一逛奢侈品商店并提些问题，仅仅记住一些品牌是远远不够的，还要了解这些品牌在富人阶层的流行趋势。

产品知识是提高服务水平和销售技巧的关键。即使了解了所有产品的信息也不能说明你就具备了良好的产品知识，还应该有一些这方面的亲身经历，例如观看时装表演，光临香水柜台，拜访高品质瓷器和玻璃制品公司，浏览古玩店，这些都可以丰富你的谈资。

本章所述并不能使你成为无事不通的专家，而是要激发你的兴趣，更好地去了解你的客人以及他们的一举一动。同时，你可以学会从实际经验出发为客人提出更富想象力和更有价值的建议。甚至，你会被这方面的内容深深吸引，从而抛开自己在金钱和物质上的局限，以不同的视角来看待那些奢侈品以及它们的拥有者。

在面对某件奢侈品的时候，我们不能仅仅看重它的金钱价值或其拥有者的财富，而是要懂得去欣赏其精湛的工艺，这才能表现出我们真正的审美情趣和艺术品位。同时，我们应由衷地去赞赏创造它们的艺术家，他们把自己的创作乐趣和创作激情都融入到了作品之中。

奢华与品质

奢华可以描述为人们对精致和昂贵的非生活必需品的享受，例如高雅的环境或高档的时装；而品质则是一种表达卓越水平的特征。这些奢侈品的创始人是如何令他们的产品家喻户晓的呢？这里面必然有一番传奇的经历，我们对此应该有一定的了解，这样才能提高我们的欣赏水平。这里不可能对所有的奢侈品一一列举，只能把其中较为常见的品牌给予一些简单的介绍。

香水、服装和饰品

路易·威登(Louis Vuitton)

路易·威登可以说是奢华的代名词。公司于1854年在巴黎成立，以精美的皮箱、手提包和小皮具而闻名。有趣的是，公司创始人路易·威登先生不仅是一名皮箱制造者，同时也是一名出色的服装包装专家。他曾被尤金妮亚皇后雇为私人服装包装师。那个时候，衣服都是被熨好并平放收存以备下次穿着或下一次旅行之用。路易·威登的继承人秉承了先辈的标准，在保证质量的基础上力求最完美的设计。

历经数年，路易·威登已经成为艺术团体(路易·威登戏剧与音乐基金会）和重大体育赛事（如路易·威登杯帆船赛）的赞助商。为拓宽经营领域，公司于 1987 年收购了凯歌香槟和纪梵希香水；于 1989 年收购了休伯特·德·纪梵希的时装店。路易·威登与轩尼诗合并而成的 LVMH 集团（Louis Vuitton Moet Hennessy）是箱包、香槟、白兰地、香水和时装等奢侈品领域的巨头。

利摩日（Limoges）

利摩日是法国最大的瓷制餐具制造商。从 1883 年至今，公司已经在利摩日的博尔纳多家族旗下运营了 200 多年。利摩日是巴黎以南大约 200 英里外的一个小镇。自从 1768 年，人们发现在当地土壤中蕴藏着大量优质的高岭土——制造轻薄半透明瓷器的上选材料，利摩日小镇便成为了优质瓷器的象征。

利摩日的一大特色是，无论在正式场合或非正式场合，该品牌提供的每种样式（有超过 200 个样式可供选择）中包含 61 件餐具，可满足各种餐桌布置的需要。另外，公司还根据客户的个性化需求提供定制餐具服务。

哈罗得（Harrods）

哈罗得百货公司总部位于伦敦的武士桥，它的分支已延伸到了世界各地的机场免税区和商店。著名的哈罗得绿色金色相间的徽章全球知名并被广为效仿。从旗下的私人出租车到金带子鱼子酱提袋，哈罗得一直被认为是品质的基准。哈罗得几乎销售所有商品。进入武士桥商店有一定的着装要求，有些人感觉不公平，但管理层的理念是希望在他们的店中见到的都是服装得体的顾客。

他们的食品殿堂令人大开眼界——提供现代社会的最大诱惑；时尚楼层展示着英国以及世界范围内的最佳设计；如果你在哈罗得找不到你想要的香水，那它很有可能还没问世呢。

昆庭（Christofle）

昆庭是另一个奢华的代名词。在著名的巴黎爱丽舍宫和世界上其他高雅餐厅的餐桌上均有昆庭银器的一席之地，这足以证实它的国际声誉。公司由

位于武士桥的哈罗得百货商店

巴黎珠宝商查理·昆庭(Charles Christofle)和他曾为珠宝制造商的内弟约瑟·艾伯特·保雷(Joseph Albert Bouihet)在巴黎联合创立。他们的作品得到了路易·飞利浦国王的青睐,从此,公司的声望大增,于是他们开始开发制作银制和金制餐具。

拿破仑三世曾委派昆庭公司为巴黎歌剧院的雕像镀金,在此期间,他们的生意得到了繁荣发展。如今,位于巴黎郊外圣但尼的工厂仍然是公司的总部。1986年,公司重新进入珠宝加工业,将标准纯银与18K金的结合起来制作系列珠宝。公司的座右铭是:"最好,是唯一的品质。"这句话在我们的接待业中同样适用。

香奈尔(Chanel)

世界上没有其他任何一个品牌能像香奈尔那样希望把知名的"小黑裙"挂进每一位女士的衣柜中。配有金色旋纹纽扣的斜纹软呢套装已经超出了时尚的范畴,而成为一种生活方式。成立于1920年的香奈尔公司一直是流行趋势的领导者。香奈尔5号香水风靡了整个19世纪20年代,至今仍是最流行的香水品牌之一。如今,香奈尔推出了包括时钟和腕表在内的更多时尚产品。

80 年代,世界著名时装品牌卡尔·拉格菲尔德(Karl Lagerfeld)加盟,经典的香奈尔风格仍然伫立在时尚的潮头。

克里斯汀·迪奥(Christian Dior)

克里斯汀·迪奥先生一向被认为是法国奢侈和典雅的代言人,提起他的姓氏中的4个字母,即使是最缺乏时尚意识的人也会联想到法国时尚的魅力。迪奥的成功绝非偶然,1947 年,当女性在社会上赢得了政治地位和属于自己的职业生活,迪奥公司及时推出了“新面貌(New Look)”造型。随即公司迅速转向特许加盟市场,现在,全球有200 多家世界一流的迪奥特许加盟制造商。这个时尚的缔造者不仅生产成衣和尖端时尚女装,而且拥有包括 Miss Dior, Diorissimo 和 Dune 在内的众多香水和化妆品品牌。

让·巴度(Jean Patou)

让·巴度这一著名品牌的拥有者在19 世纪20 年代发明了运动服和泳装,随后又推出了世界上第一瓶防晒油(Chaldée)。1930 年,他推出了当时世界上最昂贵的喜悦(joy)香水。至今,让·巴度一直保持着独立的家族经营的模式。

1925 年到1964 年期间,让·巴度又推出了当时最负盛名的香水系列,1935 年,公司将其中的诺曼底(Normandie)香水在同名远洋客轮的大西洋首航时,提供给了每一位乘客。

爱玛仕(Hermes)

爱玛仕家族出身于专门制作马具的小作坊,如今的爱玛仕已然成为顶级的时尚品牌。公司于1937 年推出手工滚边的丝绸围巾,从此改变了单一生产马具的格局。目前,公司的触角已经伸展到了珠宝、腕表、香水和时尚成衣及饰品领域。爱玛仕的扬名极大程度上受益于著名的凯莉(Kelly)包及柏金(Birkin)包的设计与生产。公司位于巴黎圣·安诺赫街(Rue du Faubourg St Honore)的店面以精品博物馆著称,这在同类公司中是不多见的,店面里展示了拿破仑用过的一支旅行箱。

卡尔文·克莱恩(Calvin Klein)

卡尔文·克莱恩是休闲时尚的纽约翻版,以真丝印花裙、柔质贴身套装和高品质的休闲服装(如T恤衫)而闻名,并被广为效仿。这些服装有品位、价位高是因为穿起来舒适,看上去朴素大方而又耐穿。像大多时尚品牌一样,卡尔文·克莱恩也已进军男士和女士香水领域。

沃特福德·韦奇伍德(Waterford Wedgwood)

韦奇伍德公司于1759年由约西亚·韦奇伍德一手创办。约西亚的墓地位于英国特伦特河畔的斯托克城(Stoke - on - Trent),墓志铭上的文字概括了他一生的成就,上面写道:“……他将一家粗糙卑微的加工厂转变成一座优雅艺术的殿堂,并使之成为民族产业中的重要组成部分。”

韦奇伍德旗下最著名的蓝色碧玉(Jasperware)系列曾是公司的象征,这是一种传统风格的蓝白相间陶瓷精品。时至今日,公司推出的餐具系列更是以

沃特福德·韦奇伍德的“加州”系列餐具

其令人眼花缭乱的设计和丰富的品种而闻名遐迩。沃特福德水晶制品公司于1986年加盟麾下，从此公司开始提供精致的水晶器皿、华丽的水晶台面以及精美的系列礼品。在伦敦的威斯敏斯特教堂成立900周年的庆典上，组织者悬挂了16支沃特福德水晶饰灯以烘托气氛。

培训练习：最好的酒店

在阅读下一小节前，对世界上著名的酒店进行一些调研工作并分组讨论，比如曼谷的东方酒店（Oriental）、新加坡的莱佛士酒店（Raffles）、香港的半岛酒店（Peninsula）、伦敦的里兹酒店（Ritz）和萨伏伊酒店（Savoy）。列出你心目中排名前二十位的酒店，然后分组讨论一下这些酒店成功的原因。

葡萄酒、香槟和干邑白兰地

罗兰香槟酒庄（Laurent - Perrier）

1812年，罗兰酒庄成立于马恩河畔的图尔斯（Tours - sur - Marne）。它地处法国三大知名葡萄园区的中心，它们分别是兰斯山区（Montagne de Reims），白丘（Cote des Blancs）和马恩河谷（Vallee de la Marne）。独特的地理优势使酒庄能在收获时节从最好的葡萄园选择供应商。只有产自特级葡萄园的黑皮诺（Pinot Noir）和夏多纳（Chardonnay）葡萄的第一道原汁，才可用于酿制组成每一种混合酒的大约30种葡萄酒。

这些葡萄酒令罗兰酒庄在出产高品质香槟酒方面赢得了持久的国际声誉。已有超过175年历史的罗兰酒庄即使在最动荡的市场环境下依然是当今最大的家族制香槟酒庄。它的传统深深地扎根于葡萄园的历史之中，酒庄灵魂人物诺南库尔（Bernard de Nonancourt）始终是香槟行业最杰出的代表之一。在他的带领下，作为高品质香槟酒象征的罗兰酒庄必将流芳百世。“超干”是罗兰香槟酒的一贯风格。

路易王妃(Roederer)

这个香槟酒庄与其他竞争对手有所不同。首先,它拥有的一个450英亩的葡萄园位于法国最好的葡萄种植区之内,被官方评定为一级葡萄园。

这个450英亩的一级葡萄园和另外一处100英亩的特级葡萄园所产的优质葡萄满足了该酒庄75%的需求,这在整个香槟酒业是个特例,只有12%的葡萄种植园属于大型香槟酒庄。

酒庄始建于1776年,历史相当悠久。1876年,路易王妃香槟酒庄因倍受俄国沙皇的推崇而成为王室葡萄酒供应商。著名的水晶香槟酒(Cristal)就是在沙皇亚历山大二世的要求下专门调配的。

人头马酒庄(Remy Martin)

这个法国家族式酒庄已经有260年的历史,它是世界上最著名的特优香槟干邑的制造者。经过复杂的工艺把葡萄酒转变为干邑是人头马酒的杰作。

严格地遵循历史悠久的酿造标准,使人头马成为世界上独一无二的干邑家族。人头马VSOP干邑是世界销量第一的VSOP;拿破仑酒年份更久、口味更佳;人头马XO比拿破仑酒的年份还要长,它是橡木与葡萄的完美平衡,被世人称为口感最醇厚、口味最丰富的干邑。如果把人头马所有的产品比作王冠的话,那么100%产自大香槟区的路易十三就是王冠上的宝石,它的芳醇简直无与伦比。

伊甘酒庄(Chateau d' Yquem)

16世纪,世界上最著名的甜白葡萄酒属于巴萨(Bazas)家族,1785年,巴萨家族与吕尔·萨吕斯(Lur Saluces)家族联姻,后者把这份产业延续至今。酒庄的现任总经理是亚历山大·德·吕尔·萨吕斯伯爵(Comte Alexandre de Lur Saluces),他代表家族的第六代掌管这座占地250英亩的酒庄。酒庄地理位置得天独厚,酿酒风格堪称典范。

酒庄的风格表现在对细节的一贯关注上,这确保了葡萄酒的品质,也使伊甘酒庄在1855年排名中高居榜首,成为唯一的一家优等特级酒庄(Premier cru superieur)。时至今日,世界上最好的葡萄酒来自法国苏特恩产区,而位于这个产区之内的伊甘酒庄生产的白葡萄酒仍然是公认的第一。平均起来,伊甘酒庄的每棵葡萄树每年只产一杯浓郁、甘美的白葡萄酒,换句话说,每英亩的年产量只有 500 瓶。一般来说,这种葡萄酒要桶储 4 年,年份最久的达到 15 年。在某些特定年份,伊甘酒庄用 50% 的长相思葡萄(Sauvignon)和 50% 赛美蓉葡萄(Sémillon)酿造一批精品白葡萄酒,出产量非常低 ,这批以"Y"命名的好酒口感更干,酒香逼人,是伊甘酒庄的宠儿。

库瓦西耶(Courvoisier)

库瓦西耶酒庄始建于法国拿破仑统治时期,并得到拿破仑皇帝及其陆军元帅的赏识。酒庄在成立之初就体现出成功的潜质、绝佳的品味和非凡的个人成就。

库瓦西耶酒庄的历史可以追溯到 19 世纪初期,从那时起,富有进取心的马利·库瓦西耶成为拿破仑一世的葡萄酒供应商。1811 年,拿破仑参观了酒庄位于巴黎贝西区的酒窖,这意味着库瓦西耶在商业上已经取得了巨大的成功。

不久,拿破仑兵败滑铁卢,在试图乘船逃往美国的途中,他仍不忘带上自己最喜欢的干邑——库瓦西耶。然而这个计划破产了,他的船只被英国截获。英国海军军官品尝他们的"战利品"时赞不绝口,称之为"皇帝干邑"和"拿破仑干邑"。

1869 年,酒庄的生意逐渐壮大,这要归功于一份非同寻常的合同——库瓦西耶成为拿破仑三世的皇家供应商,这位皇帝同样酷爱此酒。从此,著名的库瓦西耶商标——拿破仑侧面半身像问世,"拿破仑干邑"的名号也随即叫响。为使这种干邑更加趋于完美,库瓦西耶还创造了与众不同的"约瑟芬"酒瓶。今天,在任何一种库瓦西耶干邑的酒瓶上均印有拿破仑侧面半身像。

宝灵爵酒庄(Bollinger)

雅克·保力加于 1892 年创立了这个香槟酒庄,如今已经延续了四代。为了确保其产品质量和风格的一贯性,宝灵爵酒庄耐心地经营着属于自己的 140 公顷(346 英亩)葡萄园。十分罕见的是,这个一等葡萄园满足了酒庄 2/3 的葡萄需求，它是宝灵爵的骄傲。

保力加夫人是酒庄的功臣，她在酒庄所在的 AY 产区可是个家喻户晓的人物。雅克·保力加死于 1941 年，于是他的妻子保力加夫人接管了这个家族产业，她的传奇一生可谓十全十美，唯一的缺点就是烟吸得太凶了，她对酒庄工头卷的褐色香烟非常着迷。保力加夫人每天骑着自行车去她的酒庄工作，她的一句名言经常被人们引用："我高兴的时候喝（香槟酒），悲伤的时候喝，在孤独的时候也来上一杯。当我在经营酒庄时，喝酒对我来说义不容辞。不饿的时候我浅尝辄止，饿了就开怀畅饮。否则，我滴酒不沾——除非我渴了。"如今，宝灵爵香槟酒被人们亲切地称为"Bolly"，它是最好的干香槟酒之一。

罗斯希尔酒庄（Rothschild）

罗斯希尔酒庄位于法国波尔多地区的拉费堡，大自然为这个地区创造了得天独厚的土壤、心土层和光照条件，这个奇迹加上上天赋予的某种不可言喻的灵性，使拉费堡生产的葡萄酒当世无双。

早在 16 世纪，拉费堡在伦敦市场上就已独占鳌头。当其拥有者，有"葡萄园王子"美誉的亚历山大·德·塞居尔（他也是拉图堡、卡隆庄和菲兰庄的拥有者）将拉费堡生产的葡萄酒敬献给法王路易十五及其至宠蓬巴度侯爵夫人时，此酒赢得了法王宫廷的垂青。

葡萄园种植着梅多克地区三个经典的葡萄品种——70% 的赤霞珠（Cabernet Sauvignon）、10% 的品丽珠（Cabernet Franc）和 20% 的梅鹿辄（Merlot）。这些葡萄均采用传统的栽培方式，果实采收完全靠人工。酒窖大师罗伯特·雷弗尔仍然全面负责葡萄酒的酿制，他对美酒的鉴赏力决定着发酵时间的长短以及出酒的准确时间。在橡木桶中陈酿 18 到 25 个月后，葡萄酒在酒庄装瓶。

慧纳酒庄（Ruinart）

18 世纪初叶，在位于法国香槟区的欧北雷市修道院，本笃会修士蒂埃里（贝里侬的教友）洞悉了"让葡萄酒产生气泡"的奥秘，他把具体方法告诉了他的侄子尼古拉斯·慧纳，后者于 1729 年创办了历史上第一家香槟酒庄。

慧纳酒庄早期的经营者决定把香槟酒贸易与他们的政治生涯结合起来，按照这个经营策略，创始人的儿子克劳德·慧纳担任了法王路易十六的顾问。

又过了一些年,他的城堡有幸接待了拿破仑一世,不仅如此,法国的最后一位国王查理十世也曾驾临慧纳酒庄。

因此,慧纳香槟酒染上了贵族气质,它的长颈酒瓶也继承了18世纪的传统风格。慧纳顶级香槟(Dom Ruinart)和慧纳顶级粉红香槟(Dom ruinart Rosé)仅在最好的年份才生产,这保证了酒的品质和绝佳的口感。

凯歌香槟酒庄(Veuve Clicquot)

凯歌香槟酒庄自1722年在法国兰斯创建以来,国际声誉长盛不衰。时至今日,人们在135个国家均可享用到凯歌香槟酒。该酒庄制造的香槟酒以经典的风格著称——口感丰润,回味无穷。

这种香槟酒装瓶后存放在高卢-罗马时期的白垩酒窖中老熟,年代赋予了其出众的品质。凯歌香槟酒之所以声名远播、经久不衰,要归功于克利科夫人,自从这位27岁新寡的庄主夫人接管了酒庄之后,凯歌香槟酒的国际声望与日俱增,在欧洲更是家喻户晓。她亲自监管酒窖并发明了香槟酒的摇瓶去渣法。

这位被称为“伟大的香槟夫人”的非凡女性,把她全部的才华都奉献给了凯歌酒庄,延续至今的酒庄座右铭——“我们的品质只有一种,那就是最好的”——是她一生遵循的信条。凯歌香槟酒以酒香浓郁、口感醇厚著称于世。

库克酒庄(Krug)

从1843年起,库克酒庄生产的香槟酒就已经享有盛誉,经营者对质量的投入远远超过对产量的投入。库克酒庄采用传统方法,把3种葡萄按一定的比例混合,精心酿造出口感极为丰富的香槟酒:黑皮诺(Pinot Noir)使其浓郁、成熟;皮诺穆尼耶(Pinot Meunier)增加其果味和芬芳;夏多娜(Chardonnay)赋予它绵细和优雅。

库克是唯一一家至今仍采用古法发酵(在小橡木桶中发酵)的酒庄,这使得库克香槟酒具有馥郁的酒香和丰富的口味。由于没有精确的配方,原始库克香槟酒的味道就驻留在其家族一代一代经营者的记忆中,他们监管着制酒的每一个阶段,亲自品尝,亲自混合。

每五瓶库克香槟酒中就有四瓶葛兰德酒(Grande Cuvee)——一种年份不

The Krug Clos de Mesnil 葡萄园。这个位于 Mesnil – sur – Oger 村庄的葡萄园的所有权完全属于库克酒庄，这在法国香槟区实属罕见

确定的香槟酒。有年份的库克香槟酒的酿造方法与葛兰德酒相似，只是风格不那么统一。世界上最昂贵的香槟酒是 Clos de Mesnil，这种酒完全由夏多娜白葡萄酿制，产自 Mesnil – sur – Oger 村庄里的一个有围墙的小葡萄园。这个葡萄园出产的第一批酒的年份是 1979 年，有幸品尝过的人无不赞叹其精致的香味和丰沛、甘美的口感。此酒的价格相当于一张伦敦到纽约的机票，看来是专为有钱人准备的，而且只适合在真正的特殊场合饮用。

波·罗杰酒庄(Pol Roger)

波·罗杰香槟酒是著名的英国战时首相温斯顿·丘吉尔的最爱,厂家还特别用丘吉尔爵士之名出产其招牌酒品。这座位于艾贝涅市的酒庄于1849年由波·罗杰创办,是一个家族产业。波·罗杰香槟酒共有五个品种,以不同颜色的瓶口箔纸加以区别。

“白箔”香槟酒由多种葡萄酿制,年份不确定,糖分低,口感清爽。“铜箔”代表有年份的香槟酒,口感略干。“紫箔”和“金箔”也都是有年份的,前者是粉红香槟酒,后者完全由夏多娜白葡萄酿制(俗称白中白)。“黑箔”即丘吉尔爵士香槟酒,口感丰沛而质朴,以优雅著称。

包玛瑞酒庄(Pommery)

1858年,包玛瑞酒庄遭受了与凯歌酒庄同样的命运,路易·包玛瑞去世,生意留给他的妻子继续经营。包玛瑞夫人看到了克利科夫人的成功,她坚信自己一样能够做到。在她死后不久,包玛瑞酒庄便与凯歌酒庄齐名。

生动和优雅代表了包玛瑞的风格。波丽露香槟(Brut Royal)在包玛瑞非年份酒中最为畅销,它在晶莹的淡金黄色泽中,透出细腻轻盈的芳香。包玛瑞的年份酒口感更加丰富和醇厚,采用大瓶盛装是它的特色,有的酒瓶甚至达到了salmanzar(一种15升的大酒瓶)的容量。顺便说一句,包玛瑞粉红香槟酒是非常理想的佐餐酒品。

玛姆香槟酒庄(Mumm)

玛姆酒庄是德国人创办的法国香槟酒庄,这令很多人吃惊不已。在地理位置上,德国科隆与法国的香槟区距离很近,比同在法国的马赛还要近。这吸引了很多投资者和酿酒工人。彼得·玛姆于1761年在科隆开始了他的葡萄酒生意,主要销往德国北方。其后,他的儿子在位于香槟区的兰斯开办了一家酒庄。酒庄一成立,在香槟酒区工作的大多数德国人加入了法国国籍,而玛姆一家没有这样做,他们为自己的德国血统而骄傲。二次大战期间,这个家族失去了他们对公司的控制权。

玛姆最畅销的香槟酒的标志是酒瓶上醒目的红色对角绶带,这是法国荣誉军团的象征。然而,这种香槟酒与其主要竞争对手酩悦公司生产的一种低糖香槟酒有着同样的问题:品质缺乏一贯性,品质好的时候,红带玛姆酒口感清爽、丰沛。玛姆香槟酒的整体风格清淡、爽口,这与其创始人的德国血统不无关系。

酩悦香槟(Moët et Chandon)

"Moët et Chandon"的发音很有意思,如果简写为 moët,字母"t"是不发音的,如果是全称,第一个"t"发短音,而且要一带而过。

法国酩悦公司的创始人克劳德·莫耶(Claude Moët)生于 1683 年,他继承了位于法国香槟区的欧比雷市中的几个葡萄园,时至今日,该公司已经成为整个香槟区中规模最大的种植商和酒商,它还拥有位于艾贝涅的全区最大的酒窖。在克劳德·莫耶的孙子的经营下,公司渐渐赢得了国际声誉。拿破仑·波拿巴是他的好朋友,尽管如此,他仍设法与这位皇帝的敌人们建立关系并把酒卖给他们,这其中还包括沙皇亚历山大一世,当时法俄正在交战。甚至,在拿破仑没落之后,莫耶家族却成了战争的最大受益者——维多利亚女王变成了他们的主顾。

酩悦公司现已加盟路易·威登集团,在集团中的地位举足轻重,它的旗下至少拥有 7 家香槟酒厂,在法国香槟酒出口市场中独占鳌头,占总出口量的 1/4。酩悦香槟酒带有芳草的气味,口感均衡,其中的顶级酒品以唐·贝里依(Dom Pérignon)命名,这位历史上著名的葡萄园管理者喝到最早的"香槟酒"时,宣称自己"品尝到了天上的星星"。唐·贝里依香槟酒的品质始终如一,苹果花香和水果味道是它的特色。

培训练习:顶级品牌

大多数酒商愿意和别人分享他们的知识。如果你找到了当地最好的酒商,那么你不仅可以把这家商店推荐给客人,也可以知道很多品牌,并能学到大量的相关知识,你或许还会在店里发现上面提到的大多数顶级香槟酒中的特价酒品。列出一个香槟酒名单,并注明哪些酒品在你的酒店、餐厅以及当地的商店有售。

如何享用香槟酒

你已经从上面的内容中获取了一些很有价值的背景知识，在谈论起香槟酒的顶级品牌时，你一定可以表现得更加自信。好香槟酒的味道棒极了，没有人能抵挡它的诱惑，正像拿破仑曾经说过的那样：“如果胜利了，香槟酒是对你的奖赏；失败了，香槟酒成为你的需要。”

指导人们如何品尝香槟酒显得有些荒唐，这有点像教别人如何笑，或者告诉别人如何在豪华的度假旅行中享受快乐。客人在享用香槟酒的时候，不管是他们为了庆祝也好，为了放松也罢，作为一名侍者，你都要把这看作是一个重要的场合！

斟酒

人们在享用香槟酒时，气氛应该是非常轻松愉快的，然而，如果服务不好，整个气氛很可能被破坏。香槟酒是世界上最昂贵的酒品之一，因此要尽量避免这种事情发生。如果你的服务非常到位，客人们在尽情享用美酒的同时也会对你表示赞许的。

最好的香槟酒口感清爽、气泡丰富、酒香扑鼻、使人振奋、令人回味、给人灵感——所有这些加起来还会产生出其他意想不到的奇妙感觉。香槟酒是“敏感”和“脆弱”的，运输和存储的过程会改变它的口味。存放的时候要注意避光、恒温，而且一定要平放。

用什么类型的酒杯喝香槟经常引起争议，如今人们普遍使用细长的高脚杯(flute)，杯子中部往下很细，顶部比中部略窄。用这种酒杯斟酒，表面浮起一层晶莹的气泡，香槟酒的色泽和口感才能发挥到极致。

香槟酒饮用前必须充分冷却，因为香槟酒瓶的厚度是普通酒瓶的两倍。瓶子的底部有一个凹口，这在香槟酒发酵过程中很起作用。另外，酒瓶中的气压是卡车轮胎的4倍(一个小知识),因此瓶塞需要用金属丝来加固。

冷却香槟酒有两个目的,其一,香槟酒在8摄氏度下比在18摄氏度下味道要好得多;其二,令气泡稳定,压力降低,使开瓶更加方便和安全。开瓶的正确方法参看第八章(见176页)。

香槟酒的术语

香槟酒的名称源自法国香槟地区,很多有关香槟酒的术语均源于法国的地名。本书最后的术语表中列出了部分香槟酒的词语,例如不同容量酒瓶的名称及解释:balthazar, jeroboam, magnum, methusalem, nebuchadnezzar, rehoboam 和 salmanazar 等等。

鱼子酱:袖珍的"黑珍珠"

鱼子酱是很多人最喜欢吃的食品之一,当然,也有一些人讨厌它的味道。在文学作品中,这种食品并不是总被提及,但莎士比亚在《哈姆雷特》中曾经提到过:"我记得这本戏并不受大众的欢迎,它是不合一般人口味的鱼子酱。"

这种昂贵的食品要是做得好,还是非常可口的。鱼子经过腌制可以入味而且更易保存。一般来说,制作鱼子酱的原料主要是鲟鱼的卵。鲟鱼只在北半球生存,而且只有某些种类的鲟鱼卵才能制作鱼子酱,也就是说,出产这种食品的国家并不多。

目前为止,伊朗人和俄罗斯人在鱼子酱市场中仍处于垄断地位,他们的原料主要产自里海以及与其相连的水系。然而,美国的西北部和中国也已经开始生产鱼子酱。制作鱼子酱是一个漫长的过程,因为只有15到20年的雌鲟鱼的鱼卵才可用。此外,不同品种的鲟鱼的鱼卵质量区别很大,即使同一种鱼,在鱼卵的质量方面,个体之间也有所不同。

"malossol"这个词在俄语中是"低盐分"的意思,也特指某一类鲟鱼卵制成的鱼子酱。白鲟的鱼子是最大的,呈灰色;闪光鲟鱼的黑色、偏小的鱼子口味更佳,也是最常见的。俄罗斯和伊朗的鲟鱼来自同一水域,但制作方法有所不同。俄罗斯的加盐量大于伊朗,而且还加入硼砂来调味,这种鱼子酱能保存更长的时间,而且甜味更足一点,油性也稍大。

整粒的鱼子酱价格昂贵,这是因为制作的过程需要非常细心。鱼子酱真空包装后，如果温度适宜的话，最长可以保存6个月。

鱼子酱富含维生素，低热量，可单独食用。最常见的吃法是把鱼子酱盛在碎冰垫底的深盘里，配上新烤的白面包或者黑面包，再单独上一份高质量的黄油，有时，还额外搭配切成四瓣的柠檬、洋葱片和黑胡椒粉。

严格来讲，鱼子酱应该搭配荞麦面的俄式薄煎饼和一盘酸奶油。要想充分享受鱼子酱的美味，还须喝上一杯上好的伏特加，当然鱼子酱要百分之百的新鲜。

伦敦的鱼子酱加工厂可以把5种不同的鲟鱼卵制作成真正不同的口味，这在世界范围内是不多见的。它们分别是：

Sevruga 闪光鲟鱼的体形偏小，长度不超过1.5米，重量超过25公斤的非常少见。这种鲟鱼卵制成的鱼子酱呈黑灰色，颗粒细小，口味极佳。

Oscietra 这种鲟鱼体形中等，最长可达2米，最重可达200公斤，平均身长1.2米，平均重量80公斤。这种鲟鱼卵制成的鱼子酱呈咖啡色，有些发黄，人们经常用坚果味来形容其口味。

Beluga 白鲟，体形最大，是唯一一种食肉类鲟鱼。这个品种非常稀有，一年的捕捞量很少超过100条。最大的白鲟身长可达4米，体重超过1吨。白鲟鱼子酱的价格最贵，其颜色是偏淡一点的黑灰色，它颗粒硕大，卵壳的口味也非常不错。

Imperial 这种鱼子酱中的鱼卵取自Oscietra鲟鱼，颗粒金黄，曾经只供伊朗王室专享。这是一种非常特别的鱼子酱。

Royal black 这种鱼子酱中的鱼卵取自一种20岁的伊朗Oscietra鲟鱼，是大型黑色颗粒。口味和质地与闪光鲟鱼子酱相似。

鱼子酱的服务

鱼子酱可以装在普通的小玻璃碗里，勺子的材质是塑料的，然而，由于它的价格昂贵，使用有造型的餐具非常普遍。把鱼子酱从冰箱里取出来，放置15分钟后再提供给客人，但不到最后一刻不要打开容器的盖子，否则会影响其口味。要使用骨质、镀金、珍珠母或者塑料勺子，千万不要用不锈钢勺，因为这样会使鱼子酱变色、变味，还会氧化（与葡萄酒的氧化过程相似）。与金属勺不同，塑料勺不会使鱼子酱变味，因为它的化学性质相对稳定。

某些特别的鱼子酱菜肴要盛在有碎冰垫底的碗里，而且先要等碗彻底冷却后再装菜。另一种方式是在碗里装满碎冰，再把装鱼子酱的罐子放在上面使其冷却。用勺子盛的时候要小心，应垂直从罐子里面舀出来，横向搅动会把鱼子弄碎。

给每位客人盛25克到30克，最好多准备一些，留出富余，反正多余的鱼子酱也不会浪费，把它保存起来下次再用就行了。要是菜量不够，大家脸面上都不好看。

上鱼子酱的时候要配上俄式煎薄饼（荞麦面的）、红洋葱、欧芹、柠檬片和酸奶油，或者配以炒鸡蛋、鹌鹑蛋、烤面包片或者饼干。

熏大马哈鱼

熏制大马哈鱼通常采用冷熏法，这是一种特殊的加工方法：将经过腌制的大马哈鱼在摄氏70～90度的温度下熏焙2～20天。另外，每个国家的熏制方法各有特色。人们普遍认为欧洲（特别是苏格兰）熏大马哈鱼是最好的。在美国，熏大马哈鱼也称为“新斯科舍（加拿大省名）大马哈鱼”——因为大多数美国熏大马哈鱼来自那里。澳大利亚人认为塔斯马尼亚马哈鱼最适合熏制，味道也最好。其他适合冷熏的鱼包括鳗鲡和鲟鱼，鳗鲡在北欧很受欢迎。

热熏法需要的时间较短，鱼的味道也是不错的，但不能存放太长时间。高品质的熏大马哈鱼颜色很深而且发亮，若是轻轻用手指挤压，你会发现它是湿润的。精心熏制的大马哈鱼在摄氏18度的环境下存储时，其保质期不超过7天。

熟食店里的熏大马哈鱼通常是切开后出售的，但是，整条的更受食客欢迎，不过要使用专用刀具并以专业刀工将其切成很薄的片。高质量的熏大马哈鱼应该是湿润的，因为干巴巴的鱼咸味过重。分给客人的标准重量是50克到75克，也可以更多，当然，这要看你的餐馆有多大方了。

熏大马哈鱼的服务

把熏大马哈鱼切成薄片直接放在单独的盘子里，配以涂上黄油的黑面包和辣根沙司，再用柠檬作为装饰。在调味品方面，有些胡椒粉就足够了，但再来点刺山柑酱、洋葱片、切碎的熟鸡蛋也是不错的。

熏大马哈鱼的吃法很多,可以单独上,也可以在早餐时配上炒鸡蛋,夹在三明治里作为第一道菜也行。最好的伴餐酒水当然是香槟酒!

雪茄的艺术

好雪茄和美酒一样,都要当作非凡的艺术品来欣赏。首先,好雪茄的定义是什么呢?它必须是由100%的高品质烟草经手工精制而成。通常来说,用包装纸或烟草质地的包装材料经机器卷制而成的雪茄不能算是上品。

我们有必要了解一下人们喜欢吸雪茄的真正原因。这是一种高级的消遣,真正的内行通常在不妨碍他人的环境下享受其中的妙趣。大多数人不是因为有钱才吸雪茄,他们看中的是雪茄独特的口感和冲劲,普通的纸烟和烟斗是不能与之相提并论的。

吸雪茄的行家总是在最恰当的时刻点上一支雪茄,他们从中得到放松和乐趣。价格不是这些富有经验的瘾君子考虑的因素,他们选择雪茄的真正原因是个人偏好和空余的时间,想体验一下雪茄的所有特性。

雪茄的命名一味追求浪漫,因此你很难从名字上面看出雪茄的品质和尺

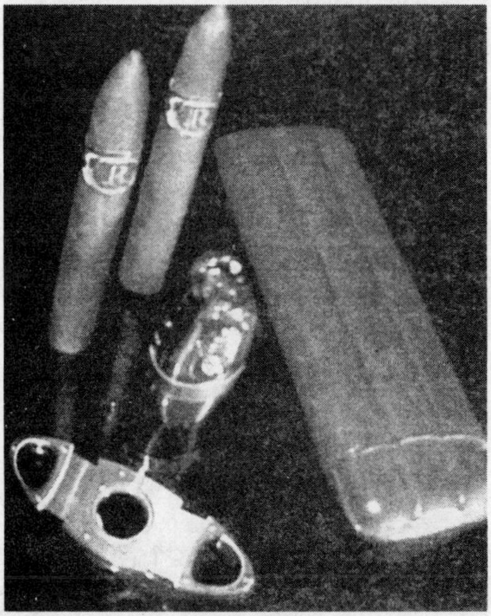

雪茄、雪茄剪和打火机

寸。下面列出了几条这方面的常识，有必要的时候你可以参考一下，前面是雪茄的名称，后面是具体的尺寸。

Panatellas：长度5～6英寸，环径*为28～38

Coronas：长度5.5～6英寸，环径为42～44

Coronas Gordas：长度5～6英寸，环径为44～50

Robustos：长度5.5英寸，环径为50

Figurados：长度6.5英寸，环径为52～54

Lonsdales：长度7英寸，环径为42

Double Coronas：长度7.5～8.5英寸，环径为48～52

Churchills：长度7英寸，环径为48

环径的计量方法与珠宝商为客人测量手指粗细的方法大致相同。Figurados雪茄是为数不多的锥形雪茄之一。

具体向客人推荐哪种雪茄，要根据他们当时的情绪和状态而定。

Senoritas：短暂的休息

Panatellas：一天中的第一支雪茄

Petit Coronas：适合在上午享用

Coronas：豪华午餐的延续

Grand Coronas：一个小时的休闲

Double Coronas：奢华的正餐之后

Giant Double Coronas：不同寻常的场合

抽雪茄不仅是一种嗜好，更是一门艺术。悠闲是抽雪茄的秘诀，有规律的吸烟者通常仅在正餐之后的休息时间抽一支。很多雪茄制造商建议人们，吸雪茄要讲究品质，而不是数量，当你和客人谈论雪茄的时候，这一点值得注意。

如今，吸雪茄的人越来越多，世界各地的很多豪华酒店都设有“雪茄沙龙”，这代表了一种明显的趋势，吸烟者可以在一个舒适的环境下享受他们的乐趣，而不必担心遭到讨厌烟味的人的反对。

雪茄的标签

用不用撕掉套在雪茄末端上的标签，这个问题令很多吸烟者感到困惑。

---

* 环径（ring gauge）是表示雪茄粗细的术语，单位是1/64英寸。——译者注。

有的行家主张不必撕掉标签，因为大多数手工卷制的雪茄上面都有这圈箍带，撕的时候一不小心就可能损坏雪茄的表层。因此，他们强烈建议在吸完 1/3 之前不要将其撕去。然而，也有人主张撕掉，他们的理由是：如果是便宜货，谁都不想让别人看出来；要是名牌货，标签留在上面有故意卖弄的嫌疑。

剪切雪茄

昂贵的雪茄是手工制成的。被称为雪茄帽的一端是密封的，这是为了防止雪茄在存储过程中变干。密封端剪切手法非常讲究，正确的剪切可以使雪茄始终均匀地燃烧。切口的大小和雪茄的粗细有一定的比例关系——不同的雪茄应采用不同的剪切方式。

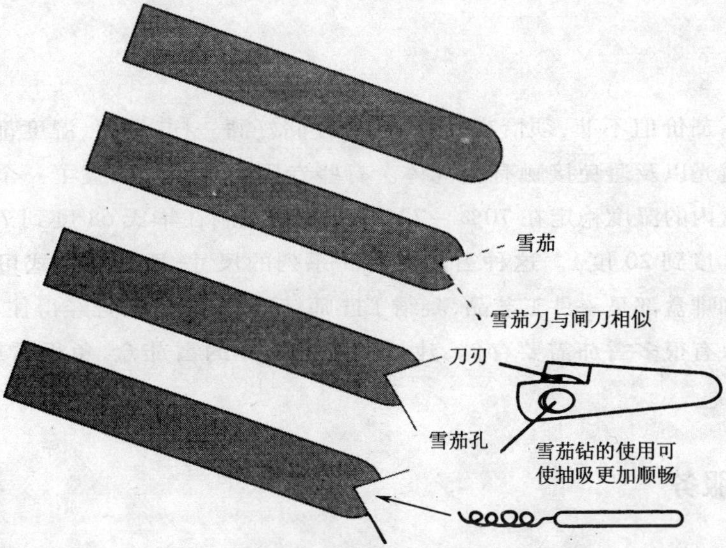

使用 V 形切刀剪切雪茄

专用的雪茄剪或雪茄刀是必备的工具。这些专门设计的工具对于整齐地剪切各种规格的雪茄都非常有效。有些人还使用雪茄钻或类似的工具在剪切端的中心钻一个小孔，使抽吸更加顺畅。

点燃雪茄

应使用不含硫磺的火柴点燃雪茄，也可以使用丁烷气打火机（不要用汽油打火机，这样有损雪茄的风味）。为了达到最佳效果，需要用短小的火苗点燃。横着拿好雪茄，把大约半英寸高的火苗置于雪茄前端的下面，转动雪茄直到均匀地点燃为止，然后就可以吸第一口了。

有些人在选择优质雪茄方面非常在行，而点燃雪茄的方式却让人不敢恭维，他们居然使用汽油打火机、蜡烛或者硫磺火柴，这些东西都会发出有害气体，雪茄的口味必然大打折扣。因此，在吸第一口之前，用不含硫磺的长火柴或者无味气体打火机均匀点燃雪茄。

存放

好雪茄价值不菲，须恰当地存放，像存储好酒一样，温度、湿度都要合适，而且要避光以及避免接触有害气体。有些专用的雪茄盒内置了一个调节器，可以把盒内的湿度稳定在 70% ~72%，把温度控制在华氏 68 度到 72 度之间（摄氏 18 度到 20 度）。这种雪茄盒有一系列的尺寸、质地和样式可供选择。每一个咖啡盒都是一件工艺品，凝结了匠师精湛的技艺，而且经得住岁月的侵蚀。如果有很多雪茄需要存储，建议买一个这样的雪茄盒，免得雪茄逐渐变干，变苦。

雪茄的服务

传统上，雪茄的服务是很讲究的，不能失了礼数。雪茄与葡萄酒一样，在人们的心中都有一定的位置，所以，提供服务的时候，要把雪茄放在盒子里或者放在托盘上，并配上必要的附件，如雪茄刀、雪茄钻、火柴和烟灰缸。

如果你希望能为客人剪切雪茄，一定要按照前面介绍的方法反复练习才行，客人在这方面是很挑剔的。在为客人点燃雪茄之前，有必要让客人先检查一下。一流的雪茄在用拇指和食指捻搓的时候给人以质密的感觉，而且在轻轻挤压时，你会发现它是有一点点弹性的。软塌塌的雪茄抽起来不会有什么好味道。

若想好好地品尝雪茄，就得慢慢抽。别连续不断地抽，那样的话，雪茄就没有什么口味可言了。雪茄的前端会发出红光，甚至冒出火焰。内行人抽雪茄的时候，你会看到半英寸的烟灰总挂在烟头上。抽一支雪茄大概需要半小时到 45 分钟的时间。

为吸雪茄的客人服务时，要把他们的这个嗜好当成一件正经事来对待，表现出你的关心和理解。毕竟，除了花销很大之外，吸烟还是有很多危害的。

下面列出了一些顶级品牌的雪茄：

Romeo y Julieta（古巴）

Partagas（古巴）

Macanuda（牙买加）

Bolivar（古巴）

Arturo Fuente（多米尼加共和国）

Hoyo de Monterey（古巴）

Jose Marti（尼加拉瓜）

Bahia Maduro（哥斯达黎加）

培训练习：雪茄

去一家雪茄店逛一逛，可以看看店里有没有上面列出的品牌，并熟悉一下有关雪茄的“行话”。卖雪茄的商人应该是这个领域的行家里手，你可以从他们身上了解一些雪茄存放方面的知识，以及哪些品牌更受消费者的青睐。

烈性酒

历史和酿造工艺

16 世纪，蒸馏法在欧洲已经非常普及，北至斯堪的纳维亚半岛，东至俄罗斯，几乎尽人皆知。17 世纪，来自欧洲的移民把这个方法传到了美洲，他们用当地的水果酿造白兰地，并以易货贸易的方式从加勒比地区的糖料种植园得到糖蜜，用之酿造朗姆酒。

学习鉴赏苏格兰威士忌

多年以来,人们一直采用单次蒸馏法,这已经成为一种惯例。直到有人做了二次蒸馏的尝试,酿酒的方法才有了突破。这要归功于17世纪中叶的克洛伊斯·马隆爵士,他把一次蒸馏得到的蒸馏物进行了二次蒸馏,于是制造出了酒精含量更高的酒。

威士忌、伏特加、杜松子酒、某些荷兰杜松子酒和白兰地烈性酒主要是由谷物酿造而成的。麦芽威士忌(苏格兰和日本)和杜松子酒是麦芽酿造的;芬兰伏特加是小麦制成的;德国的烈性酒大多以玉米为原料酿制;日本烧酒是大米酿造的;某些荷兰和俄罗斯伏特加的原料是马铃薯;英式杜松子酒是在原酒的基础上加入杜松子油和其他植物制剂以增加香味。不管这些酒的原料是什么,它们都是再蒸馏的产物。

人们大多认为白兰地是由葡萄酒蒸馏而成的,通常把它们归为葡萄酒之列。朗姆酒和甘蔗烈性酒(如巴西朗姆酒)的主要原料是甘蔗或甜菜糖蜜,少部分朗姆酒直接由甘蔗汁酿制。

酒精含量

"proof"是一条表示酒精浓度的术语。过去,人们没有准确测量酒精浓度的技术,测量者把烈性酒与火药混合,然后点火,如果混合物不着,那么说明酒精浓度不够(underproof);如果稳定地燃烧起来,就证明酒精浓度符合标准(proof);如果混合物爆炸,酒精浓度即为超标(overproof),需要在蒸馏物中加水。

美国和英国都用"proof"体系标称酒精浓度,但两国的体系有一定的差别,美国的100 proof相当于英国的87.7 proof。美国体系中"proof"是实际酒精浓度的两倍,也就是说,100proof的烈性酒的实际酒精含量为50%;而英国体系中,proof数值是在华氏51度的温度条件下用特殊的方法测量和计算得出的。盖伊·吕萨克(法国著名化学家)体系下,酒精浓度是用酒精的容量在溶液中所占的百分比来表示的,这个表示法全球通行。然而,德国和俄罗斯偶尔也用重量的百分比代表浓度。

烈性酒的服务

第八章介绍了不同类型烈性酒的服务方式,你可以参考一下。我建议你读一些专业方面的书籍,本书最后的参考书目中列出了几本。

Whisky 和 whiskey

威士忌在苏格兰、澳大利亚、日本和加拿大的拼写是“whisky”(复数是“whiskies”),而在爱尔兰和美国拼写成“whiskey”(复数是“whiskeys”)。

尽管威士忌很可能起源于爱尔兰,但在世界范围内提起这种烈性酒,人们想到的却总是苏格兰威士忌。19世纪70年代,葡萄根瘤蚜的灾害致使法国白兰地在世界范围的餐馆和酒吧中消失了,苏格兰威士忌乘虚而入,从此登上了历史舞台。实际上,很多其他国家也生产具有本国特色的威士忌,但由于地区的差异和酒厂风格的不同,未能像苏格兰威士忌那样风靡全球。

苏格兰威士忌最初是麦芽酿造的,这种原料先要经泥煤熏焙,因此酒中含有一种泥煤味道。这种麦芽酒与粮食威士忌相混合就制造出像百灵坛和芝华士这样家喻户晓的著名品牌威士忌。

如今,苏格兰或苏格兰风格在威士忌的消费者眼中不再是唯一的信誉保证。在很多国家中,其他风格威士忌的市场份额正在不断增长,这种趋势已经持续了一段时间,看来还将继续。

苏格兰威士忌

在苏格兰,威士忌起源于悠久历史的石楠麦芽酒。石楠是一种常绿灌木,花的颜色为紫色、粉色或者白色,花的形状和铃铛相仿,生长于高地,土壤中含沙或含有泥煤成分,而不含石灰。“泥煤”这个词汇经常用来形容苏格兰威士忌。考古学家在苏格兰西海岸以外的岛屿上发现了一个公元前2000年的陶器,里面装有一些残渣,科学家经过化验,证明这些残渣是麦芽酒糟。原始的麦芽酒带有一些草的颜色和味道,如今的酒当然不会这样,所以当简单的蒸馏技术在爱尔兰出现之后,一个漫长的口味改进过程就开始了。

苏格兰麦芽威士忌有4个产区:高地、低地、艾雷和坎贝尔镇。产自苏格兰北部高地的酒大多口感上乘、气味芬芳,但由于种类繁多,味道也不尽相同。最主要的一种产自斯佩赛河岸,此区的威士忌以优雅著称,甜味最重,香味浓厚而复杂，有时还会有很强的泥煤味。

下面简单介绍一下麦芽威士忌的制造过程。大麦经过浸泡而发芽，当淀粉转化成糖，浸泡过程即告结束，然后依据传统的方法用泥煤熏焙，将特殊的熏香融入其中。现在的制酒者采用中性燃料加入定量的泥煤对大麦进行烘干，已达到消费者满意的口味。由于泥煤的味道会带入蒸馏的过程，所以泥煤的用量和冒烟的程度可以决定威士忌的最终风格。

干燥的大麦（不管是否经泥煤处理）称为麦芽，须在热水中碾磨并捣碎，得到的麦芽汁经发酵制成啤酒，再在铜质蒸馏罐中进行两次蒸馏。

威士忌必须在橡木桶中老熟至少3年，但大多数威士忌老熟的时间更长。曾经存储波旁威士忌或西班牙甜雪利酒的木桶广泛用于存放这种麦芽酒。

"标准"混合酒中含有30%到40%的麦芽和粮食威士忌，麦芽的含量可达40%；Teachers威士忌中含有45%的麦芽成分，这个含量是相当高的。标准混合酒没有明确的年份，1994年升级至8年的Bell's威士忌只是个特例。而大多数极品混合酒有明确的年份，通常为12年，但是，那些够不上极品称号的不知名品牌的混合酒以及味道甘醇的老牌混合酒均没有明确的年份。苏格兰威士忌的品种繁多，为了加以区分，你必须记住其中的一些品牌。仅凭经验来说，价格越昂贵的酒品质越好。

爱尔兰威士忌

爱尔兰威士忌的起源可以追溯到公元16世纪，在外修行的僧侣把这种酒的制造工艺从中东地区引入爱尔兰。俄罗斯彼得大帝和英国女王伊丽莎白一世都对爱尔兰威士忌情有独钟。沃特·罗利爵士于1595年从爱尔兰科克市把一桶威士忌带到了英属圭亚那，足见他对这种酒的喜爱程度。当时的绿宝石岛遍布大小酒厂，产量非常高。遗憾的是，如今的爱尔兰威士忌已经风光不再，产量也大不如前，从前的2000多家酒厂现也只剩下3家。

爱尔兰威士忌的原料既可以是发芽的大麦，也可以是不发芽的大麦，或者以多种谷类为原料酿制，而且通常不经过泥煤熏焙的过程，唯独著名的Cooley酒厂是个例外。瓶式蒸馏法和连续蒸馏法均可用于制造这种烈性酒，但是在布什米尔斯和米德尔顿酒厂，早先的几种酒采用三次蒸馏法而不是苏格兰的二次蒸馏法。爱尔兰威士忌法定的成熟期为3年，但是其中的精品至少有12年的酒龄。

波旁威士忌

波旁威士忌的酒精含量至少是40度(80 proof),主要的产地是美国的肯塔基州,主要的原料是玉米,而且要在烧焦的新橡木桶中储存两年以上才能装瓶。其他原料包括黑麦(其苦味的来源)、麦芽或小麦。优质波旁威士忌的成分中玉米占70%,但口味的好坏取决于其他辅料,举例来说,玉米占90%的威士忌口味单调,而且很便宜。

烧焦的橡木桶给波旁威士忌加入了橡木的香味(类似香草冰淇淋),独特的焦糖口味来自酒桶中的木炭成分。但是这种酒的酒龄很短,其中一个原因是新的橡木桶会使酒的木味过重。很高的酒精含量是波旁威士忌品质的象征,而温室的存储环境又让它的度数有增无减,这一点与苏格兰威士忌正好相反。

田纳西威士忌

田纳西威士忌与波旁威士忌的制造工艺很相似,但是这种酒在成熟前需要经过一道产生于19世纪初的特殊过滤程序,过滤介质是木炭和滤布,能够使酒质更加清淡、细腻并增加了独特的熏香。田纳西威士忌的法定酒龄至少为4年。

加拿大威士忌

加拿大威士忌由很多类谷物酿制而成,它们是黑麦、大麦、小麦和玉米等。这些谷物的混合方式大致决定了这种酒的口味。同酵母的具体使用方法一样,特殊的混合方式是受到专利保护的不传之秘。人们希望低度烈性酒也能具有上乘的口味,加拿大威士忌的风格正是基于这种愿望逐渐发展演变而成的。

日本威士忌

有两个人被世人称为"日本威士忌之父",他们是一甲(NIKKA)威士忌的创始人竹鹤政孝和三得利(Suntory)威士忌的创始人鸟井信治郎,后者曾经给过前者一次制造典型烈性酒的机会。竹鹤政孝原本是一家日本米酒厂的继承人,但他对威士忌更感兴趣。他曾就读于格拉斯哥大学,学的是应用化学专业,毕业后在罗斯地区的一家酿酒厂工作。没有人知道具体是哪一家酒厂,因为他在这段履历的文件材料中只提到了“格伦利物威士忌(Glenlivet)”,罗斯地区当时共有5家酒厂,而其中3家的名称中都有这个词。在1920年回到日本之前,他还曾在坎贝尔镇工作过一段时间。

当时,日本人不像美国人那么有钱,喝不起苏格兰威士忌,于是三得利株式会社在全国范围内开办美式风格的得利思酒吧,并出售自己生产的免税威士忌。三得利取得了巨大的成功。

“酒瓶专享”是当今酒吧的一个特色,意思是说,把某位顾客喝剩下的那瓶酒存放在贴有标签的架子上(和行李寄存的方式差不多),等这位顾客在下次光临的时候继续享用。

奢华的结论

上面介绍的奢侈品看似高高在上,但是,我们一旦掌握了这方面的知识,就可以在提供服务时变得更加有信心,而且更加得心应手。不要被那些代表奢侈的商标吓坏,应该学会以赞赏的眼光看待它们,因为所有这些商标的拥有者都在不断地追求完美。

第十一章

愉快的客人就是我们的杰作

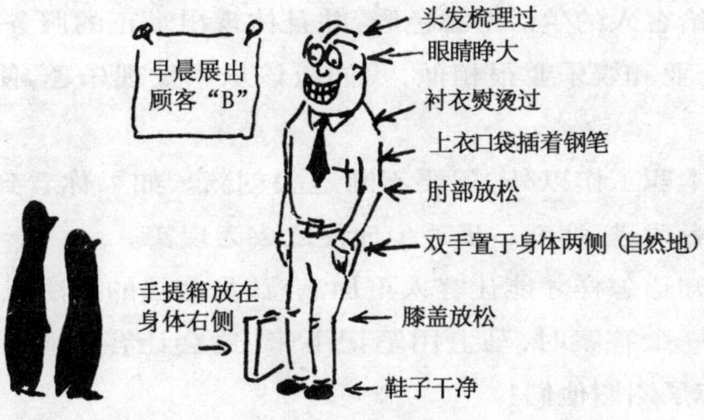

在本书的一开始，我提出了一系列问题：什么是服务？什么是出色的服务？服务的真正目的是什么？我们如何做到出色的服务？我们如何让顾客感到自己受到了特殊的款待？

如果你通读本书而且完成了所有的培训练习，那么你应该已经得到了一些启发，懂得如何更好地去创造自己的作品——愉快的客人！当然，如果你仅仅把学到的信息和知识记在脑子里，那只是一种被动的接受，要想让它们的价值得以充分体现，你必须将其融入到你的性格之中。

要想与客人建立良好的关系首先要从自身出发，享受自己的工作才能更好地服务于他人，因为快乐的情绪是很有感染力的。客人感到了舒适和轻松，也就愿意再次光临。不要忘记，我们这个行业的“资产”不断地从正门走出去，这在世界上恐怕是独一无二的。无论你为客人做了些什么，都请记住：这一切都是为你自己做的，假如总能这样想，你将从中得到很多快乐。换句话说：享受为他人服务的乐趣。

每一家酒店都有明确的定位或者风格，这包括很多内容：地方文化、菜肴的风味、房间的品位以及服务理念。这一切都会反映在酒店的具体服务上面，酒店也正是以此来招徕顾客的。受过良好培训、善解人意、谦恭有礼、充满自信的对客服务人员会营造出一个理想的氛围，再加上一定的天赋，他们必将令客人得到一段难忘的经历。

服务的优劣取决于服务接受者的感受！基于这一点，本书给出了很多有用的建议和指导。我在第一章中指出，不厌其烦地彩排、重演、重拍才能使舞台表演或者电影更加精彩，同样，练习也是完美服务的基础。对客服务员工要抓住一切机会给客人的生活增添色彩，并且体现出真正的服务是发自内心的。要记住：这个行业和娱乐业很相似，我们应该从中发现乐趣，使工作成为一种享受。

除了做好本职工作以外，还要不断地去创新。如果你看到酒店的某些服务需要更新或者改进，那就一步一步地使之成为现实。

如果你想知道怎样才能让客人更加满意，最直接的办法就是去问问他们。当他们给了你一个答案时，马上用笔记下来，这会让客人觉得你很重视这件事。当然，别忘了谢谢他们！

出色的服务来自于服务人员的实际行动，而不是他们的口头承诺。客人的有些建议可能非常有价值，应积极采纳，并付诸行动。如果某项建议在执行过程中取得了不错的效果，一定要告诉客人，并书面表示感谢。他们会从中得到满足感，而且可能会在好奇心的驱使下，再次光顾你们的酒店来体验一下这项新的服务。

当客人面带微笑，满意而归时，你会为你自己和你的同事感到骄傲，因为你们满足并超越了他们的期望。满意的客人不仅仅是你的杰作，也是你的目标——高兴的客人会再次光临！

我们在找什么?
嘘
企鹅必须
要鞠躬吗?
我们身上需
要装上合叶
看谁先起来
哎唷!

术语表一：

香槟酒

此术语表中的词汇在接待业中经常会用到，其中有些词汇在前面的章节提到过。

AC Appellation Contrôlée 的缩写。

appellation 葡萄酒的法定称号，保证了葡萄酒的产地、葡萄的品种以及酿造工艺的合法性。在获得该称号的葡萄酒中，唯有香槟酒无需在标签上印上 AC 标志。

Appellation Contrôlée 法国葡萄酒原产地区管理证明，印在酒瓶标签之上证明其原产地和制造工艺符合政府标准。

assemblage 不同产地的葡萄酒（不含碳酸气体）混合在一起，一般需数年后才能装瓶和二次发酵（**second fermentation**）；也指玫瑰香槟酒的两种着色方法之一；又指将均不含碳酸气体的白葡萄酒与红葡萄酒混合以配出需要的颜色。

autolysis 死亡酵母细胞的生物酶分解。这个过程发生在葡萄酒的二次发酵之后，由此形成口味的多样性。

balthazar 容量为 12 升的大酒瓶，相当于 16 个标准酒瓶。

blanc de blancs 仅以白葡萄汁为原料制成的香槟酒。

blanc de noirs 仅以黑葡萄汁为原料制成的香槟酒。

brut 干香槟酒,每升酒的残余糖分不超过 15 克。

CIVC Comité Interprofessional du Vin de Champagne 的缩写,即管理葡萄种植与香槟酒酿造的协调性机构。

crémant 起泡强度低于平均值的一种汽酒。1994 年 9 月之前,这条术语仅适用于香槟酒,但是现在已经用于法国其他地区生产的汽酒。

cru 字面的意思是"种植",这里指某个乡村的葡萄种植园。

cuvée 4000 公斤葡萄压制而成的第一批 2050 升葡萄酒原汁——质量最高的葡萄酒原汁。也指混合而成的酒,原料通常来自不同的葡萄园。

cuvée de prestige 顶级葡萄酒,通常是陈年佳酿,价格不菲。

dégorgement 除去二次发酵后留下的酵母沉积物。如今,常用的方法是冷冻倒置酒瓶的瓶颈部位,沉积物便形成一个"冰结的塞子",很容易去除。

demi - sec 甜香槟酒,每升含糖量在 33 克到 50 克之间。

deuxième taille 每 4000 公斤葡萄压榨而成的最后一批 206 升原汁。质量不如第一批(**cuvee**)以及第二批(**premiere taille**),用于酿造价格便宜而且口味更甜的香槟酒。

dosage 成品香槟酒的加糖剂量,调整最终的甜度,参看后面的词条 **liqueur d' expèdition**。

dry/sec 中度甜性香槟酒,每升含糖量在 17 克到 35 克之间。

extra dry/extra - sec 中度干性香槟酒,含糖量在 12 克到 20 克之间。

grand cru 特级葡萄园,即最高等级的葡萄园,完全由产自特级葡萄园的葡萄酿制的香槟酒会在标签上注明"**grand cru**"。

grande marque 指规模最大且最重要的香槟酒厂。

jeroboam 容量为 3 升的大酒瓶,相当于 4 个标准酒瓶。

lattes 用于分层放置二次发酵期之内和之后的酒瓶的木质隔板。

lees 即粗糙的沉积物,例如死酵母,葡萄酒发酵(一次和二次)之后产生。

liqueur d'expèdition 去除二次发酵的沉积物之后，在香槟酒中加糖和加酒。

liqueur de tirage 为引起二次发酵，在装瓶后的混合酒中加入糖和酒酵母。

macération 为粉红香槟酒着色的两种方法之一。

magnum 容量1.5升的大酒瓶，容量为标准酒瓶的两倍，是长时间盛装香槟酒的最佳酒瓶。

mare 香槟酒压榨机的容量，相当于4000公斤葡萄的体积。也指压榨后留下的籽、皮和茎的残渣以及从这些残渣中蒸馏出来的烈性酒。

methusalem 容量为6升的大酒瓶，相当于8个标准酒瓶。

millésime 见 **vintage champagne**。

mousse 在酒瓶中二次发酵产生的泡沫。

must 新压榨的葡萄汁，准备在瓶中发酵。

nebuchadnezzar 容量为15升的大酒瓶，相当于20个标准酒瓶。

non – vintage 售出时未标明具体年份的陈年香槟酒。

own label 标签上只有销售商名称而无厂商名称的香槟酒，这是一个普通的英文术语。

premier cru 一级葡萄园，仅次于特级葡萄园，完全由产自这些葡萄园的葡萄酿制的香槟酒会在标签上注明"**premier cru**"。

première taille 第二遍压榨出的葡萄汁。

prise de mousse 使香槟酒产生气泡的过程，这个过程在二次发酵（瓶内）时慢慢完成。

pupitre 上面有很多60度斜孔的两块铰接起来的木板，用于在"**remuage**"的过程中摆放酒瓶。

racking 把酒从一个容器倒入另一个容器以去除残渣。

rehoboam 容量为4.5升的大酒瓶，相当于6个标准酒瓶。是一种三角形酒瓶。

remuage 即通过转动、振动和平缓倒置酒瓶的方式,将里面的沉淀物集中在瓶颈,为浸水洗出杂质做好准备。

reserve wines 一批具有一定年份的蒸馏酒,存储起来以备将来制造混合酒之用。

salmanazer 容量为 9 升的大酒瓶,相当于 12 个标准酒瓶。

second fermentation 在酒中加入糖和酒酵母引起的二次发酵,这个过程在酒瓶中完成,使酒产生气泡。

vintage champagne 单一品种的好年份葡萄酒制成的香槟酒,也称 **millésime**。

术语表二：

菜单用语

这个术语表可以帮助你理解餐馆中经常使用的烹调术语。词条的解释依据国际标准，古典和现代兼顾。你可能会发现有些厨师或餐厅经理对这些术语的解释与本表略有差异，然而，基本要点是一致的。下表提供了大量的信息，相信会给你一定的启发。

abalone　1. 鲍鱼，用于烹制羹汤、杂烩和中国/美国菜肴的软体动物；2. 海鲜口味的大白蘑菇。

accompaniment　搭配主菜提供的调味品或附菜，通常依据传统，例如：烤羔羊肉要配上薄荷沙司；意大利面食配以巴尔马干酪。

adrak　（印度）生姜。

agneau　（法）羊羔肉。

ail　（法）大蒜。

al dente　（意）指口感偏硬，用于形容食物（如意大利面食或蔬菜）煮制的软硬程度的术语。

à la carte　（法）一种菜单的模式，每道菜肴单独标价。

à la crème　（法）在烹制前或烹制后加入奶油。

allemande　（法）德国风味：通常指配以德国泡菜、捣碎的马铃薯或熏肠。

aloo　（印度）马铃薯。

amande （法)杏仁。

amandine （法)加入杏仁的。

amatriciana （意)辛辣。

amrood （印度)番石榴。

anchovy 非常咸的小鱼。

anglaise （法)简单煮熟的菜肴。

anguille fume （法)熏鳗鲡。

antipasto （意)由意大利腊肠、凤尾鱼、火腿、油浸小洋蓟和生蔬菜等拌成的开胃食品(**hors d'oeuvres**)。

arborio （意)用于制作意大利调味饭(**risotto**)的一种米饭。

argenteuil （法)以芦笋为特色的菜肴,以法国的一个行政区阿让特伊命名。

aroma 香味。

assiette （法)盘子、海味或冷盘等的通称。

au bleu （法)非常嫩(软);用于形容肉类或特定的鱼类菜肴,**truite** au bleu。

au four （法)在烤箱中烹制或烘烤。

au gratin （法)撒上面包屑并(或)浇上奶酪和溶化的黄油,在烤架上烤至褐色。

au jus （法)通常指配以专门的烹调汁的肉类菜肴,如烤肉。

baak faahn （中国)白米饭。

baba （法)一种味道很足的发酵蛋糕,通常用朗姆酒和糖浆浸泡并佐以奶油。

back of house 后台部门,通常来说,这些部门不是面对面服务于客人的,包括厨房、管理办公室和客房部等等。

bagna cauda （意)浇汁的热凤尾鱼,配上生蔬菜食用。

baguette （法)法式棍子面包。

bahmie （印尼)炒面。

baklava （希腊)果仁蜜酥饼,由很薄的一层糕点、切碎的坚果和蜂蜜做成的甜点心。

ballotine （法)1. 小肉卷或小肉丸,用包括禽肉在内的各种肉类制成;

2. 加热的 **galantine**。

balsamic vinegar 酒醋，味道酸甜，食用水果和沙拉时添加的调味品。

basmati rice 烹制印度菜时使用的一种长条形状的米。

bati （印度）油炸的酥皮馅饼，馅是辣味的土豆。

bavarois （法）味道很足的蛋奶甜羹，原料是蛋黄、牛奶、生奶油和动物胶质；有多种口味可供选择。

bean curd 豆腐，也称 **tofu**，以大豆为原料，质地柔软如奶酪，富含蛋白质，而且烹调时容易入味。

béarnaise （法）贝阿恩沙司，与荷兰式沙司相仿，只是额外增加了龙蒿叶汁。

béchamel （法）贝夏美沙司，路易十四御厨贝夏美发明的一种由牛油、乳酪、面粉等制成的白色调味汁。

beignets （法）和有鸡蛋的松软面团，经滚油炸至表面起泡为止。

belle heléne （法）一种餐后甜点，食用时佐以梨酱、冰淇淋和热巧克力沙司。

bercy （法）一种烹制鱼类菜肴的风格，通常在烹调时加入葱、欧芹、白葡萄酒和鱼汤；食用前，把沙司稀释并加入黄油，然后涂抹在烹制好的鱼上。

beurre meunière （法）加柠檬汁的 **beurre noisette**。

beurre noisette （法）加热至褐色的奶油，上桌的时候非常热。

bhaji （印度）任何辣调料烹制的蔬菜。

bhajjias （印度）五香油炸蔬菜面糊，用蔬菜和面糊做的小点心。

bien cuit （法）煮得时间很长的牛排。

bill of fare 同 **menu**。

biriani （印）一种呈橘黄色的米饭，配以肉和鱼（柠檬汁和酸乳酪浸泡过）或者扁豆咖喱酱。

bisque （法）奶油浓汤，原料通常是海鲜。

black pepper 黑胡椒粉。

bleu （法）非常嫩（特指牛排）。

blini （俄）荞麦面和发酵粉制成的一种传统俄式薄煎饼。

blue vein 蓝霉乳酪。

bocconcini （意）一种小丸状的意大利干酪，色白味淡，泡在乳清中以保持湿润。适合制作开胃小菜或沙拉。

bockwurst (德)一种猪肉及小牛肉制成的趁热食用的香肠,与法兰克福香肠相似。

bolognese (意)番茄肉酱——意大利面食的作料。

bombe (法)冷冻的餐后甜点,通常由冰淇淋制作,呈球形。

Bon appetit! (法)祝你胃口好或用餐愉快。

botrytis 灰葡萄孢菌,用于制造贵腐酒(noble rot);用贵腐酒为调料烹制的菜肴会增加甜味。

bouillabaisse (法)由多种鱼肉合煮而成的带有芳草味的鱼肉汤。

bouquet (法)与众不同的芳香,通常用来形容好酒。

Brie (法)布里干酪,一种全奶干酪,带白色外皮和质软、浅黄色心。

brioche (法)松软的甜面包,在有深槽的小型模子中烤制而成。

brochettes (法)小串烤肉。

bruschetta (意)番茄香草烤面包片,表面涂抹油脂并撒上香草调味粉(通常为柴苏),是一种开胃食品。

brunoise (法)起装饰作用的小蔬菜丁。

burghul (中东)将小麦的粒去壳、蒸熟并碾碎而成的谷类食品。

cacciatora (意)通常指将鸡肉与番茄汁、葡萄酒、洋葱、蘑菇放在一起烹制的菜肴。

Caesar salad 凯撒色拉,由莴苣、生蛋、意大利干酪、凤尾鱼片、油炸小面包块和调味品拌成的一种沙拉,常为重要的第一道菜或清淡的主菜。

café (法)1. 咖啡;2. 咖啡口味的。

calamari (意)鱿鱼。

Camembert (法)卡门贝干酪,牛奶制成,表皮柔软,似绒毛覆盖。

cannelloni (意)烤空心粉,塞肉或干酪并加番茄或奶油汁烘烤而成的大空心粉条。

carafe (法)一种用于盛酒或水的玻璃瓶或玻璃壶。

carbonara (意)一种意大利面食的调味作料,含有熏肉、蛋黄、奶油和黑胡椒。

carne (西班牙)肉类。

carpaccio (意)牛肉干。

cassoulet (法)扁豆焖肉。

caviare 鱼子酱,通常和俄式薄煎饼一同食用,并佐以伏特加酒。

champignons (法)蘑菇。

chanterelle (法)鸡油菌,一种可食用的蘑菇,颜色橙黄,有香味。

Chantilly cream 微甜并带有香草味的生奶油。

chapati (印)一种全麦面粉面包,热时表面膨胀起很多气泡,冷时变平。

charlotte (法)水果奶油布丁,一种甜点心,冷热均可,由松软蛋糕或面包加夹心做成,如夹水果、掼奶油或蛋奶沙司。

Châteaubriand (法)厚片的牛里脊肉。

chatni (印)同 **chutney**。

chaudfroid (法)一种乳脂状沙司,内含肉冻,浇在食物表面,形成凝胶层。

cheung gyun (中国)陈村粉。

chilli con carne (西)墨西哥辣味牛肉。

chipolata 小香肠。

chirinabe (日)煮熟的鱼肉和蔬菜做成的菜肴,蘸酱食用。

choron sauce (法)一种加入番茄酱的贝阿恩沙司。

choux (法)由沸水与面粉拌成的面团,再加入牛油及鸡蛋,烘焗至面团膨胀起来成松度高的饼皮,用于制作空心甜(咸)饼和指形小饼。

chow choi (中)(用旺火炒的)炒菜。

chowder 杂烩汤或浓汤,通常以牛奶作汤底,由海鲜做成并用马铃薯使其加浓。

chow mein (中)炒面。

churros (西)小而酥脆的油炸圈饼。

commis (法)助理或学员。

commis waiter 见习服务生。

compote (法)在糖浆中煮熟的新鲜水果或干果,热食或冷食均可。

concassé (法)去皮去籽的番茄切成的小方丁。

consommé (法)清炖肉汤。

corkage 开瓶费,餐馆对顾客自带的瓶装酒提供服务所收费用。

coulibiac (俄)(长形的,鲑鱼、肉、白菜馅的)大烤饼。

coulis (法)与主料搭配的肉汤或蔬菜水果浓汤。

coupe (法)盛放餐后甜点(冷)或餐前海鲜开胃品的浅玻璃盘。

cover 为一位客人准备的一套餐具。

crème caramel (法)一种餐后甜点,原料为鸡蛋、糖和牛奶,在焦糖衬底的模子里烹制成形后,翻出并放凉后提供给客人食用。

crème fraîche (法)一种使菜肴具有独特口味的配料,在高脂稀奶油添加柠檬汁或醋,发酵并搅拌起泡沫。

créole (法)由米饭、胡椒粉(甜)、调料、番茄再加上鸡肉或鱼肉制成的一道菜肴。

crêpe (法)一种非常薄的煎饼,通常在上面放上带甜味或咸味的馅,然后卷起来或折起来食用。

crevettes (法)小虾。

croissant (法)羊角面包,一种营养丰富的新月形发酵面包卷或薄饼。

croustade (法)脆皮酥盒,一种用面包或玉米片等捏成的杯形饼皮,经油炸或烘烤后填入肉、鱼或其他海鲜等馅料。

croûte (法)一种油炸或烘烤的面包,呈圆形或片状,可配上开胃小菜一起食用。

croûtons (法)油煎或烤制的小面包块,常放在汤里吃,或放在沙拉(比如凯撒沙拉)里作为装饰。

crudités (法)生蔬菜。

crustacean 甲壳类动物,包括螃蟹、小龙虾、龙虾等等。

dahi (印度)酸乳酪。

dal (印度)同 **dhal**。

damper (澳大利亚)面粉加水和成面团,以传统的方式在炭火的灰烬中烘焙而成的食品。

dashi (日本)肉汤。

dauh gu gai (中国)爆炒鸡块。

decant 过酒,即将葡萄酒慢慢倒入醒酒瓶中以除去沉积物。

decanter 醒酒瓶,细颈瓶或有塞子的酒瓶。

dégustation (法)品尝、啜饮之意。**menu dégustation** 的意思就是从主菜单中挑选出的一些可供品尝或试吃的一些菜(通常是小份的)。

demi - glace (法)Espagnole 沙司(褐色),快速加热至沸腾(蒸发掉一半)以达到最理想的味道。

dhal (Ind.)(印)从中间裂成两半的豆子;用这种豆子做的菜。

diable (法)蘸了很多芥末的;调足味的。

dijonnaise (法)一般指菜肴中含有的法国芥末。

dim sum (中国)点心。

dolmades (希腊)希腊传统美食道尔马德斯(用葡萄叶包裹肉和米饭)。

duchesse (法)经过塑形的奶油土豆泥,可以单独提供给客人,也可摆放在菜盘周围作为装饰。

dumpling 面团布丁,炖或煮制的小面团,味道或甜或咸,也可用糖和香草调味。

eggs benedict 把荷包蛋和烤火腿放在烤松饼上再佐以荷兰辣酱油。

enchiladas (墨西哥)玉米卷饼,一种卷肉的薄玉米饼,蘸着辣酱和番茄酱食用。

ensalada (西班牙)沙拉。

entrecôte (法)上腰部切下的带骨大块牛肉;真正的 entrecôte 是从肋骨之间切下的。

entrée (法)尽管从法语字面上理解,这个词是"开始"之意,但在餐饮界,它的意思并不是第一道菜。本词的原意指宴会中第一道肉菜,通常还是比较拿手的菜,以赢得一个"开门红",因此国际上普遍用这个词表示餐宴中的主菜。

escalope (法)去骨的薄肉片(通常是猪肉或者小牛肉),裹上一层鸡蛋和面包渣,然后油炸。

espagnole (法)一种以植物性调味香料(mirepoix)为原料制成的棕色沙司,是其他沙司的主要成分。

eye fillet 最嫩的牛里脊切成的厚片。

falafel (中东)豌豆加上调味品制成的一种以色列小吃。

farci (法)有馅的。

feta (希腊)羊奶干酪,用山羊或牝羊奶制成并存放在盐水中的白色的半软希腊奶酪。

fettuccini (意)一种意大利宽面条。

filet mignon (法)最嫩的牛里脊肉切成的薄片。

filo pastry （希腊）极薄的油酥面皮。

fine dining room 提供正规服务的高档餐厅，通常设在五星级饭店。

flambé （法）表面浇上白兰地或朗姆酒并点燃后端上来的菜肴。

fleurons （法）一种新月形状的小松饼，用以装饰鱼类菜肴。

florentine （法）通常指用菠菜进行装饰的菜品。

fondue （法/瑞士）热油或浓酱汁做成的菜肴；酱汁口味或甜或咸，在里面加入小面包块浸泡，加热不加热均可。

formaggio （意）奶酪。

fragole （意）草莓。

framboises （法）木莓白兰地酒。

française （法）法国风味的。

frangipane （法）杏仁奶油蛋糕。

frappé （法）冰冻的。

fritto （意）油炸的。

fritto misto （意）把什锦蔬菜或肉片和在奶油面糊里油炸而成的食品。

fromage （法）奶酪。

fumé （法）熏制的。

funghi （意）蘑菇。

gado gado （印尼）一种蔬菜沙拉，将高丽菜、红萝卜、花菜、豆芽等等稍微汆烫，摆上水煮蛋和小黄瓜，食用前需淋上印尼花生酱。

gai si tong mein （中国）鸡丝汤面。

galantine （法）一种将剔骨肉煮熟并浇上肉冻制成的凉菜。

galette （法）薄酥皮蛋糕或土豆泥炸制而成的薄蛋糕。

gambero （意）小龙虾。

garam （印度）香辣的。

garam masala （印度）五香调料粉。

gastronome 美食家。

gâteau （法）奶油蛋糕，一般表面有水果和坚果仁装饰。

gazpacho （西班牙）西班牙凉菜汤，由切碎的西红柿、黄瓜、大蒜、胡椒和香料做成。

gelato （意）冰淇淋。

génoise 或 **genoese** （法）一种由鸡蛋、糖、面粉和融化的黄油制成的松糕。

génoise sauce 用香草和阿月浑子的果实调味制成的蛋黄酱。

ghee （印度）印度酥油，一种清澈半流质的黄油，用于印度食品的烹调。

glacé （法）光滑的或冰冻的。

gnocchi （意）意大利汤团，以面粉、粗粒面粉或马铃薯做成的馅团，煮或烤后配以干酪或汤汁食用。

gohan （日）1. 蒸米饭；2. 日语一顿饭的意思。

goreng （印尼）盛米饭的盘子。

gougère （法）奶酪口味的油酥面团（热食）。

goujon （法）把鱼切成窄条，以各种方法烹制而成的菜肴，通常的烹调方法是裹上面包屑油炸。

goulash 菜炖牛肉，牛肉或小牛肉与蔬菜做的炖菜，主要用红辣椒调味。

gourmand （法）爱吃东西的人或贪食者。

gourmet （法）能品评及精选美酒佳肴的人，即美食家。

gratinated 同 **au gratin**。

grille （法）焙的，烤炙的。

guacamole （墨西哥）一种由鳄梨、柠檬汁和大蒜制成的调味汁。

guéridon （法）在餐厅中当着客人的面准备食品用的餐车或桌子。

gulab jamun （印）牛奶、面粉和糖浆制成的一种油炸甜品。

halva （希腊）芝麻蜜糖。

hashi （日）木制筷子。

haute cuisine （法）高级烹饪术。

hoi sin sauce （中）黄稀酱。

hollandaise （法）荷兰风味；指黄油、蛋黄、胡椒和醋制成的沙司。

hors d'oeuvres （法）餐前开胃食品。

hoummos 或 **humus** （德）一种用芝麻、豌豆、大蒜和柠檬汁制成的稠糊。

huîtres （法）牡蛎。

hung siu paaih gwat （中）红烧排骨。

ikra （俄）鱼子酱。

insalata （意）沙拉。

italienne （法）意大利风味。

jalapeños （墨西哥）甜椒。

jalebi （印度）蘸糖浆吃的油酥面卷，冷热皆宜。

julienne （法）切成长条形；通常为蔬菜或火腿肉。

jus （法）果汁。

jus－lié （法）浓肉汤。

kaeng phet kai （泰国）鸡肉咖喱饭。

kaeng phet nua （泰国）牛肉咖喱饭。

kai torn kah （泰）鸡汤。

kai tord （泰）炸鸡。

kaki （日）牡蛎。

kao pad （泰）油炸的。

kapi （泰）虾酱。

kartoffel （德）马铃薯。

karui （日）很咸的；很辣的。

kebabs 蔬菜烤肉串。

kheema （印度）切碎的羔羊肉或牛肉，拌上洋葱、大蒜、番茄、生姜和香料。

kilpatrick 食用牡蛎菜肴（由牡蛎、熏肉、番茄和伍斯特郡沙司烹制而成）时的一种调味汁。

kofta （印度）油炸肉丸子或素（蔬菜）丸子。

kohlrabi 球茎甘蓝（一种蔬菜）。

korma （印度）一种将肉类用酸乳酪浸渍再加蔬菜、香辛料烹煮而成的高级菜肴。

kulfi （印度）冰淇淋。

kulibyaka （俄）同 **coulibiac**。

kung tord （泰）烤大虾。

langue de chat （法）1. 细长（手指形状）的酥脆饼干；2. 巧克力。

lardons （法）肥肉条，用作某些菜品的装饰。

lasagne （意）意大利千层饼，用肉和奶油沙司分层。

lasun （印度）大蒜。

lié （法）使沙司变浓。

lobster 龙虾，可食用的海生甲壳类动物，味道和小龙虾相似；南半球的海域中没有真正的龙虾。

lu chin nua （泰）辣味肉丸子。

lyonnaise （法）通常指以洋葱为主料烧成的菜。

macaroons 蛋白杏仁甜饼干，用糖、蛋白、杏仁粉制作而成。

macédoine （法）凉拌水果蔬菜。

Madras curry （印）非常辛辣的咖喱粉。

maître d'hôtel （法）管家或侍者领班。

marengo （法）通常指以鸡肉为主烹制的菜肴，用料中还包括小龙虾、煎鸡蛋、蘑菇和番茄等。

marinade 腌泡汁，一种液体混合物，通常由葡萄酒、油和醋组成，某些食品在烹制前要在其中浸透。

marinara （意）通常指含有海鲜成分的菜肴。

marinate 指在腌泡汁（marinade）中浸泡。

Marsala 意大利马沙拉白葡萄酒，适合餐后饮用。

masak lemak （马来西亚）一种辛辣味的蔬菜菜肴。

masala （印度）各种调味品的组合。

mayonnaise 蛋黄酱，用蛋黄、油、醋、盐、胡椒和芥末制成的一种乳状调味品。

medallion 小的圆形肉片，通常为小牛肉片。

medium rare 用来形容烤牛排生熟程度的术语——半熟，牛排应呈深褐色，汁液呈粉色，肉的内部透出粉红色，摸起来微硬。

medium well 用来形容烤牛排生熟程度的术语——全熟，牛排外表呈深褐色且有油渣，无汁液，肉的内部透出淡粉色，摸起来是硬的。

melba, pêche 由冰淇淋、蜜桃和山莓沙司制成的食品。

melba toast 梅尔巴吐司，一种烤得很脆的薄面包片。

menu （法）菜单。

meringue 打稠的蛋白与糖的混合物。

mesclun (法)不同颜色和质地的蔬菜混合而成的什锦沙拉,通常添加酸辣酱油(**vinaigrette**)或法式调味品。

meunière (法)将鱼稍蘸一点面粉,然后过油微炸。

milanese (意)将小牛肉片或羔羊肉片裹上面包屑和鸡蛋过油微炸而成的菜肴。

mille - feuille (法)油酥千层糕。

minestrone (意)蔬菜和通心粉煮成的意大利浓菜汤。

mint sauce 薄荷沙司,薄荷加糖加醋制成。

mirepoix (法)各种切成小块的嫩炒蔬菜(如胡萝卜、芹菜、洋葱)的混合物,用作调制棕色沙司的底料,或者用作焖肉的菜底。

miso (日)日本豆面酱。

misoshiru (日)日本豆面酱汤。

misto (意)混合。

mornay (法)奶油沙司。

moules (法)贻贝。

moussaka (希腊)肉(通常为羔羊肉)、茄片和番茄片拼成多层,淋上奶油沙司后烘烤而成的菜肴。

mousse (法)一种多泡沫含奶油的甜点,用模子制成。

mousseline sauce (法)在荷兰式沙司中加入打稠的奶油制成的一种法式沙司。

mozzarella (意)白干酪,一种味淡的、白色的并有弹性的意大利奶酪,通常溶化后浇在比萨饼上食用。

murgh (印度)鸡肉。

naan (印)在筒状泥炉中烤制的未发酵面包。

nachos (墨)烤干酪辣味玉米片。

nam prik (泰)一种非常辣的红辣椒沙司。

napolitaine (法)意大利细面条(spaghetti)的一种做法,将番茄加入奶酪汁作为调料。

nasi goreng (印尼)印尼炒饭。

Neufchatel (瑞士)软白干酪,低脂肪,味道很冲。

Newburg 纽堡酱，用乳脂、蛋黄、黄油和雪利酒制成的一种调味汁。

niçoise （法）通常为用番茄、凤尾鱼、橄榄、法国青豆和大蒜做成的菜肴。

niku （日）肉类。

noisette （法）小块圆形羔羊肉，取自腰部，去骨并去掉肥肉。

noodles 面条，类似意大利面食（pasta），通常切成或擀成窄条。欧洲面条的原料为面粉、鸡蛋、马铃薯或米粉，亚洲面条的原料一般不含鸡蛋。

nuoc nam （越）烹调用的咸辣鱼肉沙司；nuoc cham 则是一种佐餐沙司，即在 nuoc nam 中加入红辣椒、大蒜、糖和柠檬汁。

omelette （法）煎蛋，打好的鸡蛋调味后在热油中煎至微硬。

omelette espagnole （法）什锦煎蛋，原料包括甘椒、凤尾鱼、马铃薯、番茄丁、洋葱和橄榄。

osso buco （意）白葡萄酒汁焖小牛腿肉。

paella （西）西班牙拌饭，由米饭、蔬菜、肉类或海鲜（通常为鸡肉、大虾、贻贝等）做成，以藏红花调味。

pain （法）面包。

pain au chocolat （法）巧克力面包。

pakhoras （印）油炸豌豆脆，佐以酸辣酱。

palate 1. 味觉；2. 上颚。

panettone （意）用葡萄干、蜜饯果皮、杏仁等做成的松软的意大利节日糕点。

panna （意）奶油。

papillote （法）油纸或油纸袋（用于包裹食品后烹调）。

pappadam （印）同 **poppadom**。

paratha （印度）小麦面包，以酥油煎炸。

parfait （法）冻糕。

Parmesan 源于意大利帕尔马的一种质地很硬，很干，味道很重的奶酪，经常搓碎后食用。

pasto （意）一餐。

pastrami （美）五香熏牛肉，取最好的牛腿肉，撒上香料和黑胡椒籽后熏烤。切成薄片上桌，通常配上黑面包三明治，佐以莳萝泡菜汁。

pâté de foie （法）鹅肝酱。

pâté maison （法）餐馆自制鹅肝酱。

paupiette （法）烹肉卷。

pavlova （澳大利亚）奶油水果蛋白饼。

pecorino （意）羊乳干酪，有刺激性气味。

Peking duck 北京烤鸭。

penne （意）意大利尖管面。

pepperoni （意）辣味牛肉和猪肉萨拉米香肠（不要与 peperonie——腌制甜椒混淆）。

pesto （意）香蒜酱，由新鲜香草、大蒜、松果、橄榄油和巴尔马干酪为原料制成。

petits fours （法）法式小点心的统称。

phulgobi （印）花椰菜。

pilau, pilaff, pilaw 肉饭。

piquant （法）辣味的、开胃的，尝起来辛辣但美味的，佐料多的。

pizza （意）比萨饼，一种涂有乳酪和番茄酱的意大利式有馅烘饼。

pla prio wan （泰）酸酱炸鱼。

poisson （法）鱼。

poivre （法）胡椒粉。

polenta （意）一种由玉米粉或粗粒小麦粉制成的麦片，洒上奶酪和溶化的黄油后烘烤。

pomme （法）苹果。

pomme de terre （法）马铃薯。

pomodoro （意）番茄。

poppadom/poppadum （印）一种印度薄饼，小扁豆粉做成，通常油炸后作为开胃食品并配以咖喱粉食用。

porterhouse 从前腰部瘦端割下的一种大块牛排。

portugaise （法）以番茄、油和洋葱味为特色的。

poulet （法）鸡肉。

profiteroles （法）松软面团做成的空心小酥球，通常填充甜味馅料。

prosciutto （意）意大利熏火腿，一种有悠久历史的、熏干的、加香料的意大利火腿，通常被切成薄片，不用烹调即可食用。

provençale （法）以番茄、蒜、洋葱和橄榄油为特色的菜肴。

purée （法）果泥。

quennelles （法）煮熟或油炸的小肉丸或小鱼丸，用于装饰，或蘸沙司食用。

quiche （法）馅料为奶酪、洋葱、番茄和熏肉的开口馅饼，盖上一层牛奶蛋糊在烤箱中烘烤而成。

raan （印度）羔羊腿。

rack 取自羔羊肋脊部的排骨。

ragoût （法）浓味蔬菜炖肉。

ramekin 小干酪蛋糕，一种奶酪制品，用蛋和面包屑或加糖的膨化油酥皮制成，烤制后，盛于供单人使用的盘子。

rare 嫩的，烹制的火候较浅（肉类）；外观呈褐色，但无明显皱缩，保留了红色的汁液，质地仍较软。

rasam （印）青椒、番茄和木豆做成的香料汤。

ratatouille （法）普罗旺斯蔬菜杂烩，一种蔬菜杂烩，通常包括茄子、番茄、洋葱和青椒，由草药或大蒜进行调味，既可冷吃也可热食。

ravioli （意）意大利小方饺，一个小面卷，里面包有熟肉、奶酪等各种馅。

rendang （印尼）辣牛肉。

risotto （意）意大利烩饭，将米饭拌上蔬菜（有时为鱼或肉），加入葡萄酒或肉汁烹制，直到汁液全部被吸收即可出锅。

Roquefort （法）圆柱形法国干酪，具有蓝绿相间的纹理。

roti （印度）咖喱面包。

rôti （法）烤肉。

roulade （法）一种带馅的食品，用薄皮卷裹蘸浓沙司的馅料；也可为甜食，比如用巧克力或海绵蛋糕卷奶油或其他甜馅。

roulé （法）同 roulade。

roux （法）油面糊、面粉和黄油的混合物，用来将沙司增稠。

sabayon （法）一种用蛋黄、糖、酒或果汁搅拌到稠状的甜点或调味汁。

salsa （意/西）即沙司，或指切好的几种蔬菜拌在一起。

saltimbocca (意)煎小牛肉火腿卷。

sambal (印尼)辛辣小菜。

sambol (印)小菜或辛辣味的蔬菜水果沙拉,冷食。

samosa (印度)脆炸三角饺,以调过味的肉或蔬菜为馅。

sashimai (日)生鱼片。

satay (印尼)烤肉条,将腌制的肉条、家禽肉条或海鲜在烤架上烤过以后蘸花生酱制成。

sauerkraut 泡菜,用盐腌起来并使其在自己的汁水中发酵的切碎了的卷心菜。

saumon (法)三文鱼,又称大马哈鱼。

sauté (法)炒。

schnitzel (德)小牛肉片或鸡肉片。

seekh kabab (印)同 **shish kebab**。

set menu 固定菜单,客人没有选择权,所有菜品预先定好,通常用于宴会。

shashlik (中东)烤肉串。

shish kebab (中东)烤肉串。

shoyu (日)日式酱油。

si ju kuo ha (中)豉汁炒蟹。

silver service 一种餐厅服务方式,侍者在餐桌边分配好食物后放入客人的盘中。

sindhi gosht (印度)沙锅咖喱羊羔肉。

sorbet (法)果汁冰糕。

soufflé (法)松软的开胃食品,将打稠的蛋白与稠沙司混合烹调而成的甜品菜肴。

soup du jour (法)例汤。

sous – chef (法)助理厨师。

souvlaki (希腊)烤肉串,佐以酸乳酪或辣味沙司。

spaghetti (意)意大利面食的一种。

spare ribs 牛肉或猪肉排骨。

spoom 加入双份意大利蛋白甜饼的冰糕。

steak tartare 芥末蛋黄酱拌生牛肉末。

Stilton 斯蒂尔顿干酪,一种发腻的蜡状乳酪,具有蓝绿色的霉菌和皱皮。

stroganoff (俄)以酸奶油、白兰地酒烹调的牛肉主菜。

suprême (法)鸡胸脯、上好的牛肉、鸡肉或鱼肉;极为精致的。

sukiyaki (日)寿喜烧,用切成薄片的肉与豆腐和蔬菜一同调味、煎炸。

sushi (日)寿司。

table d'hote (法)三四道菜组成的套餐(固定价格)。

taco (墨)炸玉米卷。

tai (日)尖口鲷。

tandoori (印)泥炉烹调法。

tapas (西)餐前小吃。

taramasalata (希腊)熏鳕鱼卵制成的开胃小菜,以蒜汁和柠檬汁调味。

tarte (法)果馅饼。

tempura (日)天麸罗,一种日本菜,将鱼、虾及蔬菜等蘸上鸡蛋、牛奶面糊炸熟。

teppanyaki (日)铁板烧。

teriyaki (日)照烧,将肉或鱼在照烧酱里腌泡过后烤熟的菜肴。

terrine (法)(盛有美味菜肴并连同盛物一同出售的)陶罐。

thermidor (法)法式烹龙虾,用白葡萄酒和奶油蛋黄沙司烹制。

tiède (法)微温的。

tikka (印度)木炭烤肉,将小肉块在酸乳酪和香辣汁中腌渍后在木炭炉上烧烤。

timbale (法)香烤三味,用肉和蔬菜加入奶油和调料,在杯中或鼓形容器内烘烤。

tofu (日)豆腐。

tohng chou gu lou tunhk (中)糖醋咕噜肉。

tom yam (泰)柠檬酸辣汤。

tom yam kung (泰)酸辣虾汤。

tonno (意)金枪鱼。

tortellini (意)意式饺子,一种环状馅饼,通常以肉或奶油作馅。

tournedos (法)小块菲力牛排。

tronçon (法)带骨平鱼片。

truffle 1. 一种肉质可食的子囊真菌,被视为美味;2. 巧克力软糖。

truite (法)鲑鱼。

tuiles (法)非常薄的饼干,通常有杏仁成分。

udon noodles 面粉做成的粗面条,在中国和日本很常见。这样的面条一般在高汤中煮熟,并且作为一种快餐提供。

vacherin (法)夹心蛋糕。

vanilla 香草调味料。

velouté (法)白汁沙司,用黄油、面粉加牛奶、奶油、汤汁做的一种调味汁,是其他调味汁的主要成分。

vichyssoise (法)维希冷汤,一种用韭葱和洋葱调味的黏稠的奶油土豆汤,通常冷食。

vinaigrette (法)酸酱油,由醋、柠檬汁和油加切得很细的洋葱、草药和其他调味品做成的一种冷调味汁。

vindaloo (印)用大蒜、酒或醋作配料的咖喱肉。

vitello (意)小牛肉。

vol - au - vent (法)油酥馅饼。

vongole (意)1. 蛤肉;2. 小个的 **vol - au - vent**。

Waldorf (美)一种沙拉,将苹果、核桃、芹菜切碎混合蛋黄酱做成。

wasabi (日)山葵。

watercress 豆瓣菜,十字花科的一种辛辣多年生欧亚草本植物,生长于淡水池塘和水流中,用在沙拉中和作装饰物。

wiener schnitzel (奥地利)维也纳炸肉片,一种裹面包屑和鸡蛋的炸肉片(小牛肉)。

yam (泰)1. 烧烤蔬菜;2. 泰式酸辣色拉。

yang chow (中)扬州炒饭。

yu tsi tang (中)鱼翅汤。

zabaglione (意)酒香蛋蜜汁,一种用蛋黄、糖、马沙拉白葡萄酒搅拌到稠状的餐后甜点,冷食热食皆可。

zakuski (俄)第一道菜,开胃菜。

zest 橙皮,用作调味香料的柳橙皮或柠檬皮的最外层部分。

zuppa (意)汤。

zuppa inglese (意)英式牛奶蛋糕。

术语表三：

体育运动术语

高尔夫

ace 开杆时一杆进洞。

address 击球前瞄准。

approach shot 从球道上攻果岭一杆。

birdie 低于标准杆数一杆，俗称小鸟球。

blind hole 击球者攻果岭或开杆时，果岭非视线所及。

bogey 高于标准杆数一杆。

bunker 一般位于果岭附近的沙坑障碍。

caddie 球童。

carry 球被击出后在空中飞行的距离，即射程。

chip 果岭边的切球。

cup 球洞。

divot 击球时球杆削起的一块草皮。

double bogey 高于标准杆数2杆。

drive 开杆。

eagle 低于标准杆2杆，俗称老鹰球。

fairway 球道，从开球区到果岭之间的无障碍地带。

flagstick 旗杆，即标明球洞位置和球洞号数的指标旗。

green 果岭，即围绕着球洞精心修剪的短草区域。

handicap 差点，低水平球手与高水平球手竞技时，其所获得的让杆数。

hole - in - one 开球时一杆进洞，同 ace。

hook 左曲球：右手持杆者击出的转向左边的球，或左手持杆者击出的转向右边的球。

iron 铁杆。

links 高尔夫球场（来源于苏格兰词汇，指海边起伏不平的覆草沙地，早期球场在此建造）。

nineteenth hole 高尔夫球场的酒吧间。

par 标准杆，指在某一球洞，专业球手在好天气下应打出的成绩。

putter 推杆，用于果岭上的推击。

slice 右曲球，与左曲球相反。

tee T 形球座，开球前将球支起的木质或塑料小短桩。

wood 木杆，用于远距离击球。

赛马

birdcage 用于赛前展示赛马的区域。

colt 未满四岁的小雄马。

correct weight 确认赛马负担的配重，确认后方可下注。

dead 死亡赛道，即赛道表面缺乏弹性，不利于赛马加快或放慢速度。

double 加倍，同时对两场比赛中的两匹赛马下注，如果第一匹获胜，那么将所获奖金直接押在第二匹赛马上。

favourite 热门马，被认为获胜机会很大的赛马。

filly 未满四岁的小雌马。

firm 赔率的缩写形式。

gelding 被阉割的公马。

handicap 配重，分配给赛马的额外重量，一般根据先前的比赛成绩而定。

horse 四岁以上的雄马。

mare 四岁以上的雌马。

mudlark 湿地或泥地中表现优异的赛马。

on the nod 赌客与赌注登记经纪人之间的赌博交易,无金钱过手,仅凭信誉。

outsider 冷门马,被认为获胜机会很小的赛马。

parley 一次性押注四场马赛中的四匹赛马赌博方法。

punter 赌客。

quadrella 在指定的四场马赛中挑选获胜者。

quinella 赌前两名,投注一场马赛的前两名,不考虑顺序。

ring 赌注登记经纪人所在的区域。

TAB 由澳大利亚政府运营的赛马博彩投注站。

tote 接受赌注并按投注比例分配奖金(扣除管理费和税费)的指定机构,也指这样的赌博形式。

trifecta 在一场马赛中,押注前三名及其正确名次。

weight – for – age race 根据赛马年龄和马种决定配重的比赛。

yearling 一岁到二岁之间的小马。

航海

aft 船尾。

anchor 锚。

astern 船尾在最前面的;向后的。

beacon 信号站,如灯塔。

beam 船幅,船体的最大宽度。

berth 船上的铺位。

boom 船帆的下桁,用来支撑或伸展帆的下端。

buoy 浮标,用以标出航道和暗礁的位置。

cast anchor 抛锚。

compass 罗盘。

deck 甲板。

dinghy 以桨或帆为动力的小船或小橡皮艇。

drop anchor 抛锚。

fore 船头。

fore – and – aft sail 纵帆。

gps 全球定位系统，用于导航。

head 1. 海岸边突出的岩石；2. 盥洗室。

helm 舵柄或舵轮，船的操舵装置。

keel 船的龙骨，木制或钢制的基础机构，船的框架在此基础上建造。

ketch 一种小型双桅船。

knot 节，航海记速单位，每小时航行的海里数。

luff 纵帆前缘。

mast 桅杆，一根高的木杆或金属杆，从帆船的龙骨或甲板直立起来以支持帆和操纵装置。

motor boat 摩托艇。

oar 桨，一根尾部有叶状片杆，用于划船或掌舵。

port 左舷。

rigging 索具、帆缆、支索，用于支撑或控制航船的桅杆、帆或帆桅的绳索、链条或滑车系统。

rudder 舵，铰接在船尾部的垂直木板或金属板，用以调整航向。

sail 帆，系于索具之上，将风力转化为船的驱动力。

sheet 帆脚索，连接在帆的底角上的绳索。

sloop 单桅帆船。

spar 船柱，用于支撑船帆或索具的木杆或金属杆。

speedboat 高速摩托艇。

spinnaker 大三角帆，用于赛艇之上。

starboard 右舷。

stem 船首。

stern 船尾。

steward 乘务员。

tack 由帆的迎风角决定的船的航向，如左舷方向，迎风斜向航行（不正对着风向）。

trim the sails 调整风帆以随风使帆。

winch 绞盘，一种装有卷筒和绳索的起重装置。

yacht 竞技帆船。

网球

advantage 占先（平分后领先一分）。

backhand 反手击球。

backspin 下旋球。

break point 破发点,发球者再失一分就将输掉本局的一球。

deuce 平分,网球记分 40:40(3:3)或以后的相同分数,球员从此需要净赢 2 分为胜。

double fault 一个球员连续二次发球失误,记失一分。

down – the – line shot 球被击出后沿边线飞行至对方底线附近(界内)。

drop shot 轻吊网前,轻击使球刚刚过网,通常在对方位于底线位置时采用。

fault 发球失误,发球未过网或落点在发球区之外,或者被裁判认定为脚误。

fifteen 十五,在一局比赛中,球手所得到的第一分。

foot fault 脚误,球员发球的时候,脚踩底线或踏入场地,此发球为失误。

forecourt 网前。

forehand 正手击球。

forty 四十,在一局比赛中,球手所得到的第三分。

game 局,一场比赛中的基本的记分单元。一方球员至少赢得 4 分且净胜 2 分方可赢得一局比赛。

lob 过顶球,高度超过对方球员头部的击球。

love 零分。

match point 赛点,一方球员再得到 1 分即为赢得整场比赛。

rally 来回球,在得到 1 分之前,双方球员的反复击球。

service court 发球区,球员发球后,球的落点所要进入的区域。

set 盘,记分单元,球员至少赢得六局且净胜两局方可赢得一盘比赛(通常在 6:6 时进入抢七局)。

set point 盘点,一方球员再得到 1 分即赢得一盘。

singles 单打比赛。

thirty 三十,在一局比赛中,球手所得到的第二分。

tie – break 抢七局,当双方球员在一盘比赛中局分为 6:6 之后进行的决胜局,先赢得 7 分且净胜 2 分的球员赢得此局,即赢得此盘。

volley 截击球,在球弹地之前将球回击。

参考书目

Australian Women's Weekly, 1990. *Household Manual*, Sydney.

Berlitz, Charles, 1995. *Passport to the World*, Signet Books, New York.

Boeckmann, Susia, 1995. *A Passion for Caviar*, Mitchell Beazley, London.

Braham, Bruce, 1985. *Hotel Front Office*, Virtue & Co., Coulsdon, Surrey.

Bremner, Moyra, 1989. *Modern Etiquette*, Random Century, London.

Brown, Graham and Hepner, Karon, 2000. *The Waiter's Handbook*, 2nd edn, Hospitality Press, Elsternwick, Victoria.

Carmichael, Sheena, 1989. *Good Business*, Hutchinson Business Books, London.

Carpenter, Sue, 1992. *Courvoisier's Book of the Best*, Random House/Vermilion, London.

Craddock, Harry, 1983. *The Savoy Cocktail Book*, Chancellor Press, London.

Dictionary of Food and Drink, 1983. Longman, Harlow, UK.

Fitzgerald, Helen, 1998. *Cross – Cultural Communication for the Tourism and Hospitality Industry*, Hospitality Press, Elsternwick, Victoria.

Ive, Josephine, 1992. *By Jeeves! The Essential Guide to Clothing Care, Valeting & Packing your Suitcase*, Josephine Ive, Melbourne.

Ive, Josephine, 1983. *Table Napkin Folding: An Elegant Art...*, Josephine Ive, Winchester, Hampshire, UK.

Jefford, Andrew, 1991. *The Magic of Champagne*, Sainsburys, London.

Johnson, Hugh, 1997. *Pocket Wine Book*, Mitchell Beazley, London.

Kinton, Ronald, Ceserani, Victor and Foskett, Prof. David, 1992. *The Theory of Catering*, Hodder & Stoughton, London.

Mackay, Harvey, 1988. *Swim with the Sharks*, Little, Brown, Boston.

Mayle, Peter, 1986. *An Acquired Taste*, Bantam Books, London.

Montague - Smith, Patrick, 1970. *Debrett's Correct Form*, Headline, London.

Morgan, John, 1996. *Debrett's Guide to Etiquette and Modern Manners*, Headline, London.

Pease, Allan, 1982. *Body Language: How to Read Others' Thoughts by their Gestures*, Camel Publishing Company, North Sydney.

Phillips, Mary - Louise, 1988. *Food Service*, Polly Book Publishing Co., Balmain NSW.

Robinson, Jeffrey, 1996. *The Hotel*, Pocket Books, an imprint of Simon & Schuster, London.

Steabben, Russell, 1999. *The Australian Bartender's Guide to Cocktails*, 4th edn, Hospitality Press, Elsternwick, Victoria.

Sullivan, Jim, 1991. *Service that Sells!*, Pencom International, Denver, Colorado.

Willingham, Ron, 1992. *Hey! I'm the Customer!*, Prentice Hall, New Jersey.

Wise, Brian, 1991. *The Business of Hotel and Restaurant Management*, Hospitality Press, Elsternwick, Victoria.

译后记

《卓越服务》是作者约瑟芬·艾夫根据自己多年培训酒店服务人员的经验写成的,也是她潜心研究为客人服务这一大课题的成果。本书是一本理论和实际相结合并强调和突出实际操作的专著,是一本极具知识性和实用性、读来又引人入胜的好书,既可用作培训服务人员的教材,又是服务行业从业人员不可多得的参考书。

本书的主旨是讨论如何为客人服务的问题,内容极为广泛,可以说凡要提供服务的地方均有涉及,但重点还是论述酒店和餐饮业的服务问题。作者对服务意识、服务所需知识和信息以及服务技能都分门别类地做了详细和精彩阐述,对从事服务业的人员培养服务意识、改进服务态度和提高服务水平定会有很大帮助。译者相信,翻译出版本书,中国的服务业从业人员一定能从中受到启发,更重要的是能从书中学会一些基本的服务技能。

本书的章节安排很合理,大小标题有序、醒目,行文通畅,说理清楚,所提供的服务技能中,操作程序规范,图标绘制得当,插图有趣,有利于读者理解相关内容。值得一提的是,本书的每章都有趣闻轶事、真实情景再现和培训练习这三项内容。这是本书一大特色,也是重要的组成部分,是与提高服务质量密切相关的。

现将翻译中遇到的问题和处理方法说明如下:

1. 各类酒店、餐馆工作人员的称谓,中英文说法很难对应。无论做什么类型的服务工作,英文中都有相应的称谓,如 concierge、butler 等,在汉语里都很难找到完全对应而又能为一般人都接受的称谓。好在作者对每个称谓都有解释,再加上有些文献资料可供参考和查阅,虽颇费周折,但最终还是基本解决了。妥否,请读者指正。

2. 原文涉及的各种著名的饮品和酒类的名称以及厂家和产地,译者经多方查证,绝大部分均给出通用的中译文,极个别实在无法查到的,就以保留原文的方法存疑,请读者见谅。

3. 原书第十一章内的附录讲的是澳大利亚和英国的饭店业服务技能标准所涉及的范围,对中国读者似无参考价值,故省去。

4. 参考书目原文照录不译,以便读者查找。

参加本书翻译工作的还有李占东、梁岩松、时葆菁、李庆节、郑文重、朱旭华、李超等,另外,齐之奎、宋瑞东、刘大威、王兵、刘燕、刘淼等也在翻译中给予很大帮助,在此一并致谢。

译者

2005 年 5 月

经典引进教材

旅游管理译丛

※第一辑

旅游市场营销(第二版)

饭店业人力资源管理

旅游业成本控制

现代饭店管理技巧——从入住到结账

对客服务艺术(第二版)

※第二辑

旅游职场规划

活动项目策划与管理

旅行社经营业务

旅游电子商务

旅游规划——一种综合性的可持续的开发方法

商务旅游

生态旅游(第二版)

※第三辑

卓越服务

饭店经营内部监控与欺炸防范

旅游实操译本

饭店职业形象——着装与礼仪

餐厅与宴会操作

饭店、餐厅、旅游业法律案例

北京市版权局著作权合同登记图字:01－2005－2545

责任编辑:赖春梅

图书在版编目(CIP)数据

卓越服务/(澳)艾夫(Ive, J.)著;宋亦瑞等译. －北京:旅游教育出版社,2005.10

(旅游管理译丛)

ISBN 7-5637-1273-9

Ⅰ.卓… Ⅱ.①艾…②宋… Ⅲ.饭店—商业服务—基本知识 Ⅳ.F719.2

中国版本图书馆 CIP 数据核字(2005)第 113586 号

卓越服务

[澳]约瑟芬·艾夫(Ive, J.) 著

宋亦瑞等译 宋献春校

出版单位	旅游教育出版社
地　　址	北京市朝阳区定福庄南里 1 号
邮　　编	100024
发行电话	(010)65778403 65728372 65767462(传真)
本社网址	www.tepcb.com
E－mail	tepfx@163.com
排版单位	首都经济贸易大学出版社激光照排部
印刷单位	北京科普瑞印刷有限责任公司
经销单位	新华书店
开　　本	787×960　1/16
印　　张	18.25
字　　数	249 千字
版　　次	2005 年 11 月第 1 版
印　　次	2005 年 11 月第 1 次印刷
印　　数	1～6 000 册
定　　价	29.00 元

(图书如有装订差错请与发行部联系)